本书受"西南民族大学中国语言文学学术文丛"项目资助

Stage and
Shutter

戏台
与相机

美国《国家地理》与中国西南

罗安平——著

*National Geographic and
Southwest China*

社会科学文献出版社
SOCIAL SCIENCES ACADEMIC PRESS (CHINA)

回头看：镜头后的历史光影

20世纪初以来，美国《国家地理》杂志发表了大量有关中国的文章，包括文字与图像。百余年间，这些文章是大部分读者（包括我本人）了解这个地区的重要信息媒介。今天，罗安平对这些文本进行研究，我认为非常有必要，这是一项极具挑战又很有意义的工作。

《戏台与相机：美国〈国家地理〉与中国西南》书名中的"戏台与相机"，来自该杂志1911年所刊文章中的一张照片，照片拍摄于今四川都江堰附近的一个集镇，摄影者是美国地质学家钱伯林（Rollin T. Chamberlin）。照片中有一个亭阁样式的戏台，这种戏台在当时的中国村镇里应该很常见。戏台上，一部传统戏正在上演，台前人头攒动，看起来很是热闹。然而照片中看戏的村民，眼睛却没有盯着台上的演员，而是纷纷扭头张望。钱伯林用一种平常的语调解释说，自己正是使观众目光转移的原因所在。从这张照片，罗安平联想到历史上西方与东方相遇的各种情形。如果说照片里的人在扭头张望按下快门的人，那么罗安平的这本书，也意在"回头看"，去凝视那些曾经凝视"他者"的表述者，他们有着怎样的目光，为什么会有这样的目光。

通过阅读大量《国家地理》的文章，以及与这些文章相关联的中外文献资料，罗安平析理出该杂志绘制中国及其西南形象的主要视点：地方文化与生态环境。事实上，在我的孩童时代，正是家中阁楼里堆放着的《国家地理》，从20世纪20年代到20世纪30年代的都有，形塑了我对中国的第一印象。我现在意识到我能清晰回忆起来的形象，似乎大多来自约瑟夫·洛克。泸沽湖畔的摩梭人和丽江城里的纳西人，松树林里杜鹃花开得漫山遍野，人和马在古老的"茶道"上艰难行走，哦，对了，那条通向青藏高原的山路，山路蜿蜒，穿过世界上最危险的地带，经过一些佛教寺庙，经过片片草地花海，草地上的野花，还用手工上了色。所有这些文章，以及文章里的图片，确实深深影响了整整一代像我一样的西方读者，以至于时隔多年，它们仍能激发人们极大的兴趣，去重访洛克和其他植物猎人、地质学家、人类学家和探险家们所走过的路。

由于《国家地理》是通俗人文地理杂志，它的话题宽泛庞杂，因此罗安平的著作主题也极为丰富。该书首先评述《国家地理》诞生的殖民扩张时代背景，再从总体上回溯该杂志一百多年来的中国报道，在不同年代聚焦了中国什么样的人和事，关注了中国哪些主要的地理景观。全书重点放在"西南一隅"，梳理了关涉中国西南形象的四重主题，涵盖植物地理、道路交通、生态文明与民族文化等。1900年，《国家地理》杂志介绍了伊莎贝拉·伯德极富传奇色彩的著作

《长江流域旅行记》；十年以后，一篇关于傈僳族的图文并茂的文章，拉开了西南形象序幕。《国家地理》早期的文本里充满了好奇，用着迷的眼光打量中国西南，然后其视角与情感渐渐变得微妙复杂，而最为引人入胜、最有持久力的故事，还是来自对当地文化和生态环境的叙述，这样的主题，一直备受读者青睐。

罗安平的著作运用了跨文化与文学人类学的研究方法，她提出来的议题不限于中国西南，揭示的内涵实则延伸到全球其他地方。例如，杂志报道的那些"未被现代化污染"的民族文化，那些"香格里拉"的现实与梦想，尽管被投射进诸如"原始的"浪漫幻象，但也为当今日益升温的保护文化多样性和地方性知识打下了基础。这样的议题，在对美洲原住民、非洲、澳大利亚以及其他地方的报道中，都有回响。另外，大熊猫是《国家地理》的封面宠儿，也是文化保护运动的标志，但对大熊猫的"发现"也伴随着一些未曾预料的后果。除此之外，罗安平也探讨了杂志中的战争议题，尤其是对二战时期滇缅公路所引发的"新西南""新亚洲"等话语，她都给予了思考。

罗安平为这些跨越百年的无声文字与影像赋予多重审读视角，让我这样的读者对这种跨文化媒介文本也有了新的接受体验。例如，20世纪初期植物猎人从中国及世界各地搜寻植物，引种到美国，丰富了我们的花园。这些"非土著"植物在异国他乡安家落户，若干年后甚至有些植物繁殖太盛反客为主，被称为"入侵物种"（invasive species）。2018年，罗安平在美国访学期间，到阿巴拉契亚山做田野调查，跟随一位护林员巡山一周，也许由于对早期植物采集的历史非常了解，所以她对护林员口中的"入侵物种"一词有些敏感。这当然反映了她对文化交流再检视的心态，以及作为一位本土学者所持有的文化立场。

在写作的过程中，罗安平游历了许多书中描述的地方，获得了切身的在地感。她也曾拜访位于华盛顿特区的国家地理学会总部，在学会的博物馆体验其集高科技与人文于一体的虚拟现实之旅，更为真切地洞察今天这份杂志如何呈现它自己以及世界。罗安平在俄亥俄州立大学访学期间，以"美国《国家地理》与中国西南"为题竞逐"国际访问学者学术成果展"，获得高票通过，校长表彰并颁发获奖证书，其成果海报在校长大厅展示一月，或许这也是今天中国形象走向世界的另一种表达方式。

总之，罗安平的回眸和反思为我们提供了检视跨文化表述的方式方法。《国家地理》是为受过教育的一般公众提供全球文化和地方认知的杂志，那么它持有什么样的文化观就极为重要。或许更为重要的是，因为罗安平是四川人，所以可以说这本书提供了一种当地学人的内部视角。长期以来，《国家地理》杂志本身有各种不同的视角，却被潜在的编辑框架所限定。在"框架"越来越需要被反思的今天，当地学人的视角无疑是一种有益的复调。

一百多年前，钱伯林抓住了都江堰附近一个小镇上戏台遭遇相机的一瞬间；一百多年后，罗安平从众人转头张望的那一刻，回看跨文化相遇时的那些斑驳光影，反思文化书写中的多重面纱，对一家世界级的知名杂志进行富有创见的批评。现在，中国已经进入世界舞台，而《戏台与相机》换上了新的镜头，等你来掌镜。

马克·本德尔（Mark Bender）
美国俄亥俄州立大学东亚语言文学教授

目　录

戏台与相机：跨文明相遇

1909 年，阳春三月，金灿灿的油菜花铺满田野。美国地质学家罗林·钱伯林一行在川西平原考察，在从灌县（今四川都江堰市）到成都的路上，他写下这样的句子："所行之处，目力所及，大地一片金黄，我们仿佛置身于万花筒般的幻象世界，这是中国的大地文化，自然天成，美轮美奂。"在灌县附近一个集镇上，一台地方戏正在上演。钱伯林悄悄爬上戏台对面的坡地拍照，但他的举动惊扰了正在看戏的人群。后来刊出的照片附有一行说明文字："台上的演员正在卖力演出，但观众们显然对美国摄影师更感兴趣。"照片中，飞檐翘角式的戏台上，演员身影模糊，台前攒动的人群却清晰可辨：头裹包布的农民纷纷把目光从戏台上转开，扭头望向没有出现在照片里的摄影师，面露好奇，表情生动。

钱伯林的这张照片及游记刊登在 1911 年 12 月的美国《国家地理》杂志上，名为《人口稠密的美丽四川》。① 钱伯

---

① Rollin T. Chamberlin, "Populous and Beautiful Szechuan", *The National Geographic Magazine*, Dec. 1911. 美国《国家地理》杂志名称经历数次变化，最开始为 The National Geographic Magazine, 后改为 National Geographic Magazine, 最后定为 National Geographic 并沿用至今。本书统一采用《国家地理》译名，在此后的注释中，一律缩写为 *NGM*。

**图 1 《人口稠密的美丽四川》罗林·钱柏林摄，
《国家地理》1911 年 12 月**

林是芝加哥大学的地质学家，在 1909 年作为"东方教育考察委员会"（The Oriental Educational Investigation Commission）的成员来到中国。发表在《国家地理》上的这篇文章，编辑加了一个副标题"探访中国不安宁的省份，当前的一场革命正发端于此"（A Visit to the Restless of Province of China, in Which the Present Revolution Began）。其时，辛亥革命正在中华大地上掀起波澜，中西方的相遇也已历经温情脉脉与硝烟战火。上述"戏台遭遇相机"的一幕，正是中西之间互视历史之一瞬。

扩展而言，不同个体、民族与国家，总是带着各自的目的"遇见"彼此，对此谁也无法否认，然而相遇之后，彼此之间是拉近了距离，还是扩大了鸿沟，却是对人类智慧的检验。意大利学者翁贝尔托·埃科认为，两种不同文化相遇时，由于相互的差异，会产生文化的冲撞（包含征服与掠夺）和错误认同等结果，但埃科倡导另一种理念，即遵循一种"完美的、民主的文化人类学原则"，了解别人并非意味着去证明两种文化彼此相似，而是要去理解并尊重彼此的差异。[①] 然而现实中，这条"理解与尊重"的道路并非坦途，反而密布着荆棘。

对全球不同文明关系的一个重要论述是"文明冲突论"。1993 年，美国政治学教授塞缪尔·亨廷顿在美国《外交》季刊上发表《文明是冲突的吗?》一文，认为当前全球政治最主要和最危险的方面是不同文明集团之间的冲突，导致人们的各种反应，包括新奇、义愤、恐惧和困惑。[②] 三年后，亨廷顿将文章扩展为专著出版，即《文明的冲突与世界秩序的重建》，这一次，标题里的问号被去掉，换为更加明确的断语：正在显现的世界中，属于不同文明的国家和集团之间的关系不仅不会是紧密的，反而常常会是对抗性的，而最主要的对立，是在西方和非西方之间，"在西方的傲慢、伊斯兰国家的不宽容和中国的武断的相互作用下发生"。[③] 换言之，未来的危险冲突将会酿端于基督教文明、伊斯兰文明和儒家文明之间。

---

① 〔意〕翁贝尔托·埃科：《他们寻找独角兽》，载乐黛云、勒·比松主编《独角兽与龙：在寻找中西文化普遍性中的误读》，北京大学出版社，1995，第 1 ~ 12 页。

② Samel P. Huntington, "The Clash of Civilizations?", *Foreign Affairs* (1993), pp. 22 – 49.

③ 〔美〕塞缪尔·亨廷顿：《文明的冲突与世界秩序的重建》，周琪等译，新华出版社，1998，第 161 页。

　　亨廷顿一方面承认了世界多元文明的存在，"文明"成为复数而非单数，有助于世人以更开阔的眼光看世界；但另一方面，由于亨廷顿的出发点是思考如何在文明冲突中抗御其他文明，故对多元文明能否和谐共存持消极观点。纽约的双子塔被袭击倒下之后，美籍阿拉伯裔学者爱德华·萨义德，认为弥漫于美国社会中的"将他者妖魔化"等极端情绪，一定程度上是受文明冲突论的影响，他毫不留情地指出，亨廷顿"以荒谬、狭隘简化的方式凸显文明的争斗，全然忽略了人类历史上相互交流、增益与分享的一部分，"与其说是"文明的冲突"，不如说是"无知的冲突"。①

　　萨义德反对文明冲突论，却并未否认文明之间的"相轻"模式。在《东方学》中，他指出，西方与东方之间存在一种权力、支配和霸权关系。东方从一个地理空间变成受现实的学术规则和潜在的帝国统治支配的领域，东方学实际是西方对自由和知识实施控制的手段，是被完全形式化并且不断复制着自身的一种方式。② 这种后殖民主义视角的文明关系论，也受到不同学者的争议与补充，比如英国学者瓦莱丽·肯尼迪，指出萨义德在理论上的一些困境：萨义德在运用"那些历史、人文和文化研究工具"的过程中，所诉诸的正是"既产生了帝国主义又产生了东方学的那种传统工具"。③ 人

---

① 〔美〕爱德华·萨义德：《报道伊斯兰：媒体与专家如何决定我们观看世界其他地方的方式》，阎纪宇译，上海译文出版社，2009，第231~238页。
② 〔美〕爱德华·W.萨义德：《东方学》，王宇根译，生活·读书·新知三联书店，1999，第8、255页。
③ 〔英〕瓦莱丽·肯尼迪：《萨义德》，李自修译，江苏人民出版社，2006，第35页。

类学家詹姆斯·克里福德（又译詹姆斯·克里弗德）也认为，尽管《东方学》具有挑战西方人文主义的某些特点，但是，"对于帝国话语的'反述'，是从一个其现实已经被歪曲和否定的东方人的立场出发的。因此，显而易见，这种立场就是对立性的了"。①

钱柏林的照片暗示我们，中国传统地方戏曲遭遇西方的相机，无论戏曲演员怎么卖力演出，都不能吸引住观众了。在这条跨文化相遇的路上，"失语症"② 的隐喻无所不在，正如历史人类学家埃里克·沃尔夫指出的，"非西方"的普通大众本应是世界历史的积极主体，但在胜者为王的书写中，却全部成为历史过程中的牺牲品与沉默的证人，造成"欧洲与没有历史的人民"二元对立的认知图式。③

那么，我们还有别的认知图式吗？

英国历史学家汤因比提出"文明的比较研究"，他指出从最早的起源开始，人类社会先后出现了 21 个主要的文明单位，历史研究是为了"理解和阐释它们间的异同和关系"。④ 费孝通将如何处理这种异同和关系总结为"各美其

---

① James Clifford, *The Predicament of Culture: Twentieth-Century Ethnography, Literature, and Art* (Cambridge, Mass and London: Harvard University Press, 1988), pp. 255 – 276.

② 曹顺庆：《从"失语症"、"话语重建"到"异质性"》，《文艺研究》1999 年第 4 期。

③ 〔美〕埃里克·沃尔夫：《欧洲与没有历史的人民》，赵丙祥等译，上海人民出版社，2006，前言第 1~2 页。

④ 〔英〕汤因比：《历史研究》，曹未风等译，上海人民出版社，1986，第 44~54 页。

美，美人之美，美美与共，天下大同"。① 曹顺庆认为文明之间充满异质性，在某种意义上它们之间既存在不可通约性的一面，也存在一定的共通性。对异质性他者的观照，有助于发现文明间深层的联系，"只有在互为主观、互为他者的状况下，才可能更全面地认识自身、认识对方、和谐共处、共同发展"。②

时至今日，我们在跨文明相遇的路上，仍然走得跌跌撞撞、险象环生。所以，本书从一本杂志与一个地方的相遇开始，回顾那些目光与目光的交汇，思考那些曾经躲闪过的或直视过的眼神，期待它们穿越时空渡尽劫波，看见彼此，照见我们。

寻路西南：多元文化接触带

本书原计划研究美国《国家地理》里的"中国"，但笔者在地理空间与时代大幕中游历一番后，发现一本书不可能容纳中国题材的博大与丰富，于是将舞台的聚光灯，偏向了西南一隅。需要说明的是，中国西南是一个可置换的符号，它可以与任何其他区域研究一道，内外呼应、互为补充，共同绘制一幅全球图景。

司马迁《史记》中首次出现了"西南夷"一词。③ "西

---

① 费孝通：《"美美与共"和人类文明》，《新华文摘》2005 年第 8 期。
② 曹顺庆、王敬民：《文明冲突与跨文明比较文学研究》，《学术月刊》2003 年第 5 期。
③ 司马迁：《史记·西南夷列传》，清乾隆武英殿刻本，第 2991 页。

南"可以作为一个实体的地理区域，也可以作为一个历史文化的概念体，其流动性与伸缩性皆极大，对此，已有众多著作详加勘定。① 本书采用徐新建《西南研究论》中的界定：从今天的眼光看，仅就地域而言，西南可大致分为狭义和广义两种。狭义的西南相当于如今的川、滇、黔三省，广义的西南则还包括藏、桂两地甚至湘、鄂西的一些地区。② 本书的具体论述范围仅指狭义的西南，再加上 1939～1955 年的西康省（包含今西藏东部部分藏文化区）以及重庆（1997 年成为中央直辖市）。

在对《国家地理》杂志的中国报道进行梳理统计时，笔者发现自 1888 年创刊至今 130 余年间，该杂志 300 余篇有关中国的文章里，直接书写西南的有 40 多篇，居各区域之首。美国《国家地理》为何如此"青睐"中国西南？从西南一隅能映照出一个怎样的中国镜像？从《国家地理》的视角，可看出中国西南的几大特质。

首先，中国西南是一个东西方文明相遇与交汇的重要场

---

① 关于"西南"的地理范围历史演变及文化含义变迁，重要参考著作有方国瑜《中国西南历史地理考释》，中华书局，1987；童恩正《中国西南民族考古论文集》，文物出版社，1990（2007 年再版）；谭其骧主编《简明中国历史地图集》，中国地图出版社，1991；王育民《中国历史地理概论》，人民教育出版社，1985；尤中《中国西南边疆变迁史》，云南教育出版社，1987；徐新建《西南研究论》，云南教育出版社，1992；陆韧主编《现代西方学术视野中的中国西南边疆史》，云南大学出版社，2007。参见王璐《文学与人类学之间：20 世纪上半叶西南民族志表述反思》，中国社会科学出版社，2017。

② 徐新建：《西南研究论》，云南教育出版社，1992，"总序"第 9 页。

域。西南在不同时期因各种原因成为东西方文明的"接触带"。第一阶段为19世纪末至20世纪初，其时缅甸、老挝、越南等相继沦为英法殖民地，殖民国家进入东南亚后，便直接接触到中国的西南边疆——云南，它们以云南为通道，希冀从云南进入中国内陆广阔市场，将西南乃至中国纳入东方殖民市场体系。彼时进入西南的，有相当多的博物学家、探险家和传教士，因此《国家地理》此一时期便以植物学家的书写为主。第二阶段是二战时期，滇缅公路的修建引起了《国家地理》对中国西南的全方位关注。第三阶段从20世纪80年代至今，美国动物学家到四川卧龙与中国大熊猫保护专家合作，研究大熊猫保护机制，为《国家地理》带去大熊猫及中国生态报道，引发新时期西方的大熊猫热与生态关注。因此，可以说，西南一隅，是理解东西方文明相遇的极佳场所。

其次，中国西南本身是一个多元文化碰撞地。中国西南地区民族构成多样，地理环境复杂。就族群多样性而言，在中华人民共和国确认的55个少数民族中，西南（川、滇、黔）便有25个。族群多样性必然带来语言、宗教、习俗与建筑等的多样性。源于印度次大陆的佛教，途经该地区的伊斯兰教，中原儒家文化、道家学说，以及各族群自身原有的自然宗教，再加上传播于西南深处的基督教，在这一区域混杂相生，共同形塑着西南的气质与特性。此外，就地理特征而言，中国西南地貌丰富，既有高山、草地，也有深谷、大河。在《国家地理》杂志的编辑眼中，在20世纪前30年，虽然探险家们已踏遍全球，但"中国的神秘性与难行度，也许只有月球能与之相比"。① 与中原及沿海地区相比，西南理所当然代表了"神秘与难行"的中国，反映了一个"真正的中国"。②

最后，中国西南是一个典型的生态热点地区。中国西南之所以吸引 20 世纪早期的西方博物学家，首先是因为其丰富的生态资源。无论中国西南是被称为"花卉王国"还是"野性西部"，来自中国西南的植物不可否认地装点了西方的土地。③ 在一个多世纪里，茶马古道、九寨沟、横断走廊、大熊猫栖息地、怒江大峡谷以及香格里拉等，成为《国家地理》不断的追寻。而这一特定的宝贵生态区，在一百多年里经历的环境变化与生态问题，成为地球自然演化历史的见证与独特样本，留给人类无尽遐思。

这样一个异质多元的地方，自然成为中外民族学家、人类学家趋之若鹜的宝地，也是追求异质性文化的《国家地理》的首选之地。对于《国家地理》而言，中国西南是一块神秘、野蛮、落后的异域之地，也是一处美丽、神奇、野性的地球宝库。《国家地理》对中国西南的书写，与对非洲、澳洲或者菲律宾、阿拉伯等非西方世界的书写一样，充满猎奇与想象，渗透着东方主义与帝国主义意识形态；与此同时，中国西南

① C. D. B. Bryan, *The National Geographic Society*：100 *Years of Adventure and Discovery*（New York：Abradale Press, 2001）.

② Nicholas Clifford, "*A Truthful Impression of the Country*"：*British and American Travel Writing in China*, *1880 – 1949*（Ann Arbor：The University of Michigan Press, 2001）.

③ Ernest H. Wilson, "The Kingdom of Flowers", *NGM*, Nov. 1911.

在百年历史中的生态变迁与文化续裂，客观上再现了人类文明走过的一段曲折路程，映照出一幅关于人与自然互为依存的双面镜像。

如上所述，西南自有西南的特质，但西南更是中国的西南，西南的特质包含于多元一体的中国之内。因此，本书也意在以西南为一个侧面，反观西方"中国观"的演变。实际上，西方的"中国观"，亦经历着不同的话语模式与认知线路。大体来说，最为常见的中国形象，基本上是将中国视为以中原、儒家文化为代表的具有同一性的文明与历史单位，如雷蒙·道森①、哈罗德·伊罗生②等的传统中国研究；与之相对的模式，则是从"民族－国家"视角出发，侧重中国的异质性，强调复线历史、地区差异与族群多样，如杜赞奇③、路易莎④等。本书以中国西南为一个空间落脚点，希望通过相关论说中呈现的诸多议题，如同质与异质、传统与现代、中心与边缘等，更完整而丰富地理解中国的历史地理和文化。

纸上之行：地理、旅行与民族志

美国《国家地理》杂志，是美国国家地理学会的官方刊

① 〔英〕雷蒙·道森：《中国变色龙：对于欧洲中国文明观的分析》，常绍明、明毅译，中华书局，2006。

② 〔美〕哈罗德·伊罗生：《美国的中国形象》，于殿利、陆日宇译，中华书局，2006。

③ 〔美〕杜赞奇：《从民族国家拯救历史：民族主义话语与中国现代史研究》，王宪明等译，江苏人民出版社，2009。

④ 〔美〕路易莎：《少数的法则》，校真译，贵州大学出版社，2009。

物，创刊于 1888 年，至今已有 130 余年历史。在官方网站上，其宣传语为：

> 国家地理学会是全球性的非营利科学和教育机构，自 1888 年以来，通过世界上最优秀的科学家、探索者、摄影师和电影制作者们，生产极具开创性的故事，致力于激励人们探索和关爱我们的星球。我们的黄色边框提供了一扇通向地球以及地球之外的大门。①

迄今为止，美国《国家地理》杂志已在全球一百多个国家发行，这本有着亮黄色边框的杂志，在大众文化时代确实有极大的影响力。当然，在跨文明接触与交流中，它必然引发不同的观感与评说，盛赞者有之，批评者亦有之。前者如美国第二十七任总统威廉·霍华德·塔夫脱（Willian Howard Taft），他的一段话被《国家地理》杂志反复引用。

> 凡是阅读过《国家地理》的人都明白这份杂志的成功何在。它不会为了迎合受众口味而热衷于揭发丑闻或卷入性话题——这是如今很多杂志提高发行量的伎俩。杂志将努力的方向聚焦于地理问题，无论是地形、环境、面积与气候，还是人类自身的丰富差异性，以及人类历史如何受地理环境制约与影响，这些广泛的地理议题，

---

① 参见学会官方网站：http://www.nationalgeographic.com/about/，Accessed on Jul. 17，2020。

都是学会与杂志研究的着力点。①

而两位人类学家凯瑟琳·卢茨和简·柯林斯却在细读《国家地理》杂志后发现：

> 杂志以声称的非营利性和科学权威维护其中产阶级价值观，包括培养见多识广的世界公民，尤其是在新时代里促进美国人的全球责任感。然而，实际上，《国家地理》杂志并非一个关于第三世界以及来自第三世界的知识、思想与观念的自由平等交换平台。它只是一本闪耀着光泽的、对特定主题与形象进行高度程式化表述的杂志。②

虽然来自两位人类学家的批评相当尖锐，但翻开这本杂志，我们却发现一直以来，它与人类学的关联既微妙又明显。就在 1988 年一百周年特刊上，该杂志刊登了一组漫画，搜集不同时期其他刊物对该杂志的"嘲讽"。一幅选自 1950 年《时尚先生》（*Esourire Magazine*）的漫画，描述在太平洋一个岛上的土著社区里，几个妇女腰系草裙，还有一位穿着时尚连衣裙，她们神色慌张地向茅屋外张望（图 2）。漫画标题为"《国家地理》记者来了！"漫

---

① William Howard Taft, "Some Impressions of 150, 000 Miles of Travel", *NGM*, May 1930. 塔夫脱是美国国家地理学会会长吉尔伯特·格罗夫纳的表兄，也是该学会的董事局成员。

② Catherine A. Lutz and Jane L. Collins, *Reading National Geographic* (Chicago：University of Chicago Press, 1993), p. 5.

画的下方有一句话："快，快！快换上你的草裙，《国家地理》的摄影记者来了！"[①] 1984 年，另一位漫画家加里·拉森创作了类似的作品（图 3），只不过土著们慌忙藏起来的是电视机、留声机等现代生活用品，漫画下方的话为："人类学家！人类学家来了！"[②] 显然，两幅漫画都旨在调侃外来者过度猎奇甚至制造"原始"他者，以及"他者"在旅游业、人类学影响下的自我"原始化"行为。

图 2　"《国家地理》
记者来了！"《时尚先生》，1950 年

图 3　"人类学家来了！"
加里·拉森《寻找远方》
漫画集，1984 年

　　实际上，这份兼具科普与大众传媒特色的杂志，经由"地理"，与人类学和民族志有着剪不断、理还乱的关系。笔

---

① Roy Blount Jr., "Spoofing the Geographic", *NGM*, Oct. 1988.

② Gary Larson, *In Search of the Far Side* (Andrews McMeel Publishing, 1984).

者拟将《国家地理》定位为一种"多型文本"，地理科学、旅行游记、文学作品与民族志混杂相生嵌合，共同组成意义深远的"人类学写作"。

从广泛的意义上讲，人类学与地理学紧密相连，难分彼此。人类学是关于"人的科学"，而地理学是"对地球的描述"。在德国，民族志这一术语"最初是被描述成地理学的类似物"。① 人类学也是多学科交叉结合的果实，英国人类学家阿兰·巴纳德认为，从思想史的角度看，古希腊哲学家和旅行家、中世纪阿拉伯史学家、中世纪和文艺复兴时期的欧洲旅行家以及后来的欧洲哲学家、法理学家及各种各样的科学家们，似乎都可以算作人类学家的先驱。② 以希罗多德为例，他的《历史》一书来自旅行见闻，他又被尊称为"人类学之父"。③

在学科边界模糊融通的时期，"人类学家"的田野知识大多来自一系列多点、多样的旅行。但自"科学的人类学"建立以来，"田野点"在时间和空间上的标准化被特别强调，正如弗雷泽描述马林诺夫斯基的田野工作，"他成年累月地待在土著人中间，像土著人一样生活，观察他们的日常生活和工作，用他们的语言交谈……"④ 时过境迁，伴随交通和通信技

① 〔挪威〕弗雷德里克·巴特等：《人类学的四大传统——英国、德国、法国和美国的人类学》，高丙中等译，商务印书馆，2008，第84页。

② 〔英〕阿兰·巴纳德：《人类学历史与理论》，王建民等译，华夏出版社，2006，第16页。

③ 〔美〕杰弗里·马丁：《所有可能的世界：地理学思想史》（第四版），成一农、王雪梅译，上海世纪出版社，2008，第16页。

④ 〔英〕马林诺夫斯基：《西太平洋上的航海者》，梁永佳、李绍明译，华夏出版社，2001，"序"第1页。

术快速发展，时空压缩与旅行模式发生改变，流动社会形成，学者们对人类学中"田野"的界限与基础又有了新的反思。古塔与弗格森指出，马林诺夫斯基的标准化田野"原型"带来了一些重要结果，其中之一，"是某类知识的霸权及其对其他类型知识的排除"。①"其他类型知识"，包括传教士、殖民官员和旅行作家的异域知识书写，就来自多点、多样的旅行，而这正好是《国家地理》在不同时期的重要知识来源。在古塔与弗格森编著的《人类学定位：田野科学的界限与基础》一书中，詹姆斯·克里弗德讨论了田野、旅行与人类学训练的关系，他认为，从 20 世纪之初开始，人类学学科的、专业的实体已发生变化，与文学或旅行实践相结合。田野工作已经是一种制度化的居住和旅游的混合实践形式。田野发生在更广阔的和偶然的旅行过程中，而不是像以前那样在可控制的研究地点内。② 在《路线：20 世纪晚期的旅游与迁移》中，詹姆斯·克里弗德又指出，20 世纪的民族志，是一种在现代旅游中不断发展着的实践活动，因此在构造和表述"文化"时，已对以往那种特定的"地点化"的策略越来越警惕。③

　　可以说，当人类学家认为田野调查可能越来越成为"一

①　〔美〕古塔、〔美〕弗格森编著《人类学定位：田野科学的界限与基础》，骆建建等译，华夏出版社，2005，第 16 页。

②　〔美〕詹姆斯·克里弗德：《广泛的实践：田野、旅行与人类学训练》，载〔美〕古塔、〔美〕弗格森编著《人类学定位：田野科学的界限与基础》，华夏出版社，2005，第 190~204 页。

③　James Clifford, *Routes: Travel and Translation in the Late Twentieth century* (Cambridge, Massachusetts, London, England: Harvard University Press, 1997), p. 19.

种研究工具而不是构成专业研究的必要条件"时，① 《国家地理》却越来越重视书写者的人类学取向与资格。《国家地理》以"增进与传播地理知识"为己任，作为一份人文旅游刊物，此任务主要通过旅行者来实现。与一般浮光掠影式的游客不同，《国家地理》极其强调作者与摄影师的田野调查人资格，包括时间长短与主位意识。比如在 2008 年 5 月的"中国：巨龙之内"特刊中，② 杂志对每篇文章的作者与摄影师的介绍都强调他们与中国的长期关系，如彼得·海斯勒（中文名何伟）出版了《寻路中国》；弗里茨·霍夫曼住在上海，他从 1995 年起就一直记录中国的成长与变化；谭恩美常回中国探亲，她将在下一部小说中着重描写贵州地扪；林恩·约翰逊最喜欢的拍摄任务就是记录人们的日常生活……

因此，在人类学的田野调查"特定地点"可以转化为旅行"不定线路"的今天，由于《国家地理》书写者本身的人类学方法取向，故笔者将《国家地理》的旅行文本视为一种民族志。如何从民族志的眼光解读《国家地理》里的旅行文本呢？克利福德·格尔兹在《论著与生活：作为作者的人类

---

① 〔美〕古塔、〔美〕弗格森编著《人类学定位：田野科学的界限与基础》，骆建建等译，华夏出版社，2005，第 16 页。

② Special Issue, "China: inside the Dragon", *NGM*, May 2008. 这期中国特刊刊发了六篇文章：Peter Hessler, photographed by Fritz Hoffman, "China: inside the Dragon"; Amy Tan, photographed by Lynn Johnson, "Village on the Edge of Time"; Ted C. Fishman, photographed by Greg Griard, "The New Greal Walls"; Brook Lamer, photographed by Greg Griard, "Bitter Waters"; Peter Hessler, photographed by Fritz Hoffmann, "The Road Ahead".

学家》中指出，审视民族志的一个好起点在于场景设定、任务描述、自我呈现的开头几页。① 我们以华裔美籍作家谭恩美在《国家地理》上的一篇文章《时光边缘的村落》为例，更好地理解旅行民族志的特征。②

文章一开始，作者谭恩美便以第一人称出场，③ "我"带领读者"见证"所有细节——中国贵州省一个侗寨里的土路、山谷、农田、小姑娘、老奶奶、棺材，情节丰富而描述确定，是"我在场"的有力证据。这正是克利福德·格尔兹称为民族志的情境性特征：作者"署名"或"在场"。这一特征的实质，是使读者信服其所说的，是证明他们实际渗透进另一种形式的生活，以这种或那种方式真正"到过那里"（been there）。④ 在保证"真实性"的前提下，作者书写的村落处于"时光边缘"，对于"时光中心"的人来说，完全是一个异质性空间。作者在这个异质性空间内的参与观察、解释方式和文本表述，相应建立起"文本"与"本文"（context）中的各种关系，包括"我－他""主体－客体""知识－权力"等。

---

① 〔美〕克利福德·格尔兹：《论著与生活：作为作者的人类学家》，方静文、黄剑波译，中国人民大学出版社，2013，第14页。

② Amy Tan, photographed by Lynn Johnson, "Village on the Edge of Time", *NGM*, May 2008. 此处译文参见《当代贵州》2008年第9期上的同名文章。

③ 《国家地理》杂志从1906年3月的《摩洛哥》一文开始使用第一人称叙事，文体便脱离"单调乏味"的专业术语和科学体。见 Ion Perdicaris, "Moroco, the Land of the Extreme West and the Story of my Captivity", *NGM*, Mar. 1906。

④ 〔美〕克利福德·格尔兹：《论著与生活：作为作者的人类学家》，方静文、黄剑波译，中国人民大学出版社，2013，第6页。

　　需要指出的是，《时光边缘的村落》这一单个文本只是《国家地理》整体叙事里的一个类别、一种类型。正如克利福德·格尔兹对《忧郁的热带》一书的定位，他认为该书既是游记、民族志报告、哲学文本，又是改良主义宣传册和文学作品，该书形式上兼容并包，而所有文本类型组合、转喻，交织产生出的是一个共同的"探索故事"。①借用克利福德·格尔兹的"转喻性邻接文本"之说，我们可以把谭恩美的这个小文本嵌合进更大的框架——一百多年的《国家地理》之中，让我们沿着纸上之路，看看传教士丁韪良，植物学家洛克和威尔逊，动物学家乔治·夏勒，人类学家拉铁摩尔，探险家黄效文，作家彼得·海斯勒……这些人书写与建构了一个怎样的人类"探索故事"。

---

① 〔美〕克利福德·格尔兹：《论著与生活：作为作者的人类学家》，方静文、黄剑波译，中国人民大学出版社，2013，第64页。

《国家地理》与中国镜像

描述地理是在与一连串错误的斗争中通向真理的道路。

——约瑟夫·康拉德

戏台与相机
美国《国家地理》与中国西南

第一章

落日余晖中的黄金时代

1888 年 1 月 13 日，美国首都华盛顿的夜晚潮湿而阴冷，而白宫斜对面拉菲特广场上的"宇宙俱乐部"里，气氛却很热烈。三十三位精英人士聚集在壁炉前，商讨成立一个学会，这就是"国家地理学会"（National Geographic Society），其宗旨为"增进与传播地理知识"。同年十月，学会创办的《国家地理杂志》（后改为《国家地理》）问世，创刊号在首页登载如下学会公告。

国家地理学会的宗旨在于"增进与传播地理知识"，为此，我们出版《国家地理杂志》，作为实现此目标的途径之一。

杂志的内容将包括与地理相关的研究报告、随笔、笔记、通信和评论等。杂志不仅仅是学会的内部机构，它将向所有对地理感兴趣的人士开放，成为大家相互交流并促进地理调查的渠道。

首都华盛顿是学会自然且合适的首选之地，因为我们的目标是建立一个全国性的而非地方性的组织。

由于我们既要增进，更要传播地理知识，因此我们将重视地理教育事业，同时致力于刺激公众对地理第一手资料的兴趣。

学会目前拥有大约两百名活跃会员，但会员人数不设上限。为了更好地实现学会的目标，我们竭诚欢迎专业地理学家与业余爱好者踊跃入会。①

在创刊号中，除了学会公告、发刊词、工作日程以及学会执行人员及会员名单外，还刊发了四篇专业性文章，包括《地质调查中的地理学方法》《地理起源形式的分类学》《海岸勘测》《马萨诸塞州测量》，以及六页"午间气候状况分析表"。在此后长达八年的时间里，该杂志不定期发行，共发行35期。每期文章数目不等，多则五六篇，少则一篇。到1896年，杂志发行走上正轨，每月一期，每期专题文章保持在四至八篇不等，至今从未间断。在1896年1月刊上，杂志使用了三幅插图，② 并且重申其关于"地理"的解释：

从广义上讲，地理不仅指地球表面的自然特征，也关涉动植物分布、政治区划、人口增长与流动、人类社会进步、自然资源发展以及不同国家的贸易往来。③

---

① Editor, "Announcement", *NGM*, Oct. 1888.

② Sheldon Jackson, "The Arctic Cruise of The United States Revenue Cutter 'Bear'", *NGM*, Jan. 1896. 三幅插图中，其中两幅为海上帆船，未标明作者；另一幅为一群驯鹿，标明"photographed by A. L. Broadbent, U. S. R. M."。而杂志刊载外景照片，始于1890年7月，在"The Arctic Cruise of the U. S. S. Thetis in the Summer and Autumn of 1889"一文里由美国海军助理军需官拍摄的俄罗斯赫勒尔德岛（Herald Island）。

③ "The National Geographic Introductory", *NGM*, Jan. 1896.

时至今日，美国国家地理学会会员已达千万，成为全球最大的非营利性科学与教育机构，是世界上最大的地球仪和地图供应商，《国家地理》杂志发行量多年以来一直居美国前列。[①] 就重要性与影响力而言，杂志往往被冠以"世界取景框"[②]、"美国的世界镜头"[③] 等称号。人类学家凯瑟琳·卢茨等人在《阅读〈国家地理〉》中，开篇便写道："在过去的一个多世纪里，《国家地理》杂志成为美国人了解世界及其图像的最重要媒介之一。"[④] 另一位研究者泰玛·罗森伯格也认为，"没有什么必要向住在美国的任何人证明《国家地理》在美国文化中的重大意义"。[⑤] 杂志的发展史常常被讲述成史诗般的

[①] 在美国期刊发行量排名中，《国家地理》多年来一直处于前列，最高排名为第三（前两名为《电视指南》和《读者文摘》）。见 Howard S. Abramson, *National Geographic, Behind America's Lens on the World* (New York, Bloomington: iUniverse, Inc. 1987), p. 5。近年来，随着期刊行业的变动以及国家地理学会向电视业、网络等数字类媒体进军，《国家地理》发行量排名有所滑动。此外，美国国家地理频道以 37 种语言在 173 个国家中播放，走进 4.35 亿个家庭。美国国家地理数字媒体每个月的访问量超过 1900 多万次。参见马克·柯林斯·詹金斯《美国〈国家地理〉瞬间内幕：传奇探索者、摄影师和探险家的精彩故事》，章元佳译，中国摄影出版社，2013，第 7 页。（为行文简洁，马克·柯林斯·詹金斯在本书中写为马克·詹金斯或詹金斯。其他人名同此处理——笔者注）

[②] C. D. B. Bryan, *The National Geographic Society: 100 Years of Adventure and Discovery* (New York: Abradale Press, Harry N. Abrams Inc. , 1988), p. 19.

[③] Howard S. Abramson, *National Geographic, Behind America's Lens on the World* (New York, Bloomington: iUniverse, Inc. 1987).

[④] Catherine A. Lutz and Jane L. Collins, *Reading National Geographic* (Chicago: University of Chicago Press, 1993), p. 1.

[⑤] Tamar Y. Rothenberg, *Presenting America's World: Strategies of Innocence in National Geographic Magazine, 1888 – 1945* (Hampshire: Ashgate Publishing Limited, 2007).

成功学，1915 年，该杂志的一位编辑道出其中一条成功法则：
"这足以证明，人们对如此类型的地理是多么喜爱。"①

什么类型的"地理"如此吸引人？让我们从小说家约瑟
夫·康拉德的一篇文章开始寻找。

第一节　世界新格局中的"地理知识"

波兰裔英国小说家康拉德的代表作有《黑暗的心》《吉姆
爷》《诺斯特罗莫》等。② 萨义德曾以康拉德为例分析"文化
与帝国主义"的关系，认为康拉德是西方对第三世界认识的
先驱者，他"既是反帝国主义者，又是帝国主义者"。③ 人类
学家詹姆斯·克里福德将马林诺夫斯基与康拉德进行对比研
究，认为他们两人都是怀着世界大同理想，在 20 世纪初奋斗
并形成他们自己的"关于一种文化感觉的真与伪"的观点的
人，但是，克里福德认为康拉德在这个问题上可能看得更
深刻。④

康拉德去世前 5 个月，在《国家地理》上发表了一篇文

---

① Jo La Gorce, *The Story of The Geographic* (Washington, D. C. : James Wm. Bryan Press, 1915).
② 约瑟夫·康拉德（Joseph Conrad, 1857 – 1924），波兰裔英国小说家，被认为是英语世界里最杰出的小说家之一。
③ 〔美〕爱德华·W. 萨义德：《文化与帝国主义》，李琨译，生活·读书·新知三联书店，2003，第 11 页。
④ 〔美〕詹姆斯·克里福德：《论人类学的自我形成：康拉德和马林诺夫斯基》，张京媛主编《后殖民理论与文化批评》，北京大学出版社，1999，第 258 页。

章——《关于地理学和一些探险家》。① 曾经做过多年海员的康拉德追溯了地理探险家的故事，并以文学化的语言形容不同阶段的地理学：传奇阶段（fabulous geography）、战斗阶段（militant geography）和胜利阶段（triumphant geography）。传奇阶段以哥伦布、麦哲伦的地理大发现为标志；战斗阶段的代表人物是阿贝尔·塔斯曼与詹姆斯·库克②；胜利阶段是以"未知的南方大陆"和新西兰加入地理的"科学领域"为特征。对于自己在晚年时看到的地理学，康拉德认为那只是"通过学校课程教授的地理知识"，褪去了早期地理探险的浪漫与冒险精神，神秘感消失了，变得枯燥乏味而"毫无生气"。

　　康拉德一边缅怀已然消逝的激情时代，一边剖析历代探险家的动机与影响。他认为，航海时代早期的探险家们受利益驱使，以贸易之名行掠夺之实，"美洲的发现是历史上已知最为残酷与最为贪婪的时刻"，新世界的发现也标志着富于想象的地理时代的结束。然而对于詹姆斯·库克，康拉德高度认可其地理探险功绩，认为其探险为完全的"科学的探索"。康拉德写道，在后哥伦布时代，"库克的三次远航，可以说毫无污点。他的目的无须掩饰，就是对于科学的追求……作为战斗式地理之父，他的目标只是寻求事实真相。

---

① Joseph Conrad, "Geography and Some Explorers", *NGM*, Mar. 1924.

② 阿贝尔·塔斯曼（Abel Tasman, 1603 – 1659），荷兰探险家与商人，在荷兰东印度公司的资助下，于1642年和1644年进行两次航海探险，发现了塔斯马尼亚岛、新西兰、汤加和斐济。詹姆斯·库克（James Cook, 1782 – 1779），人称库克船长。英国皇家海军上校、航海家、探险家和制图师，曾三度奉命出海太平洋探险，成为首批登陆澳大利亚东岸和夏威夷群岛的欧洲人。

地理学是一门关于事实的科学，而他毕生致力于发现大陆的构造与特征"。①

1779 年，库克及其船员在第三次探险太平洋期间，与夏威夷群岛岛民发生冲突，库克在冲突中身亡。库克的探险事业是否真如康拉德所盛赞的那样"毫无污点"，当今学界存有争议。人文地理学家菲力克斯·德里弗在其《战斗式地理：探险文化与帝国》中，② 以英国皇家地理学会和一些探险家为例，论述地理知识、探险和帝国之间的关系，他认为，一方面，库克的探险对航海科学和世界地理知识的贡献不容否认，另一方面，这类探索引发了西方国家对太平洋地区的殖民，极大地改变了当地居民的生活并带去了巨大灾难。丹尼尔·鲍在《海权与科学：太平洋探险的动机》一文中，明确反驳了康拉德对库克的评价。他认为除了探险者的个人动机外，还要分析支持其航海的背后力量，库克三次航海的费用皆由英国政府承担，这意味着库克的计划和目的都与帝国殖民行为有关，库克不断把新发现的土地宣告为英国领土，因此丹尼尔·鲍指出，康拉德称库克的航海完全不具掠夺性质，是"不准确的说法"。③ 诸多探讨与反思，在于重新审视西方文

---

① Joseph Conrad, "Geography and Some Explorers", *NGM*, Mar. 1924.

② Felix Driver, *Geography Militant: Cultures of Exploration and Empire* (Wiley, 2001).

③ Daniel A. Baugh, "Seapower and Science: The Motives for Pacific Exploration", in Derek Howse, ed., *Background to Discovery: Pacific Exploration from Dampier to Cook* (Berkeley, Los Angeles, Oxford: University of California Press, 1990), pp. 3 – 4.

明对其他文明的影响及由此构建的世界认知模式。

康拉德对于地理学三个阶段的概括，尤其是对库克时代的追忆，正好映照国家地理学会及其杂志自创办之日起的定位与追求。国家地理学会创建的十九世纪晚期，离第一个地理大发现时代已相去甚远，正处于以库克及其他探险家"填补世界地图空白"为特征的第二个地理大发现时代之尾声。《国家地理》编辑马克·詹金斯根据很多历史学家的划分，将第二个地理大发现时代划定为从17世纪末至20世纪初，因此，"在1888年的那个晚上，聚集在宇宙俱乐部炉火旁的人们正处在一个伟大时代的落日余晖中"。[①] 这一"伟大时代"，正是西方现代民族国家海外大扩张的黄金时期，其上接欧洲人所谓美洲地理大发现之遗产，下启后轴心时代划分东西、南北的现代世界新秩序。

因此，在这"余晖"中，国家地理学会所推崇与支持的探险事业，与海外殖民扩张息息相关。但是，同康拉德一样，《国家地理》巧妙运用"进步"、"启蒙"与"科学"等话语符号和修辞策略，将英雄探险家的神话一直牢牢地带入并贯穿整个二十世纪，[②] 从而一步步为自己树立起"严肃科学、英

---

① 〔美〕马克·詹金斯：《有待探险的世界：美国〈国家地理〉杂志经典游记及探险美文精选》，黄悦译，生活·读书·新知三联书店，2008，前言第7页。

② F. Driver, "Geography's Empire: Histories of Geographical Knowledge", *Environment and Planning D: Society and Space* 10 (1) (1992): 23–40. https://doi.org/10.1068/d100023.

雄传奇和半官方国家叙事"的形象，由此确立自己的地位。①
以下，笔者将把国家地理学会及《国家地理》放置于海外殖
民扩张和进化论、人类学、博物学以及大众传媒文化等时代
语境中进行讨论。

一 海外殖民扩张

1898 年 4 月，美西战争爆发。从海外殖民扩张的背景而
言，美国与西班牙的战争成为美国殖民帝国诞生的标志，同
时也是美国"国家地理"意识和《国家地理》关注面变化的
转折点。经由此战，美国越出美洲大陆而成为一个强大的海
外殖民帝国。②美国新闻史研究专家迈克尔·埃默里和埃德
温·埃默里认为，当时美国的新闻报道对"缅因号"军舰沉
没的危机事件采取的报道方式，即鼓吹扩张政策，造成一种
战争心态，同美国在整个 19 世纪推行的对外政策是一致的，
扩张主义的确为美国换来了从波多黎各延伸至菲律宾的
国土。③

然而，作为一个脱离欧洲老牌帝国殖民主义之手仅百余
年的新兴共同体，美国国内部分民众对美西战争后国家显现

---

① Lisa Bloom, *Gender on Ice*: *American Ideologies of Polar Expeditions* (Minneapolis: University of Minnesota Press, 1993).

② Tamar Y. Rothenberg, *Presenting America's World*: *Strategies of Innocence in National Geographic Magazine*, *1888 – 1945* (Hampshire: Ashgate Publishing Limited, 2007), p. 28.

③ 〔美〕迈克尔·埃默里、〔美〕埃德温·埃默里：《美国新闻史：大众传播媒介解释史》（第八版），展江、殷文主译，新华出版社，2001，第 231 页。

出来的"帝国主义"与"殖民特性"持谨慎态度。艾伦·韦恩斯坦等历史学家指出,"反帝国主义的人害怕吞并行为会损害美国的民主,一部分人是出于道德原因,另一部分人则是出于种族主义原因"。具体而言,道德论者认为,美国不能因为其他社会无力抵抗就对其加以征服,把美国主权强加在独立人民头上的做法是错误的;种族主义者则视管理菲律宾等太平洋上的"野蛮人"为沉重的负担。①《国家地理》在美西战争爆发前4个月,曾登载地理学家亨利·甘尼特的《吞并热》一文,明确反对美国的海外扩张,原因之一在于作者认为兼并一个次等级族群,并不利于作为一个整体的民族国家的成长。②

尽管反对之声从未停止,但由于对海外市场资源与利益的需求不可阻挡,以及传播基督教信仰的推动,扩张主义的势头最终占据了上风,美国越来越不放过任何可以扩大海外影响的机会,对巴拿马运河的开凿和远东地区的"开放政策"便是其长远战略。其时,国家地理学会董事局成员与杂志的撰稿人中,绝大多数供职于美国政府各个部门,学会基本上是一个半官方组织,因此其对美国国家利益的支持便不足为奇。曾担任学会会长34年之久的吉尔伯特·格罗夫纳在回顾这段历史时指出:"美国在世界事务上的兴趣被美西战争所激发,《国家地理》也就从1898年开始转向,致力于持续不断

---

① 〔美〕艾伦·韦恩斯坦、〔美〕大卫·卢布尔:《彩色美国史》,胡炜等译,中国友谊出版公司,2008,第410~416页。

② Henry Gannett, "The Annexation Fever", *NGM*, Dec. 1897.

地向大众传播通俗化的地理知识。"①

所谓转向，实际上是从以学院式专业地理知识为主转向以通俗的经济地理知识为主，从强调本土地理资源转向更加关注海外地理问题。1898 年 5 月，《国家地理》杂志发行古巴专号，6 月及次年 2 月，连续发行两期菲律宾专号。在此后的十年中，介绍菲律宾、古巴和波多黎各的文章频频出现，②关于关岛、萨摩亚等地的文章也不在少数。对远东的中国，这一时期杂志最为关注的是俄国在中国东北修建的跨西伯利亚铁路以及 1900 年的"义和团运动"。根据 1903 年的一篇"地理笔记"提供的数据，美国认识到拥有海外殖民地和享有殖民地利益均沾权的重大意义。1903 年，美国对外贸易达到史无前例的新高，来自美国商业劳动部的资料显示，1903 年美国进口额突破十亿美元大关，出口额突破 14 亿美元大关，进出口额在十年内分别增长了 18.4% 和 67.5%，而进口产品主要是用于国内生产建设的原材料。③

但是，在商业动机上的直言坦承，并不影响作为新帝国的美国和作为科学机构的国家地理学会被塑造为"进步"、"仁慈"以及"理性"等形象。这借助了《国家地理》所使用的两大修辞，其一为"道德"，其二为"发展"。以对菲律

① Gilbert Grosvenor, *The National Geographic Society and Its Magazine* (National Geographic Society, Washington D. C., 1957), p. 7.

② 在 1898～1908 年的十年间，《国家地理》杂志对菲律宾的报道约有 24 篇，古巴 11 篇，波多黎各 10 篇。

③ "Geographic Notes, Foreign Commerce of the United States in 1903", *NGM*, Sep. 1903.

宾的报道为例，朱莉·图森在《〈国家地理〉在菲律宾报道中的帝国意识形态》一文中，认为《国家地理》利用的"经济发展"与"道德监护"双重诉求，即从呼吁美国对菲律宾岛上的自然与人力资源进行直接经济开发利用，到使用更加具有伦理优越感的"道德监护"与表面更为客观的"科学发展"话语，实际上是帝国主义新近发明的一种独特的"美国形式"。①

1899年6月，《国家地理》上一篇名为《国家成长与国民性格》的文章，充分印证了朱莉的研究。该文作者为美国国家地理学会副会长麦吉，他将美国的"扩张主义"与欧洲的"帝国主义"区别开来，认为新美国与旧欧洲相比，拥有更多自然资源与进取精神，前者无论在哪个方面都较后者"更健康"、"更进步"与"更现代"，进而他反驳那些所谓的"反扩张主义者"：

> 他们无视人类进步的法则（经由其他科学的准则来衡量人的科学而得出的法则），在这一法则之下，人类沿着井然有序的路径前行，犹如行星轨道一般，经历一些重要的阶段，从野蛮到原始，历经文明开化，最终进入启蒙状态，绝不会倒退，除非遇到灭绝的情况……地球上的族群都毫无例外地要从一个序列进入下一个序列，直至到达最高序列——这一人类法则的要义，我们只能

---

① Julie A. Tuason, "The Ideology of Empire in National Geographic Magazine's Coverage of the Philippines, 1898 – 1908", *Geographical Review* 89（1999）: 34 – 56.

含糊地将其理解为"天定命运"。①

从上述话语中，我们可知，《国家地理》对于科学、进步等话语的使用，除了国家利益与国民认同的考虑之外，其背后有着更强大的知识来源作为支撑，这就是 20 世纪初由生物学、人类学与社会学等共同强化的社会进化思潮。

二　进化论、人类学与博物学

2004 年，《国家地理》杂志刊登了一篇题为《达尔文错了吗?》的文章，开篇即以醒目大字明确回答："不，进化的证据铺天盖地!"文章写道："进化是一个漂亮的概念，对于人类福祉、医疗科学以及我们对世界的理解，在今天比其他任何时候都更为重要。"② 科学史作家古尔德认为，达尔文从马尔萨斯的《人口论》中获得启发，加上对动植物习性的长期观察，提出了进化理论。③ 其中"物竞天择"这一具有革命意义的思想在生物学领域与社会学领域影响深远，并被不同学科、人群和国家以不同的话语发酵为压倒一切的社会进化论。德国生物学家恩斯特·海克尔热衷宣传达尔文的进化论，其人类进化论的观点甚至成为种族主义的有力武器。海克尔认为："进化与进步站在一边，排列在科学的光明旗帜

---

①　W. J. McGee, "National Growth and National Character", *NGM*, Jun. 1899.

②　David Quammen, photographed by Robert Clark, "Was Darwin Wrong?", *NGM*, Nov. 2004.

③　〔美〕斯蒂芬·杰·古尔德：《自达尔文以来：自然史深思录》，田洺译，海南出版社，2008，第 1~2 页。

下，另一边排列在等级体系的黑旗下，是精神的奴隶，缺少理性，野蛮，迷信和倒退。……进化是在为真理而战中的重炮。"① 因此，在社会进化论思潮里，"演变"或"选择"内含的多元发生与多样形态，被具有时间方向性的直线进化观所取代，单向度地转化为"进化"与"进步"。正如麦吉所言，人类"进步"的路径如此井然有序，"除非遇到灭绝"，否则绝不会倒退。

人类学家威廉·亚当斯将"进步论"视为人类学的哲学之根，而且是"根中之根"，他认为人类学家所了解的进步论主要是社会进化论。② 在凯瑟琳·卢茨等人看来，19 世纪晚期的人类学，致力于在"低级族群"中寻找进化进程中的"落后"证据，从颅骨测量到婚姻制度研究，以此建立广泛的生物与社会文化目录，都是为了在差别中创造人类社会等级制度。③ 美国国家地理学会可以说正成长于这一时代语境中，并且一直不遗余力地向西方世界呈现"原始"图像。《国家地理》在对不同族群进行等级编码时，由于美国其时正处于世界新格局的上升位置，故能运用社会进化论，并以"天赋命运"的盎格鲁-撒克逊式文化优越感，为自己赋予了"进化担保"与"道德监护"的角色，从而为美国在领土扩张后的"国家地理"新书写

---

① 转引自斯蒂芬·杰·古尔德《自达尔文以来：自然史深思录》，田洺译，海南出版社，2008，第 159 页。

② 〔美〕威廉·亚当斯：《人类学的哲学之根》，黄剑波、李文建译，广西师范大学出版社，2006，第 8 页。

③ Catherine A. Lutz and Jane L. Collins, *Reading National Geographic*（Chicago：University of Chicago Press，1993），p. 18.

奠定了基础。

如果说帝国的兴起与进化理论的提出是国家地理学会及《国家地理》杂志成功的时代背景，那么，另一个不可忽视的语境就是"科学"概念在学科体制中的变迁。19 世纪后期，美国的知识领域大兴实证主义之风，相信世界是可知的，无论是自然界还是人类社会，都有秩序与规律可循。这种实证主义的科学观，使现代学科体制朝向专业化与学院化迈进，经济学、昆虫学、化学、生理学、地质学等学科以及相关机构在 1880 年代纷纷建立，美国人类学学会（1902）、美国政治科学学会（1903）等相继成立。随着学会呈激增态势且学科门类越分越细，那些掌握多种学问的所谓博学之士成为旧时代的遗老，"业余者"更成为一个轻蔑语。① 相应地，"博物学"（natural history）这种范畴广阔、兼收并蓄而定义松散的知识领域，地位亦随之下降。

然而就地理学而言，情况却稍有不同。菲利普·保利曾这样写道："在美国，更为专业的地理研究似乎分布于地质学、人类学、经济学以及工程学里，而地理学会反倒变成与科学没有什么实质联系的探险俱乐部了。"② 从美国国家地理学会的成员来看，1888 年聚集在宇宙俱乐部的三十三位人士，身份各异，有地理学家、探险家、军官、律师、气象学家、制图师、博物学家、银行家、教育家、生物学家、工程师、

---

① Catherine A. Lutz and Jane L. Collins, *Reading National Geographic* (Chicago: University of Chicago Press, 1993), p. 19.

② Philip Pauly, "The World and all that is in it: the National Geographic Society, 1888 - 1918", *American Quarterly* (1979).

测量师、地质学家以及发明家，还有一个记者（俄罗斯问题专家乔治·凯南）。他们大多在联邦政府机构工作，如地质调查局、农业部、民族局等。而被推选为学会第一任会长的加德纳·哈伯特就是律师，是一位富裕的业余科学爱好者与赞助人。哈伯特在就职演说中，强调了自己"业余者"的身份。"我不是一个科学家，我也没有特殊知识可以被称为地理学家。我之所以承蒙大家厚爱被推选为国家地理学会的会长，仅仅是因为我是那些愿意促进地理研究的人中的一员，我与每一位受过教育的人一样对地理研究很感兴趣。"[1] 哈伯特在演讲中声明，学会的会员资格不限于专业的地理学家，一切愿意促进地理知识发展的人都可以加入学会。这一原则被写入学会章程："学会应该根据宽泛而自由的原则组织，只要符合学会利益并以科学为尊者，都可以具有会员资格。"[2] 换言之，"学会虽然是一个有限定性的组织，但有钱的业余者不会被排除在外"。[3]

　　或许正是因为国家地理学会掌门人的特殊身份与兴趣，该学会及《国家地理》杂志在精英与大众之间，发展出一种"通俗地理学"模式。[4] 通俗地理学的一个重要标志在于其与

---

[1]　Gardiner G. Hubbet, "Introductory Address", *NGM*, Oct. 1888.

[2]　Gilbert H. Grosvenor, *The National Geographic Society and Its Magazine* (Washington: National Geographic Soceity, 1936), p. 9.

[3]　Howard S. Abramson, *National Geographic: Behind America's Lens on the World* (New York: Crown Publishers, 1987), pp. 33 – 34.

[4]　Tamar Y. Rothenberg, *Presenting America's World: Strategies of Innocence in National Geographic Magazine, 1888 – 1945* (Hampshire: Ashgate Publishing Limited. 2007), p. 25.

博物学相通。凯瑟琳·卢茨等人认为，正是《国家地理》"夺回并复兴了走向衰落的博物学，使其经由大众文化得以起死回生"。① 反过来看，也正是博物学，打造并助推了传媒文化成长期的《国家地理》。在华盛顿广场上，有一座历史悠久的博物馆，这就是早于国家地理学会20年建立的"国家自然历史博物馆"，由史密森学会（Smithsonian Institution）所建。该学会堪称全球最大的博物馆联合体，而国家地理学会的第一任会长哈伯特，也是其董事与重要资助者。如果将国家地理学会比喻为一个巨大的自然历史博物馆，那么《国家地理》每一期本身就是一个展厅，将世界搜集为一个个"封面故事"。

既然与人类学、博物馆有着内在秉性的相似，那么《国家地理》便与人类学、博物馆一样，要面对现代人文学术思潮对文化表述的反思，即洞悉"写文化"（writing culture）、"造历史"（making history）和"权力生产"（creating power）的书写实质。人类学家詹姆斯·克里弗德在《文化的困境：二十世纪的民族志、文学和艺术》一书中认为，搜集和展示是形成认同的关键步骤，而文化描述自身便是一种搜集，是对人群和他们的社会制度与文化实践按照"真实性"原则进行有选择性的搜集。② 由此，《国家地理》的文化搜集与展示，其"真实性"原则同样需要被讨论。

---

① Catherine A. Lutz and Jane L. Collins, *Reading National Geographic* (Chicago: University of Chicago Press, 1993), p. 22.

② James Clifford, *The Predicament of Culture: Twentieth – Century Ethnography, Literature, and Art* (Cambridge, Mass.: Harvard University Press, 1988), p. 220.

除了上文提及的美西战争后美国对经济地理与海外扩张的兴趣"被唤醒",以及大学学院专业学科的增设外,作为一个大众文化机构,在菲利普·保利看来,国家地理学会的发展离不开两个重要条件,其一为大众新闻业的兴起,其二为照相制版术的发展。[①] 因此,对《国家地理》杂志表述问题的研究,还应放在传媒文化的语境中去考量。

第二节 摄影之道:传媒时代的文化表述

1900 年 10 月,国家地理学会第二任会长即电话发明者亚历山大·贝尔,在《国家地理》上发表文章,对该学会及杂志的前景做出短期与长期规划,指出学会的基本目标为:

> 国家地理学会应该事实上成为其名之所指:代表国家表述的一个全国性组织。[②]

实际上,贝尔的雄心并非空中楼阁,而是有充分的社会条件。美国新闻史研究专家埃默里父子在对美国大众传播媒介史进行分析时,谈到了贝尔的贡献,贝尔于 1890 年发明的电话,到 1900 年在公众中的普及率已达到 1%,贝尔系统遍及全美国,西方联合电报公司的电报线路已全面铺开。尤为

---

① Philip Pauly, "The World and All that is in It: the National Geographic Society, 1888 – 1918", *American Quarterly* (1979).

② Alexander Graham Bell, "Address of the President to the Board of Managers, June 1, 1900", *NGM*, Oct. 1900.

重要的是，1879 年通过的《邮政法》，为廉价投递出版物扫清了道路。埃默里父子强调了以上通信网的作用，并将 1865 ~ 1900 年美国出现的这些新生力量，如通信网、工业化、机械化和城市化，称为"国家生活中的一场革命"，指出这场革命"将影响到国家生活的各个方面"，会带来全面的社会、文化与政治变革。埃默里父子指出，"对知识和美好生活的普遍渴求推动了教育进步，这对报纸、杂志和书籍等大众传播媒介的扩展具有特别重要的意义"。①

一　杂志"七原则"与寻找"阿富汗女孩"

基于如此有利的大众文化成长土壤，《国家地理》的第一位全职编辑、贝尔的女婿吉尔伯特·格罗夫纳认识到，国家地理学会要想扩大会员基础，要想普及地理知识，把科学送到人们的客厅里，就必须"将学会的杂志从报道冷硬的地理事实，从门外汉们搞不懂的佶屈聱牙的术语中走出来，成为关于我们这个大千世界里的诸多活泼、生动、有趣的人生百态的传播媒介"。② 到 1915 年 3 月，格罗夫纳将《国家地理》的编辑方针确定为以下"七原则"：

（1）首要原则是绝对准确。未经严格证实的材料不

---

① 〔美〕迈克尔·埃默里、〔美〕埃德温·埃默里：《美国新闻史：大众传播媒介解释史》（第八版），展江、殷文主译，新华出版社，2001，第 183 ~ 185 页。

② Howard S. Abramson, *National Geographic*: *Behind America's Lens on the World* (New York: Crown Publishers, 1987), p. 48.

得出版。每一篇文章的准确性都要能经受住岁月检验。

（2）图文并茂，多刊登美丽、有益而艺术的摄影插图。

（3）杂志文章力争具有长久价值。每一期杂志在一年、五年或十年后其价值与发行当时相比毫不逊色。这一原则旨在使我们的杂志成为成千上万所学校、家庭和图书馆的教学读物。

（4）避免所有太个性化与过于琐碎化的描写。

（5）不刊载带有偏见与争议性的报道。

（6）对任何国家与民族，只刊载美丽自然，避免不愉快和过度批评。

（7）每一期的内容都要有时效性。世界上的任何一个地方，无论是因为战争、地震还是火山爆发，只要引起公众注意，国家地理学会便要负责在接下来的一期杂志中，向读者提供此地区的地理、历史与经济状况信息，并且以有趣而绝对无偏见的态度表述出来，要尽量配以其他刊物无法匹敌的高质量的精彩图片。①

吉尔伯特·格罗夫纳从 1899 年起担任《国家地理》首位全职领薪编辑，到 1954 年退休，在 55 年编辑与 34 年的会长生涯中，将学会会员人数从 1000 增至 200 万，被誉为学会与杂志的缔造者与建筑大师。1954 年，他阐释自己在事业开创期所提出的编辑"七原则"，说那是对《国家地理》杂志的特殊性质进行精心考虑之后才提出的。什么特殊性质呢？

---

① Gilbert H. Grosvenor, "Report of the Director and Editor of the National Geographic Society for the Year 1914", *NGM*, Mar. 1915.

"《国家地理》是由非营利学会组织为增进与传播地理知识而出版发行的杂志，这份出版物的目的是促进科学与教育的发展。"格罗夫纳认为"七原则"正是实现杂志宗旨的最有效的方式——"运用大量摄人心魄的图片与形象描述，清晰、准确而生动地反映这个激动人心的世界及其生命，而非使用呆滞、费解的冗语陈词。"①

在一个多世纪的发展历程中，除了第五条（不刊载带有偏见与争议性的报道）、第六条（只刊载美丽自然），逐渐被后来的编辑挑战或摒弃外，其余五条，尽管弹性极大，应当说，也一直是学会与杂志立身的基石。第五、六条之所以难以为继，是因为 20 世纪 70 年代以后国际局势动荡，比如柏林墙倒塌、南非种族隔离、匈牙利革命等，以及生态危机，如生态破坏、动物盗猎、城市化问题等，在学会内部引发了极大争议。1977 年，学会曾组织了一个临时委员会进行"编辑方针是否要改变"的讨论。当时的主编佩恩认为，"杂志并没有变，是时代在变"。他指出不随时代变迁关注上述全球问题，不仅不符合学会和杂志的使命，而且将使学会和杂志走向死亡。1978 年 1 月，佩恩在"编辑的话"里写道：正像新闻业致力于客观、无偏见的报道一样，我们接受历史给予我们的反映时代变迁的机会，因为只有历史自身才能诉说完整的故事。②

---

① Gilbert Grosvenor, *The National Geographic Society and Its Magazine* (National Geographic Society, Washington D. C., 1957), pp. 6 – 7.

② C. D. B. Bryan, *The National Geographic Society: 100 Years of Adventure and Discovery* (New York: Abradale Press, 2001), pp. 378 – 379.

2013 年 10 月,《国家地理》创刊 125 周年,杂志将纪念号策划为一期精美的摄影专辑。在封面文章《摄影的力量》中,作者罗伯特·德雷珀回顾了杂志的摄影史,并幽默地写道:"每当我告诉别人我为《国家地理》杂志工作时,我会看到他们睁大双眼放出光芒。然而我也明白接下来会怎样——当我不得不说,对不起,我只是个文字记者时。"德雷珀认为,《国家地理》的摄影师已经是"世界性"的化身、美丽寰球的见证者,是人们心目中从事着梦想职业的人。"摄影师运用他们手中的照相机,将之作为探索世界的工具、进入心灵秘境的护照,记录人类变迁的法器。他们的照片,就是摄影力量的证据,从前如此,现在更甚。"①

在这期摄影专辑的黄色边框里,是杂志史上最著名的一幅肖像——阿富汗女孩莎芭·古拉(Sharbat Gula),而这已经是这名在阿富汗战争中饱受创伤的女孩第三次登上该杂志的封面。摄影师史蒂夫·麦凯瑞于 1984 年在巴基斯坦的难民营里第一次遇见这个时年 12 岁的女孩,女孩的形象出现在 1985 年 6 月《国家地理》的封面上。该期文章名为《在伤痕累累的阿富汗边境上》,标题说明文字为:"惊恐的眼神和破烂的衣衫,讲述了一个逃离到巴基斯坦的阿富汗女孩的困境生活。"② 德雷珀回顾道:"她的眼神刺透我们的集体潜意识,刺激了西方世界已然麻木的心灵。而这,是成千上万名外交

① Robert Draper, "The Power of Photograph", *NGM*, Oct. 2013.

② Debra Denker, photographed by Steve McCurry, "Along Afghanistan's War-Torn Frontier", *NGM*, Jun. 1985.

官和救援工作者未能做到的。"① 照片中，莎芭·古拉海绿色的双眸冷峻又惶恐，更有几许忧伤，她立即成为阿富汗冲突和世界各地难民的象征符号。

时隔17年，在2002年，也就是美国"9.11"事件发生后不久，国家地理学会成立了一个专门小组，发起声势浩大的"寻找阿富汗女孩"活动并制作电视纪录片。在这次寻找活动中，美国联邦调查局运用最新的虹膜识别与面部识别等生物测定学和监测技术，最终在阿富汗东部"确认"一位已是3个小孩母亲的妇女为当年的"古拉"，这位饱经风霜的女子在2002年4月再次登上杂志封面，摄影师史蒂夫·麦柯里说："我能通过摄像机镜头看到她的眼睛。它们一如从前。"②"二十年来，阿富汗一直处于黑暗时代。古拉的重新露面，也许是一个预言，一个希望的迹象。我们将拭目以待。"③

莎芭·古拉的形象已成摄影经典，而拍摄和寻找活动本身也寓意丰富，引发很多研究者从不同角度加以讨论和阐释。斯蒂芬妮·霍金斯分析了这张照片，认为其力量来自纪实摄影与文艺复兴油画式的时尚摄影审美风格的融合，具体而言，"古拉破旧的衣衫让人联想到美国经济大萧条那艰难岁月的纪

---

① Robert Draper, "The Power of Photograph", *NGM*, Oct. 2013.

② Cathy Newman, photographed by Steve McCurry, "A Life Revealed", *NGM*, Apr. 2002。

③ Steve McCurry, "I could see her eyes through the camera lens. They are still the same." 讲述寻找过程的文章在同期刊出：Cathy Newman, photographed by Steve McCurry, "A Life Revealed", *NGM*, Apr. 2002。

  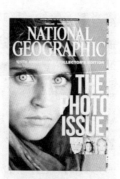

1985 年 1 月 　　　　2002 年 4 月 　　　　2013 年 10 月

《国家地理》"阿富汗女孩"封面

"美国《国家地理》125 周年经典摄影展"
重庆站街头宣传广告（2014 年 1 月，笔者拍摄）

实摄影，而她厚厚的嘴唇与浓密的眉毛又类似于波姬小丝和麦当娜，此外，那暗红的面纱和微侧的脸庞，似乎是向古典油画圣母玛利亚表达的敬意"。① 甚至有人将这张照片与达·芬奇的蒙娜丽莎画像相联系，称之为"阿富汗的蒙娜丽莎"。② 瑞伊·施瓦茨的博士学位论文《公共政策的修辞学重建：修辞学、后殖民主义与〈国家地理〉阿富汗女孩的重置》，以杂志、文学、纪录片、网络、戏剧、广告等媒介对这一形象的再生产与流通为例，探讨视觉话语与美国军事政治和经济政策的关联。施瓦茨认为，在"9.11"事件之后，"阿富汗女孩"并非单纯的形象生产，一系列修辞行为意在配合政府的议程设置，"重建"一个阿富汗乃至伊拉克，实际上是在美国文化与政治语境中，西方价值观之个体理性与市场资本在全球传播与接受的一个案例。③

检阅杂志的报道文章以及电视纪录片，我们看到这些媒介表述都重在渲染阿富汗战争的暴虐，全然不谈"9.11"事件后美国在阿富汗的军事行动，在叙事策略与符号运用中深藏着表述主体的权力宰制之术。

在格罗夫纳执掌《国家地理》的半个世纪里，他将

---

① Stephanie L. Hawkins, *American Iconographic*：*National Geographic*, *Global Culture*, *and the Visual Imagination* (Charlottesville and London：University of Virginia Press), 2009, p. 2.

② Greg Zoroya, "National Geographic's Track down Afghan girl", *USA Today*, 2002 – 03 – 13.

③ Rae Lynn Astion Schwartz, *Rhetorically Refiguring Public Policy*：*Rhetoric*, *Post - Colonialism*, *and the Strategic Redeployment of* National Geographic's *Afghan Girl*. Ph. D. Thesis of the University of Iowa, 2006.

"七原则"也应用于摄影报道中，强调图片既应该是漂亮的、艺术的，又应该予人以一定的启发性，换言之，图片既要给人以审美上的愉悦感，体现高雅品位，又要表现现实主义风格。① 可以说，阿富汗女孩的形象完全符合格罗夫纳的摄影原则，而且该形象三次登上杂志封面，足以证明在长达百年的历史中，这一原则被不同时代的记者、编辑认可并执行。相应地，围绕阿富汗女孩的形象生产及其引发的探讨，也可视为长久以来关于《国家地理》杂志表述之道争论的缩影。

二　相机与枪支："真实"与"权力"

在国家地理学会成立的 1888 年，乔治·伊斯曼推出了新式的柯达相机，1890 年 7 月，《国家地理》刊登了第一张外景图片——由美国海军助理军需官拍摄的俄罗斯赫勒尔德岛。但由于早期的图片复制采用凹版技术，造价昂贵且速度很慢，因此杂志在 1896 年之前，基本上是只有文字的科学刊物。当凸版技术使印刷成本大大降低后，格罗夫纳立即看到这种新技术的潜力。1896 年 1 月，《国家地理》在《美国水陆关税队的极地巡航》一文中，刊登了三幅插图，包括一张一群驯鹿躺卧在地的图片，杂志走向"插图"的道路。② 同年 11 月，杂志首次刊登了一张"裸乳"图片——上身赤裸的非洲祖鲁

---

① Catherine A. Lutz and Jane L. Collins, *Reading National Geographic* (Chicago: University of Chicago Press, 1993), p. 27.

② Sheldon Jackson, "The Arctic Cruise of The United States Revenue Cutter 'Bear'", *NGM*, Jan. 1896.

（Zulu）新郎新娘并肩而立，直视镜头。

　　然而，这本"插图"杂志真正声名鹊起还要等到 1905 年 1 月：临近截稿时杂志仍无足够文章填补 11 页空白，格罗夫纳为解燃眉之急，在未获董事局批准的情况下，从两位俄罗斯"帝国地理学会"探险家提供的 50 张拉萨图片中，选出 11 张组成了杂志历史上的首次摄影报道专题。[1] 当期杂志获得了意外的成功，成为《国家地理》杂志发展史上的第一个里程碑与转折点。到 1905 年底，国家地理学会会员人数由 3662 飙升至 11479。[2]

　　《国家地理》杂志发展史上第二个重大的变革是彩色图片的采用。1910 年 11 月，一位富裕的纽约旅行家威廉·查普林，请一位日本艺术家将其所拍摄的朝鲜、中国黑白照片，用手工着色的方式描上色彩。[3] 在这篇名为《朝鲜、中国见闻》的图文游记中，负重的苦力、戴木枷的犯人、修行的尼姑、北京街头以扇遮面的姑娘等鲜活的形象立即在美国引起了轰动，也成为杂志发展史上的又一个里程碑。1916 年 4 月，格罗夫纳在自己撰写的《最好的土地》一文中，第一次使用了自然彩色图片，32 张用奥托克罗姆微粒彩屏干板技术拍摄的美国风景与民族图片，开启了摄影的新世界。[4] 由于随后美

---

[1]　Photographed by Buriat Tsybikoff and Kalmuck Norzunoff, "Views of Lhasa", *NGM*, Jan. 1905.

[2]　C. D. B. Bryan, *The National Geographic Society*：100 *Years of Adventure and Discovery*（New York：Abradale Press, 2001）, p. 95.

[3]　William W. Chapin, "Glimpses of Korea and China", *NGM*, Nov. 1910.

[4]　Gilbert H. Grosvenor, "The Land of the Best", *NGM*, Apr. 1916.

国对德宣战，以及拍摄的技术限制，比如色彩有限、沉重的相机、笨重的玻璃板底片、曝光较慢以及严格的摆放位置等，杂志直到 1927 年 9 月才开始每期必有彩插。20 世纪 30 年代是彩色摄影的"革命时期"，1936 年，由伊斯曼柯达公司发明的新型 35 毫米的柯达彩色胶卷问世，使野外拍摄运动彩色照成为可能，1938 年 4 月，用柯达克罗姆彩色反转胶片拍摄的图片在杂志首次出现。从此，小型相机、卷型胶片使《国家地理》的摄影发生了革命性变化。格罗夫纳在 1963 年写道："《国家地理》的历史可以说是彩色摄影的历史，在摄影方面——尤其是彩照，我们总是走在前头。"①

1957 年，杂志的第三代掌门人梅尔维尔·贝尔·格罗夫纳，接过家族的指挥棒，继续开拓江山砥砺疆场。从这一年 9 月开始，彩色图片固定出现在黄色边框中，以栎树和月桂叶环绕的《国家地理》时代逐渐隐退。电视频道、地球仪、地图集及各种书籍与电子光盘，把学会及杂志融入大众文化时代的狂欢与奇观中。

《国家地理》进入新时期，随着日新月异的科技发展，水下摄影、三维空间的全息摄影②等新技术的发明，以及光学时代、网络时代的飞跃，《国家地理》的图片带领读者探索更高的太空、更深的海洋以及更远的时间。凭借摄影的力量，《国

---

① C. D. B. Bryan, *The National Geographic Society：100 Years of Adventure and Discovery*（New York：Abradale Press, 2001）, p. 206.

② 1984 年 3 月，《国家地理》发行了第一次使用全息摄影技术拍摄的老鹰，1985 年 11 月，用全息摄影技术拍摄了在南非出土的非洲猿人"汤恩幼儿"（taung child）的头盖骨。

家地理》展示出一个丰富多元的世界，无论是濒危物种、残酷战争，还是美丽森林、多样族群，这一切使杂志更有效地实现其"报道世界及其一切"的目标。

　　正是因为摄影有如此强大的力量，所以早在 1920 年，《国家地理》摄影师威廉姆斯就充分认识并利用了摄影这一"武器"：

> 　　摄影犹如一张神奇飞毯，为平淡乏味的日子增添童话。摄影满足人扩展视野的欲望，将他带入未知的地方，在一个自己身处其中的世界中更加真切地确认自己。在陌生的土地上为陌生的人群拍照是一项迷人的消遣。为了向同胞展示另一半世界人们的实际生活状态，没有哪一个渔夫能比摄影师更有耐心；当一个"猎物"落入相机的千里眼中时，没有哪一个猎人比摄影师更心满意足。旋转格雷费斯（一种相机牌子，笔者注）的调焦圆盘，超过了扣动一支来复手枪的扳机所带来的激动与兴奋。①

　　威廉姆斯将相机比喻为来复手枪，将拍照比喻为"扣动扳机"，让人不由想起摄影理论大师苏珊·桑塔格的类似比喻：

> 　　一如相机是枪支的升华，拍摄某人也是一种升华式

---

① Maynard Owen Williams, "Adventures with a Camera in Many Lands", *NGM*, Jul. 1921.

的谋杀——一种软谋杀，正好适合一个悲哀、受惊的时代。①

在苏珊·桑塔格看来，一张照片不只是一次事件与一名摄影者遭遇的结果；拍照本身就是一次事件，一次拥有更霸道权力的事件——干预、入侵或忽略正在发生的事情，因而，"拍照的行为仍有某种捕食意味。拍摄人即是侵犯人，把他们视作他们从未把自己视作的样子"。② 视觉人类学家陶西格，也曾经论述过照相机的神奇功能，他指出，这一功能"不仅体现在记录和再现原始人对现代技术的迷信与膜拜的过程中，而且为照相机的持有者制造了色彩纷呈的自我镜像"。③ 因此，无论从何种角度讲，当《国家地理》把摄影作为一种最重要的表述手段时，其背后隐藏的"真实""权力"等话语，不能不加以检视。

在《国家地理》摄影师的眼中，摄影力量的本质在于其"直白"与"真实"。编辑拉·戈尔斯在1915年的一份宣传小册子上宣称，《国家地理》发现了一种"新的通用语言，这种语言不需要人深入研究，无论丛林野人还是朝廷大臣，因纽特人还是婆罗人，玩耍的小孩还是大学里的教授，家庭妇女

---

① 〔美〕苏珊·桑塔格：《论摄影》，黄灿然译，上海译文出版社，2010，第22页。

② 〔美〕苏珊·桑塔格：《论摄影》，黄灿然译，上海译文出版社，2010，第17～18、22页。

③ Catherine A. Lutz and Jane L. Collins, *Reading National Geographic* (Chicago: University of Chicago Press), 1993.

还是大生意人，都可以读懂"。① 在这里，戈尔斯暗示了摄影的无时间性与无阶级性，它超越语言与文化的边界，向所有人平等地传达真实世界。这种传统的摄影真实性，最初是根据摄影的技术特性来定义的，即摄影是真实世界中物体或人物的影像通过光的反射显示在胶片感光乳剂上。② 约翰·伯格从哲学的角度指出，在照相机发明的 19 世纪，资本主义世界正处在世俗化的过程里，上帝的审判被省略掉，并以"进步"为由改为历史的审判，民主和科学变成了这种审判的代理人。约翰·伯格认为，摄影被认为是这些代理人的助手，于是拥有了代表"真实"的美名。③

那么，这种"真实"为何会受到质疑呢？即使不从哲学的角度而仅就实践操作的层面而言，至少有两方面的因素可供探讨，一是照片的"色彩"，二是拍摄的流程。从照片的色彩而言，若仔细检阅《国家地理》的摄影史，我们会发现，彩色摄影不可避免地会改变表述的本质。由于色彩所具有的视觉冲击力，它能激起观者对彩照无穷的欲求。因此摄影师在选择拍摄对象时，往往被色彩主宰，无形中便要优先选择引人注目的事件与人物，有时甚至为追求视觉效果而改变被

① C. D. B. Bryan, *The National Geographic Society*: 100 *Years of Adventure and Discovery* (New York: Abradale Press, 2001), p. 133.

② 马丁·李斯特：《电子影像时代的摄影》，载瓦尔特·本雅明、苏珊·桑塔格等著，吴琼、杜予编《上帝的眼睛：摄影的哲学》，中国人民大学出版社，2005，第 152 页。

③ 约翰·伯格：《摄影的使用——给苏珊·桑塔格》，载瓦尔特·本雅明、苏珊·桑塔格等著，吴琼、杜予编《上帝的眼睛：摄影的哲学》，中国人民大学出版社，2005，第 96 页。

拍摄对象。比如约瑟夫·洛克在中国为木里王拍照时，为了使其显得"更庄严"，而重新布置了木里王的座椅与厅堂环境。[①]《国家地理》杂志在历史上曾被讽刺为"摄影的红衫学派"（Red Shirt School of Photography），因过度追求色彩而受到批评。所谓红衫学派，是指 20 世纪 50 年代《国家地理》摄影达到顶峰时的"明信片风格"。批评者们用此语指摄影师们爱用红色衬衫、帽子、运动衫、围巾等作为道具以使照片明亮生辉。[②] 这样的摄影，审美多于记录，猎奇多于真实呈现。

此外，从《国家地理》的拍摄流程来看，通常来说，杂志一旦确定一个主题，就会由三人组成报道组：作家（文字记者）、图片编辑与摄影记者。图片编辑会向摄影记者提供思路，甚至授意具体拍摄地点与意图。凯瑟琳·卢茨等在《阅读〈国家地理〉》一书中，以《库克船长：塔希提岛屿航行》一文为例阐述图片编辑如何影响摄影记者。图片编辑首先给摄影记者一张拍摄地点单子和一本库克日记，然后指导记者要去"展示大海之美，这种美要足以使库克的船员们跳出船外"，并且最好能找到"纯种的波利尼西亚人"。编辑在此的

① Joseph F. Rock, "The Land of Yellow Lama", *NGM*, Apr. 1925. 在该文中，约瑟夫·洛克详细叙述了为木里王拍照时所做的准备："我选定了一个拍照点，在大肚弥勒佛下的一面墙前面，喇嘛们从四处抬来地毯、虎皮、金色织锦、黄色的绣花丝绸和披肩，开始布置场地。铺上地毯后，宝座安放在选定的位置，地毯、坐垫和挂件，一切都布置得称心如意。"虽然是黑白照，编辑还是在照片下面标注："请读者注意背景中的华丽丝绣。"

② C. D. B. Bryan, *The National Geographic Society*：100 Years of Adventure and Discovery（New York：Abradale Press, 2001），p. 295.

意图，是要"忠实"地重构库克航海到此之前塔希提岛土著的生活情景。当然，图片编辑也鼓励摄影记者自己的创造力，在田野实践中的敏感性和独立性，但总体来看，两者都要在《国家地理》的"黄色边框"（犹如新闻的"框架"）内，遵守创造性与规定性之间的界限与尺度。这个黄色框架所规定的风格，正如一名图片编辑所言："我们要做的不是旅游见闻录，也不是新闻报道，更不是艺术杂志。我们要做的，是讲故事。"①

当以"讲故事"来定义《国家地理》文章风格取向时，便不难看出《国家地理》的摄影记者与新闻摄影记者的区别。从主题上来看，新闻摄影记者要追逐"热点事件"，因为"热点事件"有较高的新闻价值。而新闻价值，按照传统观点，即新闻要优先考虑的一些因素，比如"最近的、突发的、确凿的、难以预料的、相关的与接近的事件"，② 就在于世界的反常性、冲突性与显著性。这样的事件大多不会持久，因而新闻事件又极具偶然性。被誉为"现代新闻摄影之父"的法国摄影家亨利·卡蒂埃-布勒松提出了"决定性瞬间"理论，也就是说，某些时刻有着特别的历史意义，这一时刻失之则不再来，因此，"摄影的任务，就是抓紧这样的时刻，把它里

---

① Catherine A. Lutz and Jane L. Collins, *Reading National Geographic* (Chicago: University of Chicago Press, 1993), p. 56. 关于《国家地理》对库克的报道，参见 Alan Villiers, photographed by Gordon W. Gahan, "The Man Who Mapped The Pacific", *NGM*, Sep. 1971。

② 〔美〕约翰·费斯克等编撰《关键概念：传播与文化研究辞典》（第二版），李彬译注，新华出版社，2004，第 185 页。

面的平衡状态拿稳，凝结动态的进行"。① 亨利·卡蒂埃－布勒松认为，如果在适当的时刻按下快门，新闻摄影记者便大功告成了。

与此对照，"讲故事"的《国家地理》的摄影记者，却不是在"事件"中突显拍摄主题的意义，而是被要求在日常生活中发现"真实的现实"。新闻摄影记者重在记录一个特定的历史时刻，《国家地理》的摄影记者则强调从更广泛、更长时段的历史理念出发，全面呈现拍摄主题的完整语境。视觉传媒专家苏珊·穆勒针对亨利·卡蒂埃－布勒松的"决定性瞬间"理论，提出了"随机时刻"理论（random moment），她认为，随机时刻既是"任何"（any）时刻，也是"每一"（every）时刻，在随机时刻，摄影强调的是"无时间性甚于历史性，内在性胜于偶然性，持久的人类价值胜于当前的人类行为"。②

摄影报道的无时间性、内在性与持久价值之属性，以及"在日常生活中呈现真实"的理念，契合前文提及的《国家地理》与人类学、博物馆之关联。如果说博物馆是通过收集展品并以特别的陈列方式表述特定意图，那么《国家地理》的"展览"方式同样可按时间与空间进行巧妙安排组合。比如，杂志可以通过文章的位置、版式和比例，通过新与旧、传统与现代的并排，来传达编辑意图。在同一期杂志的文章编排

---

① 〔法〕亨利·卡蒂埃－布勒松：《摄影的表述旨趣》，载顾铮编译《西方摄影文论选》，浙江摄影出版社，2007，第55~56页。

② Susan Moeller, *Shooting War: Photography and the American Experience of Combat* (New York: Basic Books, 1989), p. 409.

中，我们也可以发现，一篇讲述美国的文章，旁边会配一篇关于非西方国家或社会的文章；非洲"原始部落"的仪式照片，会与新英格兰整齐有序的农田或城市里闪亮的工厂的照片并置，如此来彰显美国和西方社会的"进步"。

因此，约翰·伯格告诫人们，在照片的四周，我们必须建立一套放射性系统，以便我们能同时以个人的、政治的、经济的、戏剧化的、日常化的和历史的观点来欣赏摄影。① 摄影是这样的放射性系统，文字、地图等表述之道也是。本书接下来，就将在这样的系统中，参观《国家地理》所建造的"中国镜像"展厅。

---

① 约翰·伯格：《摄影的使用——给苏珊·桑塔格》，载瓦尔特·本雅明、苏珊·桑塔格等著，吴琼、杜予编《上帝的眼睛：摄影的哲学》，中国人民大学出版社，2005，第96页。

第二章

杂志里的中国镜像

自 19 世纪末以来，《国家地理》开启认知中国之旅，各路探险家，包括商人、传教士、军官、政治家以及学者，通过游历、探险与考察，将"远东"的知识与经验纳入其黄色窗框中。一个多世纪，表述者步步深入，确立了一套关于中国历史地理、社会发展以及国民性格的解释框架。

1907 年，美国传教士丁韪良在《中国觉醒：国家地理、历史与炮火硝烟中的变革》一书中，开宗名义地宣告："中国是当今世界正在发生的最伟大运动的舞台。"① 以下，本书从时代聚焦与地理描述两个纬度，试论《国家地理》里呈现的中国舞台上的"大剧"。

第一节 时代聚焦：跨世纪的五幕"大剧"

丁韪良请读者"将中华帝国设想为一个戏剧舞台"，时隔

---

① 〔美〕丁韪良：《中国觉醒：国家地理、历史与炮火硝烟中的变革》，沈弘译，世界图书出版公司，2010，"序"第 10 页。

百年后，美国作家彼得·海斯勒，在《国家地理》上发表《中国：巨龙之内》一文，他在概述了中国历史大事件后，认为"历经旧时代的动荡之后，中国的历史如今已成为普通人的历史"。①

传教士丁韪良与纪实作家彼得·海斯勒，都是《国家地理》的撰稿人。② 他们对中国的上述观察与评说，贯穿着"中西碰撞"与"中国普通人的历史"。在跨越百年的历史聚焦中，中西关系的沉浮与中美两国社会的变革，共同影响着《国家地理》中国镜像的生成与演变。

《国家地理》自1888年创刊至2020年，在132年中，有关中国的报道文章300余篇，平均每年2～3篇。然而《国家地理》对中国的关注在时段上并不平衡，起伏颇大。杂志初创时发行并不规律，所刊文章也少，对中国的报道起步较迟，至1892年才有一篇摘自巴黎地理学会的公报，至1899年，仅有4篇报道涉及中国。而1900～1909年，与中国相关的报道共有44篇，这是关于中国的报道最多的时段；1960～1969年，与中国相关的报道仅有6篇，这是杂志中国报道的低谷期。

第一幕："初相遇"（1888～1937）

从1888年杂志创刊至1937年这五十年时间中，中国社

---

① Peter Hessler, photographed by Fritz Hoffmann, "China: inside the Dragon", *NGM*, May 2008.

② 丁韪良在1901年报道了义和团起义，William A. P. Martin, "The Causes that Led up to the Siege of Pekin", *NGM*, Feb. 1901。彼得·海斯勒在《国家地理》杂志上发表了近十篇有关中国的文章。

会经历了"天翻地覆"的变革。辛亥革命于 1911 年爆发，经过了从大清帝国到中华民国的革命性转变，中国进入现代"民族-国家"体系中。因此，从清末到二战爆发前夕，《国家地理》与中国的相逢，伴随着西方对外扩张、中国社会的巨大变革等时代洪流。

在半个世纪的近 130 篇涉及中国的文章中，《国家地理》的报道范围涉及中国历史地理、政治社会、探险考察等各个方面。从报道的聚焦点来看，这一时期报道的重要主题大致有四个：整体介绍中国；聚焦义和团运动；关注中国东北；边疆探险与少数民族。

其一，对中国的整体介绍。《国家地理》为了让读者了解一个在西方世界日益呈现其重要性的"远东"国家，刊登了大量宏观性报道，介绍中国的历史、地理与古老文明。[①] 以美国外交官约翰·巴雷特撰写的《中国：她的历史与发展》为例，这位外交官曾以记者身份游历中国，他在该文中以中国朝代更替为脉络，穿插评述中国的政治、宗教和地理。谈到中美关系时，作者声称："我们对于中国没有领土与港口的要求，但我们必须要能毫无阻碍地在中国任何地方进行自由贸易，要与其他国家享受同等特权。"这其实是美国门户开放政策的另一种表述，要求与列强一样在中国机会平等，利益均沾。在文末，巴雷特强调，如果误解或者低估中国，将会招

---

① 例如 Harrie Webster, "China and Her People", *NGM*, Aug. 1900；John Barrett, "China: Her History and Development", *NGM*, Jun. 1901；John W. Foster, "China", *NGM*, Dec. 1904；John W. Foster, "Present Conditions in China", *NGM*, Dec. 1906；Frank Johnson Goodnow, "The Geography of China", *NGM*, Jun. 1927。

致危机，基于此，美国对中国的政策，应该是"恩威并重"。① 外交官巴雷特的评述，奠定了此后一百多年西方观察者（包括《国家地理》），在言说中国问题时所带有的西方中心主义视角以及一切为西方利益服务的立场。

其二，聚焦义和团运动。1900 年，在中国北方发生的义和团运动，成为清末中国进入西方视野的重大事件，《国家地理》刊登了多篇报道。《中国"拳民"》一文追溯了义和团运动的缘起，认为中国的秘密会社通常具有政治与宗教性质。② 传教士丁韪良亲历义和团运动，在《围攻北平之起因》一文中，他分析了外国人在山东修建铁路，穿坟过墓，"农民们认为这些铁马惊扰了他们祖先的灵魂，引发极大恐慌而排外"。③

其三，关注中国东北。20 世纪初的中国东北，成为世界动荡与冲突的缩影。在当时的《国家地理》文本中，中国东北被称为"满洲"。人类学家拉铁摩尔认为，19 世纪后半叶，西方国家企图侵略中国，首次将东北地区看作一个完整区域而以"满洲"称之。而日本建立的傀儡政权"满洲国"是一个政治虚构，它强迫东北民众承认其被征服的地位。④

从 1900 年到 1947 年，《国家地理》以"满洲"为标题的报道有 12 篇之多，作者有学会会长哈伯特、各地领事、外交

---

① John Barrett, "China: Her History and Development. Part Ⅱ", *NGM*, July 1901.

② Llewellyn James Davies, "The Chinese 'Boxers'", *NGM*, Jul. 1900.

③ William A. P. Martin, "The Causes that Led up to the Siege of Pekin", *NGM*, Feb. 1901.

④ 〔美〕拉铁摩尔：《中国的亚洲内陆边疆》，唐晓峰译，江苏人民出版社，2010，第 74 页。

官、传教士和专业记者等。① 这些文章介绍东北的资源状况，分析各国在中国东北的商业利益，目的在于确保美国如何在多国竞争中"共享"这一海外市场。此外，有些文章侧重描写东北"现代与传统的激烈对抗"，如旅行作家伊莉莎·斯德摩尔的《奉天：满人的家乡及其伟大的艺术博物馆》② 与拉铁摩尔的《满洲：传统与现代的激烈冲突》③ 等。1932 年，哈尔滨遭受战争与洪水大灾，东北百姓苦难深重，《这是满洲》等文章对此进行了详细报道。④

其四，边疆探险与少数民族。西方人早期来到中国，在不同地区有不同的目的，概而言之，可形容为去东北"行商"，到西北"挖宝"，往西藏"朝圣"，在西南"采花"。20世纪上半叶是《国家地理》探险事业的鼎盛期。中国新疆、西藏、蒙古以及西南的各个角落，都留下了西方探险者的足迹。他们打着探险的旗号在中国进行学术考察、文物考古与资源勘测，更伴随着资源掠夺，如威廉·默顿等人在中国西北的文物盗掠，约瑟夫·洛克、福雷斯特等人在中国西南的

---

① Gardiner G. Hubbert，"Railways，Rivers，and Strategic Towns in Manchuria"，*NGM*，Aug. 1900；Henry B. Miller，"Russian Development of Manchuria"，*NGM*，Mar. 1904；Frederick Simpich，"Manchuria，Promised Land of Asia"，*NGM*，Oct. 1929；Willard Price，"Japan Faces Russia in Manchuria"，*NGM*，Nov. 1942；W. Robert Moore，"In Manchuria Now"，*NGM*，Mar. 1947.

② Eliza R. Scidmore，"Mukden，the Manchu Home，and Its Great Art Museum"，*NGM*，Apr. 1910.

③ Owen Lattimore，"Byroads and Backwoods of Manchuria：Contrasts of Modernism and Unaltered Ancient Tradition Clash"，*NGM*，Jan. 1932.

④ Lilian Grosvenor Coville，"Here in Manchuria"，*NGM*，Feb. 1933.

篇，主要的聚焦点有二。

其一，《国家地理》关注亚洲战场，以滇缅公路为例，这条亚洲战场物资供给线，成为《国家地理》关注的焦点，它报道了公路的修建情况以及这条公路对战争的意义、对战时中国的影响等。①

其二，由于中美两国成为盟友，很多文章直接表达了对中国人民的同情和支持。在《中国上空四千小时》一文中，美国飞虎队飞行员汉斯·科斯特对中国十多个城市的人文地理、山川景观进行了描写，展示了中国的广袤河山与多元文化。他说："这片古老的土地，对于我有着无可比拟的魔力。"② 旅行作家约瑟芬·布朗乘坐各种交通工具，行走于桂林、贵阳、成都、西安、昆明等地，见证了飞虎队与中国人民的友谊。约瑟芬·布朗也记录下了中国人民保家卫国的无畏精神："这是战争中的中国。新的民族精神使人们团结在一起，没有地域、财产、教育或者职业的差别……当我在广西看到一批从前线归来的中国士兵时，我哽咽了。他们在前线战斗了几个月，伤病与疲惫交集，个个衣衫褴褛，装备简陋，艰难地徒步行进。然而，他们在保卫自己的国家！他们用自己的身躯筑成抵抗侵略的长城。"③在《治理黄河》一文中，美国工程师奥利佛·托德在描写灾难的同时，也讲述了中国的年轻水利工程师以专业技术爱国的精神："这些年轻人的

---

① 对滇缅公路报道文本的分析，详见本书第七章。

② Hans Koester, "Four Thousand Hours Over China", *NGM*, May 1938.

③ Josephine A. Brown, "6000 Miles over the Roads of Free China", *NGM*, Mar. 1944.

家，原来就在这片大平原的村舍里。而如今他们的家，在责任与命运所召唤的任何地方。就像四千年前的大禹一样，今天的中国年轻水利工程师，正在驯服这条曾经令他们恐惧的'巨龙'。"①

第三幕："低谷期"（1950～1971）

二战结束，美苏同盟关系破裂。中华人民共和国成立后，中美关系进入历史低谷期。1950～1971年，《国家地理》有关中国的报道23篇，其中仅有3篇为作者在此期间的现场亲历，其余20篇里，有3篇是作者回忆1949年前在中国的经历，另17篇是从中国香港、澳门、台湾地区，以及从拉达克、克什米尔等地进行的"观望"。

几篇作者亲历报道分别为新西兰摄影师布莱恩·布瑞克拍摄的《北京：红色中国的橱窗》②、丹麦作家乔根·毕什的《这是我看到的中国》③以及加拿大时任驻华大使之女奥黛丽·托平的《回到变化中的中国》④。从三位作者的国籍来看，《国家地理》在无法直接获取中国信息的情况下，仍极力通过其他途径绕道了解中国。例如，奥黛丽·托平在《回到变化中的中国》一文中，对新中国的人民公社、国家建设、

---

① Oliver J. Todd, "Taming Flood Dragons along China's Hwang Ho", *NGM*, Feb. 1942.

② Franc Shor, photographed by Brian Brake, "Peking: The City They Call Red China's Showcase", *NGM*, Aug. 1960.

③ Jorgen Bisch, "This is the China I Saw", *NGM*, Nov. 1964.

④ Audrey Topping, "Return to Changing China", *NGM*, Dec. 1971.

精神文化与物质成就总的来讲持积极、乐观的评价,《国家地理》在"编者按"里特别注明:"直到最近,还只是有限的记者能够进入这个世界上人口最多的国家……奥黛丽·托平是最早广泛参观中国的外国人之一。她的叙述充满洞察力,展现了她作为一名大学生在中国两年的经历,以及作为一名加拿大人的视角。"①

第四幕:"喜重逢"(1972~1989)

1972 年 2 月,美国总统尼克松访华,中美两国关系开始走向正常化。1972~1989 年,《国家地理》关于中国的报道,不仅数量显著上升,达到 43 篇,而且主题丰富,基调明朗。这些报道最重要的主题大致有:大熊猫、经济与文化新气象、中国边疆地区与民族文化等,这些报道呈现浪漫主义色彩,字里行间流淌着乐观主义精神。

首先,是大熊猫主题。作为两国之间特殊的"友谊大使",大熊猫"玲玲"和"兴兴"成为《国家地理》这一时期的最早关注对象。时任美国国家动物园园长西奥多·里德在《黑白之爱:为何大熊猫广受欢迎》一文中,描述了到北京迎接大熊猫的经历,以及它们在美国引起的狂热追捧。② 从 1972 年到 2020 年,大熊猫成为曝光率最高的明星,5 次荣登《国家地理》封面,8 次被《国家地理》专题报道,包括美国

---

① Audrey Topping, "Return to Changing China", *NGM*, Dec. 1971

② Theodore H. Reed, photographed by Donna Kerkam Grosvenor, "What's Black and White and Loved All Over", *NGM*, Dec. 1972.

动物学家乔治·夏勒的《大熊猫在野外》和《野生大熊猫的秘密》，以及两位中国籍科学家吕植、潘文石的《野生大熊猫生子记》和《大熊猫的新希望》等。[①] 当然，杂志对大熊猫的关注，不仅在于其象征着中美友谊，更重要的在于其折射出的人与自然、人与动物的关系，折射出中国的环境状况与环保理念。正如《大熊猫公司》一文所言："我们对大熊猫之所以如此珍爱，是因为它们建立了我们与中国的联系纽带。它们打开门窗，让我们得以了解发生在大熊猫身上的那些事。"[②]

其次，中国在经济与文化等领域呈现的新气象。在《中国远西之旅》一文的导语中，记者写道："几十年以来，中国戴着面具，遮挡了西方的视线。如今，随着中国政府态度松动，政策越来越开放。"[③] 在整个 20 世纪 80 年代，无论是《上海：巨人重生》[④]、《昆明来信》[⑤]、《经济特区：中国的开放门户》[⑥]、《四川：中国变革之路》[⑦] 等区域报道，还是《坐

---

① 对大熊猫文本的相关分析，参见本书第十章。

② Lynne Warren, photographed by Michael Nichols and Fritz Hoffmann, "Panda, Inc.", *NGM*, Jul. 2006.

③ Rick Gore, photographed by Bruce Dale, "Journey to China's Far West", *NGM*, Mar. 1980.

④ Mike W. Edwards, photographed by Bruce Dale, "Shanghai: Born - again Giant", *NGM*, Jul. 1980.

⑤ Elisabeth B. Booz, photographed by Thomas Nebbia, "Letter From Kunming", *NGM*, Jun. 1981.

⑥ John J. Putman, photographed by H. Edward Kim, "China's Opening Door", *NGM*, Jul. 1983.

⑦ Ross Terrill, photographed by Cary Wolinsky, "Sichuan: Where China Changes Course", *NGM*, Sep. 1985.

火车漫游中国》①、《航拍中国》② 等鸟瞰式的观察与印象，都传达出一种共同的话语："中国有很好的发展基础。尽管还存在一些问题有待解决，但是中国具备建设一个人人丰衣足食、安居乐业的强大社会主义国家的能力。"③ 以《中国远西之旅》一文为例，作者描述了中国的变化，服饰时尚多姿，公园里谈恋爱的情侣，舞台上演出的爱情戏剧，都呈现了政治文化的新气象。在考察结束后，作者信心十足地写道："此次中国远西之旅，使我们确信，中国展现了新的面孔，正在面露微笑。穿越整个中国，我们看到人文精神的复兴。天气很热，但我却感到舒适，像是在春天的第一个星期里。"④

最后，中国边疆地区与民族文化是《国家地理》长期关注的主题。比较而言，《国家地理》在各个时段对中国的书写呈现不同的特征。20 世纪上半叶有关中国少数民族的报道，着力点在民族文化的"奇异""独特""神秘"，与"落后""原始""神奇"等特征并置。20 世纪 80 年代，《国家地理》关注中国的民族关系，报道呈现乐观积极的基调。比如在《中国远西之旅》一文里，作者引述一位哈萨克族农民的话："我们很幸福。我们劳动，但不是很辛苦，我们生病了有医生

---

① Paul Theroux, photographed by Bruce Dale, "China Passage by Rail", *NGM*, Mar. 1988.

② Larry Kohl, photographed by George Gerster, "Above China", *NGM*, Mar. 1989.

③ Mike W. Edwards, photographed by Bruce Dale, "Shanghai: Born - again Giant", *NGM*, July. 1980.

④ Rick Gore, photographed by Bruce Dale, "Journey to China's Far West", *NGM*, Mar. 1980.

来看我们。我自己没上过学，但我女儿正在新疆大学学物理学。"① 自 20 世纪 90 年代以来，《国家地理》对中国少数民族地区的报道，强调了其传统与变迁。

第五幕："新千年"（1990 年至今）

在跨越新千年的前后几十年时间里，全世界以其曲折往复的道路和动荡不定的局势挑战人们的理解力。随着东欧剧变、苏联解体，持续半个世纪的冷战落下帷幕，政治多元主义却并未取得共识；与此同时，世界科技发展日新月异，经济全球化使各个经济体越来越相互嵌入、相互依存，但全球化与逆全球化的声浪也在此消彼长。全球共同面临的重大议题包括生态危机、资源争夺与文明冲突等，各式各样的社会运动和人文思潮也从不同方向触动时代的脉搏。

从 1990 年至今，《国家地理》的中国报道归纳起来，主要的聚焦点有：香港回归、考古发掘、民族问题与环境生态问题等。这一时期，对中国的报道基调从 20 世纪 80 年代的浪漫主义转变为现实主义，尤其对中国的环境问题持比较消极的态度。但在全球化时代，在应对生态危机与全球人口增长等议题中，《国家地理》的报道表明，面对人类共同的未来，多元文化与多样文明是世界可持续发展的根本动力，而其中，中国是世界多声部乐章里不可或缺的声音。

进入 20 世纪 90 年代，《国家地理》重点报道了中国香港

---

① Rick Gore, photographed by Bruce Dale, "Journey to China's Far West", *NGM*, Mar. 1980.

回归。对中国新疆、西藏地区，它多关注农耕与游牧、传统与现代化等议题。

《国家地理》一直热衷于报道中国的考古发掘。1978 年，奥黛丽·托平在《兵马俑：中国的惊人发现》一文中，向世界介绍了秦始皇兵马俑，并通过华裔画家杨先民的画作，展示了中国古代的政治与国家形成等。① 此后，《国家地理》关于兵马俑的专题报道有 5 篇，兵马俑成为《国家地理》表述中国历史与现实的最佳通道，由此评价秦始皇的历史功过、陪葬制度、祖先观念等。美国作家彼得·海斯勒的《老历史新故事》则报道了河南安阳、四川三星堆等考古发现，认为中国文明实际上具有多源性与多元性。《国家地理》还刊登了一组关于辽宁古盗鸟化石的报道，该组报道充分体现了该杂志对科学报道准确性的严谨要求。②

在全球环境面临深刻危机的时代，《国家地理》关注了中国在城镇化与工业化发展过程中的环境污染问题。在报道生态环境时，《国家地理》也对羌塘自然保护区、横断山脉、茶马古道、九寨沟以及香格里拉等生态热点给予了关注，探索人类与自然的和谐相处之道。

第二节　地理描述：从环境决定论到中国景观

法国地理学家保罗·克拉瓦尔认为，地理学由三个主题

---

① Audrey Topping, "China's Incredible Find", *NGM*, Apr. 1978.

② 关于辽宁古盗鸟（Archaeoraptor）及古生物化石的报道，《国家地理》分别于 1998.07、1999.11、2000.10、2005.08 做了 4 期专题报道。

构成，分别是人与环境的关系、景观分析、区域类型和结构的描述。① 按此分类，一个多世纪以来美国《国家地理》，是怎样描述中国地理的这三个主题的呢？

一　自然地理："原始民族"与"地理环境决定论"

从地理学的发展来看，19 世纪地理学的成长奠基于自然地理科学，其主要任务在于探讨人与环境的关系。而在对人地关系的概括性解释中，"地理环境决定论"的影响最大。所谓地理环境决定论，英国地理学家 R. J. 约翰斯顿认为，是以下述信条为中心建立的一种理论：人类活动受其所在的自然界状况限制。② 虽然地理环境决定论的思想来源于孟德斯鸠以及达尔文，但 R. J. 约翰斯顿强调，在 19 世纪初的地理环境决定论者当中，为首者是德国地理学家拉采尔。③

克拉瓦尔总结拉采尔的地理学观念，认为：其目的在于建立关于人类演化的通则，并显示地理环境对人类的影响；

---

① 〔法〕保罗·克拉瓦尔：《地理学思想史》（第三版），郑胜华等译，北京大学出版社，2007，第 69 页。

② 〔英〕R. J. 约翰斯顿：《地理学与地理学家》，唐晓峰等译，商务印书馆，1999，第 51 页。

③ 拉采尔（Friedrich Ratzel，1844 - 1904）的重要著作有《人类地理学》《民族学》等，其博士学位论文也是关于中国人移民美国加州的研究。由于强调人类活动受地理环境的多方面限制，拉采尔被认为是地理环境决定论的代表，他的思想影响了一大批地理学家，如埃尔斯沃斯·亨廷顿（Ellsworth Huntington，1876 - 1947），亨廷顿在《国家地理》上发表了《中亚罗布泊湖的中世纪传说》（1907.04）等文，可见在西方对中国地理的早期论述中，地理环境决定论确为核心观点。

这种关于人类演化的通则，导引他去区别人类进化和人类对大地关系的两个层面的意义。拉采尔的地理环境决定论有两个参照对象，一为"文明社会"，二为"原始民族"。拉采尔认为文明社会发展出了与环境不同的关系，经由运输、贸易和移民，文明群体减少了对环境的依赖，建立了人为环境，创建了国家，因此文明社会的主要地理特征是组织国家的能力，经由政治地理学了解其特性是较为便利的途径。与之相反，原始民族未能创造使它们免受自然环境限制的人为环境，对这些群体的研究，显示了环境对其生活方式的严格限制，以及它们为适应困难环境而发展的策略。研究原始民族的合适途径是民族志（或人种志）。[①]

从《国家地理》早期对中国地理的表述中，不难看出其深受拉采尔学派"地理环境决定论"的影响。国家地理学会会长加德纳·哈伯特和法学家、教育学家弗兰克·J. 古德诺，就是其中的典型代表。

哈伯特是第一个在杂志上对中国地理进行整体论述的人。1894 年 1 月，哈伯特在《国家地理》上载文阐述了气候、河流、季风等因素对中国的影响，他指出，喜马拉雅山脉、昆仑山脉的走向，以及长江、黄河与众多河流系统，使中国气候类型多样，而华东平原成为养育 4 亿人的富饶地带。[②] 从气候着手论述地理环境与人类社会的关系是地理环境决定论的

---

① 〔法〕保罗·克拉瓦尔：《地理学思想史》（第三版），郑胜华等译，北京大学出版社，2007，第 96 页。

② Gardiner G. Hubbard, "Relations of Air and Water to Temperature and Life", *NGM*, Jan. 1894.

核心议题，哈伯特运用这一自然地理学，开启了对中国的关注。随后的 2 月，《国家地理》杂志只刊登了一篇文章，即哈伯特的年度演讲《地理文明的发展》。文章一开始就提出在什么范围内划定世界文明体系：

> 如果以华盛顿为中心，在其南北各 15 度纬线范围内划一区域，则可看出：这一地球的 30 度纬线区域内，包括了地球上具有高度文明与独特艺术和科学的所有国家。①

接下来，哈伯特概述了世界地理文明的历史进程，并把在此区域内的 14 个地区（国家）分为两大类——旧世界与现代世界。旧世界包括中国、阿拉伯半岛、埃及、美索不达米亚、叙利亚、波斯和印度、希腊、罗马；现代世界包括斯堪的纳维亚、意大利、西班牙、大不列颠、非洲、美国。在哈伯特的分类中，中国排在"旧世界"首位，而美国为"现代世界"压轴。哈伯特所谓"旧"，主要是从文明古老这一角度而言，也指文明发展已经停滞或断裂；他所谓现代世界指罗马帝国衰落后复兴的国家（地区），因为非洲被认为是欧洲文明的起源地，故被纳入"现代世界"中。

文章开篇即非常明确地将中国的地理特征与民族性格关联起来。

> 中国的地理特征影响并塑造了其民族性格。北面是

---

① Gardiner G. Hubbard, "Geographic Progress of Civilization", *NGM*, Feb. 1894.

蒙古沙漠（或称戈壁），再往北是比蒙古沙漠还要荒凉的西伯利亚；东面是海洋；南面是中国海［南海］和喜马拉雅山；西部是世界上最高最辽阔的高原——青藏高原，要翻越这一高原，必得攀上高达一万四千至两万英尺的垭口。这些几乎不可跨越的屏障切断了中国与外部世界的交往，千百年来，他们不为欧洲人所知，而后者也被他们视为外面的野蛮人。①

大致勾勒中国的地理轮廓后，哈伯特阐述了中国文明的成就：

> 中国的大江大河提供了帝国不可比拟的内部交通系统，使帝国得以掌控自己同种同质的人口，大部分时期里政权得以统一。汉民族很早就从游牧民转变为农耕民，并且很早就取得了艺术与科学上的巨大成就。但在很早以前，这些进步戛然而止，自此便既未向前，也未倒退。中国人发明了火药、指南针和印刷术，在西方人认识他们之前便已制造出丝织品与瓷器。

虽然有如此伟大的发明，但哈伯特认为，中国并未利用这些发明，文明已然停滞。原因何在？哈伯特分析道，一些国家（地区）如埃及、阿拉伯与中国，都是"受制于其所生活的地理环境并被其塑造"的旧世界。相反，现代世界的国家（地区）如美国以及欧洲，却因为蒸汽机与电力等发明和

---

① Gardiner G. Hubbard, "Geographic Progress of Civilization", *NGM*, Feb. 1894.

发现，"控制了大自然"，使得"夏天凉爽，冬季暖和"，而且餐桌上的蔬菜不受时令与地方的限制，因此可以事实上消弭时间与空间的制约。

哈伯特以典型的地理环境决定论为依据，为读者建立了一套世界地理知识的认知图式，在这套图式里，中国被确立在世界分类序列中的"旧世界"，由此拉开了《国家地理》认识中国的序幕并为其奠定了基调：文明悠久古老却已停滞，矿产资源丰富却不能加以利用。

循此脉络，另一位学者弗兰克·J. 古德诺继续展开对中国地理、历史、文明以及发展的论说。古德诺是美国法学家、教育学家，曾于1913～1914年来到中国，担任袁世凯政府的法律顾问。① 1927年，时任美国约翰·霍普金斯大学校长的古德诺，在《国家地理》发表《中国地理》一文，副标题为"自然环境对中国历史及其国民性格的影响"。文章开篇写道：

> 位于亚洲的中国，其地理条件对它的历史与人民性格的影响，可能是地球上其他任何区域都无法比拟的。②

从以上断语出发，古德诺与哈伯特一样，沿袭地理环境决定论之论据，以地理环境因素解释中国的历史发展与文明特征。古德诺认为，中国自然条件的两大特点产生了独特的

---

① 弗兰克·J. 古德诺（Frank Johnson Goodnow, 1859 – 1939），美国教育学家及法学家，1912年任中华民国政府宪法顾问。古德诺有关中国的书为《解析中国》，第一章即为"自然环境及中华文明之起源"。

② Frank Johnson Goodnow, "The Geography of China: the Influence of Physical Environment on the History and Character of the Chinese People", *NGM*, Jun. 1927.

中国文明：一是中国地势西高东低，山脉与河流走势大致为自西向东，使中国地理自然地区分为北方与南方，南北方差异很大；二是中国的自然条件十分适宜农业，中国是典型的农业国家，农业文明是中华文明得以延续的关键因素。在农业文明基础上形成的儒家文化传统，成为中国人的伦理法则与宗教信仰，使中华文明具有无与伦比的稳定性。

在论述由地理环境决定的中华文明之古老延续性时，古德诺尤为强调中华文明"未受外界影响"这一特性。他将中国与古希腊、罗马相比，认为随着罗马帝国衰落、基督教兴起等外在影响，古希腊、罗马这一西方文明的基础早已发生改变。而中华文明却吸引、同化了其他民族文化，绵延至今。由地理环境所决定的中国古老历史、中华文化强大的同化能力以及停滞不前的文明，构成了《国家地理》早期中国形象认知中的基本底色。

晚清西潮激荡，西方近代地理学说纷纷被介绍传播至中国，其中"以地理环境决定论最为集中，且影响深远"。[1] 梁启超最早引介此学说，1902 年在《新民丛报》上发表《地理与文明之关系》等文，[2] 论说脉络与孟德斯鸠、拉采尔以及哈伯特等人如出一辙。不可否认，地理环境决定论能在中国广为传播，自有其科学与合理性，也符合中国人传统上对"自

---

[1] 郭双林：《西潮激荡下的晚清地理学》，北京大学出版社，2000，第 49 页。该书亦指出，晚清时期中国人对"地理环境决定论"的认知与传播，实际上存在较为复杂的争议，在接受的同时也不乏批判之声，严复、夏偕复等人的批判尤为激烈。

[2] 梁启超：《饮冰室合集·文集之十》，中华书局，1989。

然"的敬畏之心。正如英国一位地理学家指出的，"就短期而言，人类可能按自己的愿望去利用环境，但从长远的观点来看，自然终将确保环境赢得这场战斗，迫使占据其上的人类作出让步"。①

但是，地理环境决定论从其提出之日起就不断受到批评。英国地理学家迈克·克朗梳理了自 20 世纪 20 年代以来，地理环境决定论在许多方面受到的质疑，其中一点就是，该理论"试图利用对环境刺激新达尔文式的反应，来解释全球不同文化"。伯克利学派创始人卡尔·索尔严厉批评地理环境决定论"形成了一个为欧洲帝国主义辩护的自私的理由"。②

从《国家地理》所刊登的哈伯特与古德诺的文章来看，上述批评并非言过其实。将中国纳入世界文明的"古老"、"停滞"与"落后"等结构体系与等级秩序中，无不体现出西方文明中心论的优越感。

二 景观分析：镶嵌在历史文化中的观念文本

1912 年 10 月，《国家地理》出了一期中国特辑，由三篇专题报道与一幅地图组成。三篇报道分别是美国农学家富兰克林·金的《奇妙的中国大运河》③、清朝驻藏钦差大臣行署

---

① 〔英〕R. J. 约翰斯顿：《地理学与地理学家》，唐晓峰等译，商务印书馆，1999，第 51 页。

② 〔英〕迈克·克朗：《文化地理学》，杨淑华、宋慧敏译，南京大学出版社，2003，第 20 页。

③ F. H King, "The Wonderful Canals of China", *NGM*, Oct. 1912.

医官全绍清的《拉萨笔记：世界最非凡的城市》① 以及弗雷德里克·麦考密克的《中国宝藏》。② 多年后，《国家地理》编辑贾斯廷·卡瓦纳指出，这期中国特辑的重心在于"描绘西方人喜闻乐见的中国风光画卷……把主要笔墨用于描写西方人眼里的中国标志景观"。③ 何为西方人眼里的中国"标志景观"？比如在《中国宝藏》一文的 50 幅配图中，有六座宝塔、三座牌楼、一处坟墓、一座拱桥、一道北京城门、一段长城，另有两组石雕，第一组为明永乐皇陵前的石人、石兽，第二组为洛阳龙门石窟里的各式窟龛、佛像和碑刻。

《中国宝藏》里的"标志景观"以石雕建筑为主，时隔 14 年后的 1926 年，《国家地理》刊登了另一篇摄影专题《天朝景象》④，选取的中国符号稍微多样化一些，除了出场率极高的牌楼、宝塔、寺庙、城楼和皇陵外，还增加了碾米石磨、载货马车、乡村稻田，以及苦力、木匠和农民等形象，以及名为"中国的忧伤"的黄河。为何这些景观会反复出现，并被冠以"中国宝藏"或"天朝景象"之名？在一座宝塔的图片下，作者提醒读者注意塔上长出的青苔与小树，然后评论道："宝塔是一种中国过去文明阶段的标志物。"而牌楼这种"石头雕成的拱门"，用来表彰节妇、孝子、善人等有德者，

---

① Shaoching H. Chuan, "The Most Extraordinary City in the World—Lhasa Notes", *NGM*, Oct. 1912.

② Frederick McCormick, "China's Treasures", *NGM*, Oct. 1912.

③ 〔美〕贾斯廷·卡瓦纳：《西方视野里的民国：百年之前〈国家地理〉镜头下的中国面貌》，陈昊译，《华夏地理》2011 年 10 月。

④ Robert F. Fitch, "Scenes in the Celestial Republic", *NGM*, Feb. 1926.

代表的是"中式景观常有的特征"。①

　　景观，作为一个地理学的重要概念，最早由德国地理学家洪堡使用，法国地理学家保罗·克拉瓦尔认为，"洪堡导致德国景域理念之形成，使景域理念在 19 世纪末成为区域地理学概念之核心"。② 1925 年，美国文化地理学家卡尔·索尔发表《景观形态学》一文，该文被视为批判地理环境决定论的重要文献，其理论方法也被认为带有很浓的文化人类学特色，因为与过分夸大自然环境对社会文化影响的决定论相反，索尔反过来强调文化和人对自然环境的改造。

　　什么是"景观"？景观是一个内涵丰富的概念，索尔认为景观是自然与文化共同塑造而成的，并强调地表景观的文化深度与历史深度。这一过程，索尔概括为"自然区域是舞台，文化是推动力，人是执行者，文化景观是最终结果"。③ 景观研究关注的是某一文化在地域空间内的起源与成长过程，由自然景观转变为文化景观的机制。因此，英国地理学迈克·克朗将地理景观视为一个价值观念的象征系统，认为社会就是构建在这个价值观念之上的，"地理景观的形成过程表现了社会意识形态，而社会意识形态通过地理景观得以保存和巩固"。迈克·克朗进一步指出，"考察地理景观就是解读阐述

---

① Frederick McCormick, "China's Treasures", *NGM*, Oct. 1912; P. H. Dorsett, "Peacetime Plant Hunting about Peiping", *NGM*, Oct. 1937.

② 〔法〕保罗·克拉瓦尔：《地理学思想史》（第三版），郑胜华等译，北京大学出版社，2007，第 85 页。

③ 转引自唐晓峰《文化地理学释义——大学讲课录》，学苑出版社，2012，第 198 页。

人的价值观念的文本"。①

经笔者检索，在百余年历史中，在《国家地理》的镜头与文字里，中国景观林林总总，纷繁多样，而出现次数最多的分别为长城、兵马俑、黄河和大运河。长城代表地理空间与族群文化的边界，兵马俑反映中国人在时间纬度内的生死观，黄河与大运河都是农业中国的写照，但前者代表"忧患"，后者表征"智慧"。

（1）长城

长城的形象第一次出现在《国家地理》杂志是在 1900 年 9 月，那期刊登了一篇文章《中国长城》，并配有一幅一页大小的图片。文章节选自美国地形测量工程师詹姆斯·威尔逊的著作《中国》，以简短的文字对长城这一"建筑奇迹"的长度、形状、建筑材料以及功能等做了介绍。文章认为，长城的修筑是对现代军事工程学规则的一种"蔑视"，其城墙如此结实而难以翻越，关口布局如此巧妙，如果加上适当的防御措施，足以让一支装备了上流攻城设备的现代军队迷惑不解。② 此后，长城越来越多地成为中国的象征符号之一，《国家地理》对它有两篇重要的专题报道，长城更在几十篇文章中频繁现身。甚至，长城成为一种喻指：在《滇缅公路：中国的后门》里，作者弗兰克·欧特南与 G. E. 费恩将连接中、缅、印的战时物资供应线比喻为"中国人民保家卫国的伟大

---

① 〔英〕迈克·克朗：《文化地理学》，杨淑华、宋慧敏译，南京大学出版社，2003，第 35 页。

② James H. Wilson, "The Great Wall of China", *NGM*, Sep. 1900.

植物采集，都是西方帝国海外扩张事业的一部分。在中国西北探险中最著名的是 1931 年法国"雪铁龙 - 阿尔德科学探险队"组织的亚洲汽车之旅，探险家兼记者梅纳德·威廉姆斯在《国家地理》上对全程作了四篇大型图文系列报道，向世人展示了一个危险而神奇的中国西北边疆。① 而在中国西南，"植物猎人"约瑟夫·洛克向《国家地理》贡献了十篇报道，为西方读者带去了"不为人知"的中国高山峡谷与神秘族群，掀起了该杂志对中国民族文化书写的第一次高潮。

第二幕："共携手"（1938～1949）

19 世纪中叶以来，中国被西方列强侵略，在全球秩序中备受孤立。20 世纪 30 年代末，日本军国主义野心勃勃，要建立自己的"亚洲新秩序"。芝加哥大学历史系教授入江昭认为，日本使用"亚洲新秩序"或"亚细亚主义"的概念，是为了使侵略中国的战争合理化，打破西方国家的在华利益格局，因此，当 1938 年日本政府发表"亚洲新秩序"的声明时，华盛顿和伦敦立即对它进行了谴责。② 在第二次世界大战时，中国与同盟国携手，中日两国的战争成为世界大战的一部分。

1938～1949 年，《国家地理》有关中国的报道一共 34

---

① 其中，描写中国西北边疆的报道有两篇：Maynard O. Williams, "First Over the Roof of the World by Motor", *NGM*, Oct. 1931；Maynard O. Williams, "From the Mediterranean to the Yellow Sea by Motor", *NGM*, Nov. 1932。

② 〔美〕费正清、费维恺编《剑桥中华民国史：1912—1949 年》（下卷），中国社会科学出版社，1994，第 516～521 页。

长城";①　在评价中国奥运会期间北京的新建筑时，作者泰德·费希曼将其表述为"新长城"。②

关于长城的两篇专题报道，分别是两位旅行家于 1923 年和 2003 年，沿着山海关、北京、河北、山西、宁夏、甘肃和（内）蒙古等地，考察沿线风土人情与社会变迁的。1923 年，亚当·沃里克在《长城千里行》一文中，认为长城将北方的牧民与南方的农民区隔开来，长城不仅是自然边界，也是文化边界。沃里克也指出，长城作为防御工事的观念已然过去，如今，普通中国人只是把长城视为一条"化石龙"，希望它保护中国免受邪灵侵害。然而，20 世纪 20 年代的中国正处于剧烈的时代动荡中，沃里克感叹："在历史的风吹雨打中，长城尽管依旧庄严肃穆，但片片砖石失落于山谷间，逐渐解体为残垣断壁。哎，这条巨龙，如今怕连抵挡邪灵的象征力量也正在失去。"③

八十年后，美国作家彼得·海斯勒，在《国家地理》上发表《追逐长城》一文，记录了其独自驾车"追逐长城"的经历，他"深入中国乡村"，以期发现"完好的、毁坏的和真实的中国长城"，以及长城内外景物与人民生活的巨大变化。彼得·海斯勒认为，长城在中国是一种象征符号，其意义随

①　Frank Outram, G. E. Fane, "Burma Road: Back Door to China", *NGM*, Jun. 1945.

②　Teb C. Fishman, photographed by Greg Girard, "The New Great Walls", *NGM*, May 2008.

③　Adam Warwick, "A Thousand Miles Along the Great Wall of China", *NGM*, Feb. 1923.

时代和观念而变。而今，长城成为"多民族国家团结的象征"，完全不同于历史上对长城的另一种表述——"抵御外侮"的军事屏障。彼得·海斯勒写道：

> 这一防御工事正是为了将我这样的"野蛮人"驱逐于外。但是显然，今天的长城最有力量的品格不在于它的排外性，而更在其所内含的叙事意义。长城讲述了自然的历史，穿越中国的景观与历史，在时间与空间的交集中，它触摸着文明的根基。[1]

岁月更替，长城长在，而它的历史深度与文化深度，正如它在崇山峻岭间蜿蜒起伏的雄姿，隐匿之处，尚等探索。

（2）兵马俑

当长城作为一种穿越历史的景观符号被《国家地理》持续关注时，中国的另一项宏大工程，在 20 世纪 70 年代也成为该杂志瞩目的焦点，这就是 1974 年的重大考古发现——兵马俑。

> 当罗马皇帝在西方扩张之时，东亚的另一位君主也在四处征战，最终建立了中华民族的主体部分。这位胜利者就是秦始皇，中国的第一位皇帝，长城的修建者。公元前 210 年，秦始皇被葬于骊山底下……现在，考古学家们正在发掘墓地里的惊人财富：皇帝的地下御林军，

---

[1] Peter Hessler, photographed by Michael S. Yamashita, "Chasing the Wall", *NGM*, Jan. 2003.

6000 个真人大小的兵马俑。①

这是兵马俑第一次出现在《国家地理》杂志上，首次出场即成为当期（1978 年第 4 期）封面，18 页的彩色图文，配上华裔美籍画家杨先民的多幅彩墨画，描绘了秦咸阳宫、阿房宫的富丽堂皇，皇陵制俑与修建长城的过程，秦始皇的焚书坑儒以及荆轲刺秦王等情景。该文作者为加拿大时任驻华大使的女儿奥黛丽·托平。她在考古现场，自述其"站在雨中，激动得几乎掉下泪来"。她说："我们正在见证 20 世纪最惊人的考古发现，第一位统一中国的皇帝的御林军塑像，在黄河流域盆地中沉睡了 2000 年后，现在从粗糙、湿冷的黄土中探身出来……中国充满争斗与荣光的历史，正在向世人展开。"②

1978～2012 年，《国家地理》共刊登了 6 篇兵马俑专题报道，《国家地理》通过兵马俑来表述历史，而"历史"的含义也在不断改变。

1992 年 8 月，摄影记者露易斯·马扎腾塔报道了汉景帝时期的仅两英尺高的迷你版兵马俑。最让马扎腾塔难忘的是兵俑面部的神秘微笑，"好像潜藏着某种秘密的快乐"，马扎腾塔分析道，这种微笑反映人们对于来世的不同思考方式，在追求不朽中，黑暗的地下世界变为永远的快乐王国。作者

---

① Audrey Topping, painted by Yang Hsien - Min, "China's Incredible Find", *NGM*, Apr. 1978.

② Audrey Topping, painted by Yang Hsien - Min, "China's Incredible Find", *NGM*, Apr. 1978.

认为，这与汉景帝时期流行的道家哲学分不开，道家总是"向内看"，追求"自然的和谐"。与对汉景帝的评价不同，马扎腾塔认为秦始皇是一位"有魅力的暴君"。① 在四年后对秦兵马俑的考古报道中，他列举了秦始皇统一度量衡、文字与钱币的功绩，以及修建的巨大公共工程，"包括修建兵马俑和长城，都需要动用成千上万的人力以及巨大的财力"，作者在文末评价道："秦始皇是推动中国历史的人，他做了很多坏事，但总体上好事多于坏事。"②

曾驾车长城千里行的彼得·海斯勒，也对兵马俑有浓厚兴趣。他在 21 世纪的第一个十年两度来到陕西西安，"希望对中华帝国历史的早期阶段有所感知"。中国最早的两个朝代（秦与汉）之所以均建都西安，彼得·海斯勒认为是因为黄河与秦岭这两个"天然屏障"。随着秦、汉两朝皇帝兵马俑的出土，"考古学家正在掸去历史的尘土，理解这两个朝代的统治者和他们的文化"。一般而言，"秦始皇被认为是一位激进的改革家，被贴上暴君的标签，秦朝在他死后四年即告结束。而汉景帝是一位谨慎的统治者，他部分地依赖于道家思想，这有助于汉朝延续了四个世纪。"因此，从对两千年帝制中国的影响来说，"秦朝引入的是一种革命观，而汉朝灌输的是传统与秩序"。③

---

① O. Louis Mazzatenta, "A Chinese Emperor's Army for an Eternity", *NGM*, Aug. 1992.

② O. Louis Mazzatenta, "China's Warriors Rise From the Earth", *NGM*, Oct. 1996.

③ Peter Hessler, photographed by O. Louis Mazzatenta, "Rising to Life, Treasures of Ancient China", *NGM*, Oct. 2001.

2010 年，在《不安息的灵魂》一文中，彼得·海斯勒的关注点从帝王陵俑转向百姓坟墓。在亲历了怀柔三岔村一个村民家的清明祭祖仪式后，彼得·海斯勒追溯了中国丧葬文化的变迁，从大地湾文化到当今的清明节，无论祭品如何变化（从陶器、玉石、活人牺牲、兵马俑到冥币等），也无论道家、儒家和佛教怎样影响人们的生死观，中国人始终相信，"死去的祖先对现实生活拥有干预的能力，一个不开心的先人能给活着的后代带来疾病和灾难"。因此，祖先崇拜与亡灵等级制度的观念，"促进了中国的社会稳定，同时带来的是中国文化的保守性"。①

2012 年 6 月，美国作家布鲁克·拉尔默和摄影记者马扎腾塔为《国家地理》的读者带来了最新一期《彩色兵马俑》，考古学家、艺术家们用现代工具和技术复原了地下军队的色彩，在过去与未来的通道中，作者写道，"红色与绿色，紫色与黄色……这些兵士并非一只沉郁的队伍，他们是超自然的展示"。②

（3）黄河

长江、黄河为中国第一、第二的大河，但在王朝地理学中，黄河却处于核心地位。原因之一，在于历史上中国对水问题的关注，主要在于与人利益相关的"水利"，而非属于自然研究范畴的"水文"。唐晓峰认为，对于水利问题，"尤以

---

① Peter Hessler, photographed by Ira Block, "Restless Spirits", *NGM*, Jan. 2010.

② Brook Larmer, photographed by O. Louis Mazzatenta, "Terra - Cotta Army: true Colors", *NGM*, Jun. 2012.

灌溉、水患、漕运三个方面最为重要",因此,"由于地理位置的原因,由于水患程度的原因,由于大禹治水观念的影响,黄河居于核心的地位"。① 黄河的这种核心地位,也体现在《国家地理》杂志的表述比重与话语含义里,相比于长江,黄河出现的次数更多,它作为"中国的忧伤"(China's Sorrow)的符号代表,被《国家地理》用来书写一个对自然环境极其依赖又充满忧患意识的农业国家形象。

在《诺亚之后的中国农民》一文里,作者亚当·沃里克为文章所取小节标题即"黄河是'中国的忧伤'"。② 在一百多年的历史中,"中国的忧伤"除了散见于《国家地理》的众多文章之外,还有三篇重要的专题报道,即《黄河上的筏运生活》(1932.06)、《治理黄河》(1942.02)和《苦涩的水》(2008.05)。

《黄河上的筏运生活》的作者是记者罗伯特·摩尔,他从甘肃到内蒙古,从西宁到包头,对黄河航道上的筏运交通进行了考察。用充气的羊皮和填满羊毛的牛皮制作交通工具,在中国历史悠久,但筏工们的生活充满挑战与艰辛。摩尔首先描写黄河的诸多称号:

> 地处中国北部的黄河是世界上最非凡的河流之一。但洪水破坏了无数的家庭和农地,给中国人的生命和财产带来了无尽损失。仅因这一点,人们就给黄河取了

---

① 唐晓峰:《从混沌到秩序:中国上古地理思想史述论》,中华书局,2010,第 297 ~ 300 页。

② Adam Warwick, "Chinese: Farmers since the Days of Noah", *NGM*, Apr. 1927.

"中国的忧伤""无法治理的""灾难之水"等称号。①

但是，罗伯特·摩尔也认识到，筏运经过的黄土高原，与渭河流域一道，是"中华民族的摇篮"。因此，"无法治理的"黄河一直是中国治水事业的重中之重。《治理黄河》一文，讲述了 1938 年 6 月，国民党炸毁河南花园口黄河大堤以阻断日本进攻河南的道路，但决堤之水却使豫、皖、苏三省成为沼泽，灾难深重。美国工程师、联合国善后救济总署奥利佛·托德应邀来到中国，研究如何治理黄河水灾。在文中，他着重描述了中国农民的传统治水之道，以及在大平原上与黄河做斗争的生活。文中配有多篇图片，呈现了一面沼泽、一面干涸大地的情景。衣衫褴褛的母子坐在辛苦捡拾的小把麦穗面前，面露微笑。托德写道："我们亲眼看到，黄河是怎样在人民心中植下宿命论的精神。"②

到 21 世纪，《国家地理》把关注的焦点集中于黄河污染以及对沿河百姓生活的影响上。《苦涩的水》一文写道："污染和过度利用影响着中国北方腹地的生命线，黄河的困境有可能造成中国水资源的短缺。"③ 在《苦涩的水》中，作者强调，"很少有哪条河能像黄河那样深切地反映一个国家的灵魂。黄河之于中国，好比尼罗河之于埃及，它们都是文明的

---

① W. Robert Moore, "Raft Life on the Hwang Ho", *NGM*, Jun. 1932.

② Oliver Todd, "Taming Flood Dragons along China's Hwang Ho", *NGM*, Feb. 1942.

③ Brook Larmer, photographed by Greg Girard, "Bitter Waters", *NGM*, May 2008.

摇篮，不朽荣耀的象征，是令人既敬畏又尊崇的自然之力"。①

（4）大运河

大运河被称作中国的"御河"、"运河"以及"运粮河"。大运河连接了内陆大河与东部沿海，构筑了一个大规模的水路运输体系，这仅是大运河的众多功用当中的一个。大运河的通航、灌溉、排水的功能在若干世纪里全面发展，并得到了有效的利用。大运河更为重要的功能还在于使人们免遭不断增长的水患的威胁。②

20 世纪初，正值美国工业兴起、农业面临严峻挑战之时，美国农业部土壤专家富兰克林·金远涉重洋，考察了东亚三国的古代农耕体系，其考察记录与研究心得结集为《四千年农夫——中国、朝鲜和日本的永续农业》（以下简称《四千年农夫》)③。该书比较了东亚与美国的农业模式，指出两者的资源条件差异以及东亚模式的优越性。《国家地理》选摘该书论述中国大运河的一部分予以刊登，并对作者及其著作隆重介绍：

> 多年以来，没有哪本书对于地理知识的实际贡献比
> 得上《四千年农夫》，该书作者是美国最杰出的农学家之
> 一、新近去世的富兰克林·金教授。金教授研究了中国
> 农民在比美国少而次的土地资源上，养活五亿人口所积

---

① Brook Larmer, photographed by Greg Girard, "Bitter Waters", *NGM*, May 2008.

② F. H. King, "The Wonderful Canals of China", *NGM*, Oct. 1912.

③ 该书有中译本，参见富兰克林·H. 金《四千年农夫——中国、朝鲜和日本的永续农业》，程存旺、石嫣译，东方出版社，2011。

累下来的四千年农耕经验。……下文节选自金教授的著作，所有图片亦取自该书。①

《国家地理》对《四千年农夫》推崇备至，书中关注的"中国大运河"，也是该杂志长期关注的重要对象。不计散见于各篇文章的描述，《国家地理》关于大运河的专题报道有五篇。1905年，美国驻杭州领事乔治·安德森写下《奇妙的中国大运河》；② 1912年，《国家地理》同题选登了富兰克林·金的文章；1927年，美国记者梅布尔·迪尔林乘船从上海至苏州，再沿大运河到杭州，在《苏州河》一文里观察大运河船家的生活；③ 1937年，《真实的中国革命》一书的作者、旅行家威拉德·普莱斯从京杭大运河最北端的通州出发，考察了大运河北京至天津段，在《大运河全景图》一文里，他认为，大运河是中国真正的心脏，中国的现代性体现在火车、汽车里，而中国的古老性却存留在大运河人家的传统生活中；④《国家地理》最新一次关于大运河的专题报道，是2013年5月的《大运河：中国的古老生命线》，讲述了大运河故事，赞美大运河"拥有1400年历史，是连接中国南北的伟大工程，至今仍在使用中"。⑤

从《国家地理》对大运河的百年表述中，我们可以发现，

---

① F. H. King, "The Wonderful Canals of China", *NGM*, Oct. 1912.

② George E. Anderson, "The Wonderful Canals of China", *NGM*, Jan. 1905.

③ Mabel Craft Deering, "Ho for the Soochow Ho", *NGM*, Jun. 1927.

④ Willard Prince, "Grand Canal Panorama", *NGM*, Apr. 1937.

⑤ Ian Johnson, photographed by Michael S. Yamashita, "Grand Canal: China's Ancient Lifeline", *NGM*, May 2013.

大运河在西方人眼中有着非常独特的地位，不仅一直备受关注，而且得到的赞美也最多。如果说黄河是"中国的忧伤"，代表充满忧患的农业中国，那么，大运河则代表"中国的智慧"，证明中国是一个"值得美国学习"的农业国家。《四千年农夫》中文版序言指出，在殖民者对美洲大陆进行开发的短短不到一百年时间里，北美大草原的肥沃土壤逐渐变得贫瘠，严重影响了美国农耕体系的可持续发展。① 金教授发现，在中国，大运河带来的淤泥可用作肥料，而人们充分利用各种粪便自制土家肥，既有效利用资源，又使土地免受化肥污染。因此，金教授认为，"通过深远考虑，我们可以很明显地看出，我们应该学习中国人在保持水土方面所做的。"大运河引发了他对中国人的热烈赞颂：

> 假设中国人不是选择在亚洲东部生息繁衍，而是来到了北美洲发展，今天的美国也会出现那样规模的大运河。他们还将阻止对土地资源的随意蚕食，并将在沿海地区的平原上建造 20 万平方英里的运河区，他们将在这块如今正逐渐变得贫瘠的土地上耕耘、开垦，创造出文明来。②

时过境迁，到 2013 年，《国家地理》里的传统农业中国正在极速转型，大运河也有了不一样的面貌。记者伊恩·强

---

① 〔美〕富兰克林·H. 金：《四千年农夫：中国、朝鲜和日本的永续农业》，程存旺、石嫣译，东方出版社，2011，序言第 1 页。

② F. H. King, "The Wonderful Canals of China", *NGM*, Oct. 1912.

森跟随一艘驳船从山东济宁到江苏扬州，见证了船上人家生活的现代变迁，以及大运河两岸城市面貌的变化。"在唐朝和清初两个黄金时代，扬州就如同今日的上海。在现今繁华的南方，财政富裕的地方政府美化了大运河，借此促进观光业与房地产开发。"然而，文章也指出，改建工程把大运河两岸几乎所有的建筑都夷为平地。记者感叹道："好几个世纪以来，大运河都是城市的心脏，如今它却只是个背景。"①

伊恩·强森了解到，"2005 年，地方上几位著名人士出面呼吁为具有历史意义的大运河申报世界文化遗产"。从"农业智慧"的象征到即将消逝的"文化遗产"，这是《国家地理》在 21 世纪书写的中国景观故事新主题。

《国家地理》里的中国"景观"，并非一幅幅如诗如画、诗意盎然的自然美景，而是镶嵌于具体的社会关系、文化历史之中，具有多样特征与多重意义。当然，在解读这些文字的时候，我们也必须意识到作者论述时可能存在的傲慢与偏见。

三　区域描述：空间格局与"中国"类型

从区域类型来看，在《国家地理》的取景框里，中国有三大地理空间，特性鲜明且迥然有别，笔者将之称为"腹地"、"沿海"和"边地"，共同组成博大的中国风景线。

"腹地"既指中原腹地，又指更大范围的现代中国之政

---

① Ian Johnson, photographed by Michael S. Yamashita, "Grand Canal: China's Ancient Lifeline", *NGM*, May 2013.

治、文化与农业区，从北部的北京、山西到南部的江西、湖南，对于《国家地理》来说，这一区域体现了典型的"中国性"；而"沿海"是 19 世纪西方人打开中国大门、登陆中国的地方，在 20 世纪 80 年代，它成为中国经济改革的试验地与开放区，因此它代表的正好是一个具有现代性特点的中国；"边地"好似一个半圆之弧，围绕着"腹地"，是中华文化多元性的代表。

（1）腹地

文化地理学家唐晓峰认为，具有相似文化特质的地理区域就是文化区，而文化区的三种不同类型——形式文化区、功能文化区和乡土文化区，可以依据不同的内容指标，灵活划定。① 在中国版图上，由北向南，包括今天的北京、山西、陕西、河南、安徽、湖北、江西、湖南等省市，以及河北和山东的大部分地区在内的区域为中国腹地，在《国家地理》的文本表述中，有以下几个特点：其一，这一区域属于中国"文明之源"与"政治中心"；其二，在文化上，这一区域受儒家文化影响较深；其三，在这里，可以读懂"农业中国"。

首先，中国腹地既是中华古老文明的发源地，也是传统与当代中国的政治文化中心，以北京、西安、河南等地为代表。《国家地理》对北京的报道，仅以标题统计就有十来篇。第一篇专题报道北京的文章是旅行作家伊莉莎·斯德摩尔的

---

① 唐晓峰：《文化地理学释义——大学讲课录》，学苑出版社，2012，第145 页。

《总理衙门》，① 选自其著作《中国：长寿帝国》②。该文介绍了清政府总理衙门的构成与运作，通过这一机构反映了清末的帝国形象。其后，《国家地理》报道了义和团运动时候的北京、民国政府在南京与北京之间的数度搬迁以及新中国的首都北京。在不同时期，《国家地理》对北京的称呼不同，有Pekin、Peking、Peiping 和 Beijing，其关键词亦经历了"帝都"、"红色橱窗"和"古都新颜"等变迁。

另一个城市西安，不仅因秦始皇兵马俑而一再被关注，也因为其是"古代贸易的十字路口，高度发达的文明中心"而在 1901 年被《国家地理》专文报道。③ 其他如湖南长沙出土的马王堆汉墓④、河南安阳的殷墟遗址⑤等，都共同渲染了中华古老文明。

其次，从文化上来说，中原腹地也是儒家文化的发祥地。

① Eliza R. Scidmore, "The Tsung – Li – Yamen", *NGM*, Jul. 1900.

② E. R. Scidmore, *China*, *The Long – Lived Empire*, London Macmilian and Co. Limited, 1990.

③ James M. Hubbard, "Singan—The Present Capital of the Chinese Empire", *NGM*, Feb. 1901.

④ Alice J. Hall, "A Lady From China's Past", *NGM*, May 1974. 湖南被《国家地理》称为"封闭的省份"，因为它是清朝被西方探测和绘制地图的"内地十八省"中的最后一省，《国家地理》认为湖南"资源丰富，但保守而排外，西方观念难以进入。"见 William B. Parsons, "Hunan ：The Closed Province of China", *NGM*, Oct. 1900。

⑤ Peter Hessler, photographed by O. Louis Mazzatenta, "The New Story of China's Ancient Past", *NGM*, Jul. 2003. 此外，河南在 2011 年因"少林功夫"而被关注，其主题聚焦在中国社会传统与现代的冲突与变迁，见 Peter Gwin, photographed by Fritz Hoffmann, "Battle for the Soul of Kung Fu", *NGM*, Mar. 2011.

《国家地理》直接将山东称为"中国圣地",① 将山东人称为"孔子的后裔"。② 在《泰山：东方圣山》一文中，在中国生活了三十多年的画家玛丽·穆利金女士写道：在埃及法老图坦卡蒙被放置进尼罗河边的金字塔一千年前，在摩西率领信众追寻耶和华到达西奈山数百年之前，中国的朝圣者们便已凿刻出"通天石梯"，通向中华五大圣山之一的泰山之顶。③在更早之前的《国家地理》的几乎所有阐释中国历史地理的文章中，孔子这位"东方圣人"都是必不可少的符号，被用来诠释中国人的"中庸之道"，中国是"礼仪之邦"。美国外交官巴雷特将孔子等先哲所开创的时代称为"黄金时代"。巴雷特认为，儒家思想对中国影响之大，其作为一种伟大哲学，值得美国与西方国家研究与重视。④

最后，也是最重要的，中原腹地是代表"农业中国"形象的典型区域。如前文所述，美国国家地理学会会长加德纳·哈伯特和法学家、教育家弗兰克·J. 古德诺均从地理环境决定论的角度，将中国定性为一个传统农业大国。其中，华北平原、长江中下游平原、四川盆地以及黄河流域、长江流域和大运河工程组成的中国腹地，是《国家地理》书写农业中国的核心区，也是中国形象生成的底色与主色。

农业主题不仅贯穿在《国家地理》的多篇文章中，而且体现于无处不在的图像符号里。仅以《诺亚之后的中国农民》

① Charles K. Edmunds, "Shantung—China's Holy Land", *NGM*, Sep. 1919.

② Maynard Owen Williams, "The Descendants of Confucius", *NGM*, Sep. 1919.

③ Mary A. Mullikin, "Tai Shan：Scared Mountain of the East", *NGM*, Jun. 1945.

④ John Barrett, "China：Her History and Development. Part I", *NGM*, Jun. 1901.

为例，该文的 37 幅插图大致可分为三大类，构成农业中国的全景图。其一为农民形象，从农夫（妇）、挑夫、轿夫到卖菜摊贩、洗菜妇女，甚至还有几颗被悬挂于田埂树桩上的土匪头颅。其二是生产与交通工具，最多的是耕牛、驴子、镰刀、石磨、水车、独轮车和轿子，其中"肩挑背扛"是最为常见的运输方式。其三是农村景象，有茅草小屋，也有青田瓦舍；有层层梯田，也有山野旷土；有在房前屋后戏玩的猪与狗，也有在草丛中光着身体追逐蚱蜢的小孩，还有坐在屋檐下给弟弟喂饭的小姑娘……①

以上的农业中国全景图，也折射出《国家地理》对于"他者"与"自我"的情感和态度比较复杂甚至矛盾。一方面，其时西方工业革命导致生态恶化、人心浮躁，对照农业中国的"田园牧歌"，西方社会弥漫着对和谐农业社会的怀旧之情。② 另一方面，对于捆绑在土地上的中国农民，杂志又从线性历史观的角度，将他们轮回的生命与循环不变的生活，叙述为一个停滞、原始、落后与贫穷的乡土社会，把这个社会与开放、进步、现代的西方社会进行并置与对比，文本中流露出无法掩饰的优越感。

（2）沿海

本书所述"沿海"区域，依照《国家地理》多篇关于"中国沿海城市"的报道所涉及的范围，大致包括澳门、香

---

① Adam Warwick, "Chinese: Farmers since the Days of Noah", *NGM*, Apr. 1927.

② 这种田园牧歌的代表，尤以小说家爱丽丝·霍巴特的《世界另一半的人怎样生活》一文为代表，见 Alice T. Hobart, photographed by Mary A. Nourse, "How Half the World Works", *NGM*, Apr. 1932。

港、广州、福州、厦门、杭州、宁波、青岛、上海、大连、烟台等东部沿海城市。这片区域，无论是从地理位置还是从历史沿革来看，对中国与西方，皆有着不同寻常之意义。

从地理位置来看，沿海区域至少与两种地理相呼应，一是西接中原内陆，二是东临茫茫大海。对于中国人而言，沿海具有从"天涯"到"良港"再到"都市"的意义变迁。在古代，由于沿海地区"离京甚远"，对于心向京城的官吏与文人来说，遥远的海边便承载着"同是天涯沦落人"或者"烟波浩渺信难求"的黯淡感伤。从地缘政治角度来看，沿海作为中国海上边疆，其意义也屡经变迁。由于在古代对中原的威胁更多来自北方，相较之下，东部沿海是中原的安全隔离带而未受垂青。然而鸦片战争在海上掀起波澜，西方列强借坚船利炮破门而入，沿海港湾被强租割据。于是，王朝地理观中的"蛮荒之地"变为"良港"。面对鸦片战争后疆土之丧失，顾颉刚与史念海在 1936 年出版的《中国疆域沿革史》中愤叹道："我国以积弱之下，空见良港为人夺去，亦无可如何，诚可哀也！"并自陈"吾人述此期之情形，诚不禁心痛神怆也"。[1]

就在顾颉刚、史念海哀痛良港之失的两年前，《国家地理》的年轻记者、摄影师罗伯特·摩尔，带着 17 箱行李来到中国，行李箱里装着相机和玻璃板底片，他去到中国沿海城市，将中国"对外开放的通商海港"统统纳入镜头。摩尔当时的心情，与顾颉刚、史念海形成了鲜明对比。

---

[1]　顾颉刚、史念海：《中国疆域沿革史》，商务印书馆，2000，第 218、219 页。

在《中国沿海城市》一文的开篇语中，摩尔追溯了美国与中国的"亲缘关系"，摩尔认为，美国作为新生共和国，它的第一个外贸国家即为中国，从著名的波士顿倾茶事件①到开往中国的第一艘商船"中国女皇"（Empress of China）号，美国开启了其作为一个大国的"海上商务之旅"。摩尔将中国沿海比喻为"吸引早期探险者的北极星"。自鸦片战争后近百年过去，本着一探其"今日之巨变"的目的，他造访了中国许多港口城市，如香港、澳门、广州、厦门、天津、上海等，捕捉这些港口城市"现代化"之新颜。尽管在摩尔的镜头里不乏戏子、苦力、香客以及独轮车和小渔舟等"中国元素"，但他在文末总结道："自'中国女皇'号驶入广东港以来，中国沿海发生了惊人的变化。这些本土港口，正在爆发出无穷的新生命与生长力。"② 1945 年，《密勒氏评论报》主编约翰·鲍威尔在《今日中国沿海》一文里，着重考察了日本对上述港口城市的入侵与影响。③

《国家地理》呈现的 20 世纪上半叶的中国沿海，与中国腹地大为不同。如果说在中国腹地，《国家地理》看到的更多是一个帝国的老态、停滞与衰败，那么在沿海地区，《国家地理》看到的更多是古老中国的"活力""现代"与

---

①　1773 年 12 月，塞缪尔·亚当斯率领不满英国统治的 60 名"自由之子"，潜入英属东印度公司的商船，将船上所装茶叶全部倒入大海，以对抗英国国会，最终引发美国独立战争。因船上茶叶来自福建厦门，故摩尔从此事件开始述及美中贸易，以避开"鸦片战争"之开端。

②　W. Robert Moore, "Coastal Cities of China", NGM, Nov. 1934.

③　John B. Powell, "Today on the China Coast", NGM, Feb. 1945.

"生机"。《国家地理》如此叙述策略，无非想表明，此间差异在于西方国家参与形塑了中国沿海之"景观"。被杂志纳入笔端并留下影像的外滩、洋场、百货公司、夜总会、教堂以及高个蓄须的锡克族交通警、穿着海军制服溜达于中国街头巷尾的外国船务官，无不是西方嵌入现代中国的一道道风景。

费正清曾以上海为例讨论西方对中国沿海面貌的塑造。1860 年以后中国被迫向西方开放，到 19 世纪末期，"外国人主导的管理机制在开放通商的重要城市发展起来"，费正清认为，外国人的影响如此之大，"外国化的上海在 20 世纪一直是中国大都市，但在 19 世纪五六十年代却并非如此"①。"外国化"的不仅有沿海地区的面貌，更有生活于其中的人民，因此费正清以广州人为例，说那些为外国人尤其是洋商服务的广州人，逐渐成为"买办"，然后成为中国的现代实业家，"这样，中国从一开始便加入了现代世界贸易经济的大潮并在沿海地区首先发展起来"。②

对于 20 世纪 80 年代后率先改革开放的沿海城市，《国家地理》在书写中，便沿袭了"现代化中国"的区域特征，只是其重心在东南沿海经济特区。1983 年，《国家地理》的高级作家约翰·普特曼花了五个星期，访问中国"大胆的新试验田"。在他的文章中，深圳、珠海等沿海经济特区的"洋

① 〔美〕费正清编《中国的世界秩序：传统中国的对外关系》，杜继东译，中国社会科学出版社，2010，第 279 页。

② 〔美〕费正清：《中国：传统与变迁》，张沛等译，吉林出版集团有限责任公司，2008，第 214～217 页。

味"少了，多了挑着被褥找工作的进城务工人员，在楼市沙盘前驻足观望的投资者以及在工厂流水线上作业的女工，还有堆满挖掘机的巨大工地。普特曼乐观地评论道："这一次，中国打开其门户，不是在大炮的威胁之下，而是取决于自己。或许这次，历史学家的预言能成为现实，中西方可以友好地互通有无，交换知识与所需。"① 到了 1997 年，《国家地理》的资深记者迈克·爱德华兹和著名日裔摄影师麦可·山下，再一次记录了中国沿海城市的变迁，在香港、澳门回归的背景下，他们认为中国黄金海岸进入"繁荣时期"。在麦可·山下的镜头里，有摩天大楼、深圳中华园、五光十色的商场，当然还有珠江三角洲的外资企业分布图，中国沿海城市现代化的气息扑面而来。②

在中国诸多沿海城市中，《国家地理》最青睐的是上海。以上海为标题的特别报道有 5 篇，上海登上杂志封面一次。从 1932 年的《世界大都会上海：中国的重要港口》③ 到 1937 年的《变革中的上海》，④ 从 1980 年的《上海：重生的巨人》⑤

---

① John J. Putman, photographed by H. Edward Kim, "China's Opening Door: Special Economic Zones", *NGM*, Jul. 1983.

② Mike Edwards, photographed by Michael S. Yamashita, "Boom Times on the Gold Coast of China", *NGM*, Mar. 1997.

③ W. Robert Moore, "Cosmopolitan Shanghai, Key Seaport of China", *NGM*, Sep. 1932.

④ Amanda Boyden, "Changing Shanghai", *NGM*, Oct. 1937.

⑤ Mike W. Edwards, photographed by Bruce Dale, "Shanghai: Born-again Giant", *NGM*, Jul. 1980.

到 1994 年的《上海：中国过去与未来交汇之地》，^① 一直延伸至 2010 年的《上海梦》。^② 在每一篇文章中，作者无一例外都会回味西方人的生活与影响。1937 年，美国作家阿曼达·博伊登向西方读者介绍她的"住家厨子"，认为他们都能各司其职，"有时他们会觉得外国人有的习惯莫名其妙，但即便如此，他们仍会照你的意思办"。^③ 中国改革开放之后，《国家地理》对上海这个"混淆东西方理念"城市变得陌生难免有些伤感。麦克·爱德华兹提醒自己，"与世界长时间隔绝之后，你不能怪中国人对其他国家不了解"。但是，当他听到中国人议论"如果牛奶卖不出好价格，资本家会把它们倒掉"之类"令人难过的小故事"时，仍然不禁"大吃一惊"。^④ 到了 2010 年，在上海世界博览会召开之际，记者布鲁克·拉默尔和摄影师何夫杰认为，上海有了新的标志物，上海环球金融中心、金茂大厦和东方明珠电视塔"昭示着这座城市的雄心"。而在这座不断翻新的城市中，"时间前进的节奏如此之快，以至往日又成明天，旧物亦可新生"。^⑤

　　为何上海能数度成为《国家地理》的关注点？"与中国其

---

① William S. Ellis, photographed by Stuart Franklin, "Shanghai: Where China's Past and Future Meet", *NGM*, Mar. 1994.

② Brook Larmer, photographed by Fritz Hoffmann, "Shanghai Dream", *NGM*, Mar. 2010.

③ Amanda Boyden, "Changing Shanghai", *NGM*, Oct. 1937.

④ Mike W. Edwards, photographed by Bruce Dale, "Shanghai: Born - again Giant", *NGM*, Jul. 1980.

⑤ Brook Larmer, photographed by Fritz Hoffmann, "Shanghai Dream", *NGM*, Mar. 2010.

他曾为帝都或区域政治经济中心的名城相比，上海不曾承担中国数千年的历史渊源，也未传承中国古代城市文明的衣钵……它在基因和血缘上与西方世界的亲近，可以说，它是西方现代化城市文明在中国的第一份嫁接品。"① 这也是《国家地理》关于中国沿海的表述依据与倾向。

（3）边地

所谓边地，是"中心"确立过程中的一个相对概念。徐新建认为，在大一统王朝时期，边地就是中央、中原以外的"四方"，他同时指出，从族群和文化的交往进程来看，边地的含义大致经历了从边荒到边疆再到边界的演变。② 本书所指的"边地"，涵盖上述三层含义。从具体区域说来，除了传统边疆地区东北、（内）蒙古、新疆和西藏外，还要加上云、贵、川、桂等地所在的西南。

这一辽阔的中国边地，虽然在古代王朝地理观中属于"五服"中的"要服""荒服"乃至更远之域，从重要性而言，边地肯定远远不及"王畿"，但从本书统计的数据来看，在《国家地理》的视野中，这些地方却是极具吸引力的"热点"。为何《国家地理》如此关注中国边地呢？

其一，中国边地为西方列强的角逐地带。

法国社会学家、汉学家谢和耐在《中国社会史》一书中，将1894年称为中国"苦难年代的开端"，他认为，这一年的

---

① 《华夏地理》编者按"唯一的上海"，《美国〈国家地理〉镜头中的上海百年》，载《华夏地理》2010年5月号别册。

② 徐新建：《边地中国：从"野蛮"到"文明"》，《西南民族大学学报》（人文社科版）2005年第6期。

中日甲午战争使中国的政治、社会、经济进入新的崩溃阶段，标志即为中国领土的纷纷沦陷。自日本入侵中国东北后，"日本的领土野心激发西方列强也来瓜分中国领土，并将中国划分为其'势力范围'"。① 随着日、俄、英、法等国在中国东北、蒙古、新疆、西藏以及西南地区的角逐，西方各路"探险家"纷纷涌入上述地区，搜集各种政治、经济和军事情报。

美国自然不甘落后，积极争夺在华利益，通过"门户开放"政策与列强达成一致，主张利益均沾。这也反映在美国国家地理学会及《国家地理》杂志对中国的关注中。《国家地理》最早的一篇专题报道中国的文章《西伯利亚跨陆铁路》，便是美国将军同时也是美国国家地理学会副会长的格里利，对俄国在中国东北修建铁路的详细介绍，提醒美国国会关注俄国在中国的资源占领与政治特权。②

《国家地理》早期对中国西南的报道大多看似为探险家们在高山峡谷间采集动植物，但第一个将中国西南带入读者视野的福雷斯特，③ 其怒江之行便是由英国领事利顿组织，他们当时的目的，"既是政治的，也是地理学的"，④其政治目的，正是要重新勘定中缅边界，为英国进一步打开中国市场寻找

---

① 〔法〕谢和耐：《中国社会史》，黄建华、黄迅余译，江苏人民出版社，2010，第 503 页。

② A. W. Greely, "The Siberian Transcontinental Railroad", *NGM*, Apr. 1897.

③ George Forrest, "The Land of The Crossbow", *NGM*, Feb. 1910.

④ George Forrest, "Journey on Upper Salwin, October – December 1905", *The Geographical Journal* 32 (1908): 239–266.

新路。①

其二，中国边地为探险之地。

《国家地理》对中国的报道，与其所依托的帝国主义海外扩张大背景息息相关。当然，它也有其他的旨趣，就是对于地球的探索与发现。早期地理学的主要活动是探险，因此美国国家地理学会乐于资助探险家们不断收集地球上"未知之地"的信息。英国地理学家 R. J. 约翰斯顿就曾指出，"美国的国家地理学会及其普及刊物《国家地理》杂志在美国保持着探险传统……力求在学术研究和广大读者之间架设一座桥梁"。②

就中国而言，可供探险的地域当属中国边地为最佳。其中最早的探险活动是登山，位于中国西部的珠穆朗玛峰成为各国登山者的首选之地。以 1933～1988 年的 50 多年为例，《国家地理》对珠峰的报道有 14 篇之多。③ 在中国西南和西北，约瑟夫·洛克对明雅贡嘎、贡嘎里松贡巴④以及甘肃卓尼的阿尼玛卿山的报道，成为该杂志至今引以为豪的探险壮举，而他向《国家地理》共发去九篇有关中国西南的异域珍闻，极大地刺激了西方读者对中国的想象，也为其认识多元中国

①　对福雷斯特怒江之行及《弓弩之地》一文的分析，详见本书第四章第一节。

②　〔英〕R. J. 约翰斯顿：《地理学与地理学家》，唐晓峰等译，商务印书馆，1999，第 50 页。

③　*National Geographic Index* 1888 – 1988（Washington D. C.：National Geographic Society, 1992），p. 391.

④　明雅贡嘎又称木雅贡嘎、岷雅贡嘎、贡嘎雪山，在四川康定以南（四姑娘山一带）。贡嘎里松贡巴旧称贡嘎岭，在稻城亚丁。

增加了一重纬度，正如编辑爱德华兹所言："他把异国风情带进了读者的卧室，包括异域的王国、民族，以及甚至连地理学家也知之甚少的高山雪峰。"① 除了登山，茫茫戈壁中的汽车之旅、在"世界屋脊"青藏高原的徒步穿越，以及在慕士塔格峰滑雪等，② 都已成为学会的探险里程碑。

其三，中国边地具有多元性。

所谓多元性，指边地中国在地理、族群、文化与经济等各方面的多样性，简言之，这种"多样性"涵盖着西方人眼中"他者"所具有的原始（primitive）、异域（exotic）、情欲（erotic）以及浪漫、神秘等特性，《国家地理》对这些特性的追求，被美国民族学家杜磊称为杂志的"典型风格"。③

在 20 世纪 30 年代的法国汽车新疆之旅中，记者梅纳德·欧文·威廉姆斯记录下探险家们的心声："游牧民族的生活洋溢着诗情画意。他们远离了世俗的喧嚣，这简直是一片世外桃源，牛群、骏马，还有广阔的草原，一切都散发着原始而又质朴的芳香。"④ 对于"原始性"的渴求，从与西方自身的关联来看，可视作《国家地理》在西方工业文明出现危机后，希望在游牧或者农耕社会以及"原生态""少数民族"

---

① Mike Edwards, photographed by Michael S. Yamashita, "1922 – 1935: Our Man in China: Joseph Rock", *NGM*, Jan. 1997.

② Ned Gellette, photographed by Galen Rowell, "American Skiers Find Adventure in Western China", *NGM*, Feb. 1981.

③ Dru C. Gladney, "Representing Nationality in China: Refiguring Majority / Minority Identities", *The Journal of Asian Studies* 53 (1994): 92 – 123.

④ Maynard Owen Williams, "First Over the Roof of the World By Motor", *NGM*, Mar. 1932.

中发现一种简单、宁静的慢生活，从而达到反思并寻求自身救赎的目的。当然，同时也存在另一种解读，即《国家地理》实际上是以他者的"原始""落后"，并置西方的"现代""文明"，从而增强自身的优越感与认同性，甚至为其对非西方世界的"文明化"工程提供合理性辩护。

在《国家地理》的中国展厅中，中国西南占据了最大一隅，直接相关作品近50篇，居于中国各区域之首。"策展人"形形色色，有地质学家、传教士、政治家、学者、军人以及记者等，他们共同拼出了丰富的中国西南展厅。

植物采集：异域绽放与花卉王国

在中华文明的开初，也就是"现代国家"的祖先们还处在野蛮时代时，天朝帝国的子民们就对花花草草情有独钟了。

——欧内斯特·威尔逊

第三章

植物采集：世界就在我的花园里

在浩瀚宇宙的蔚蓝色星球上，除了极地、海洋与沙漠，春来花红柳绿，夏至草长莺飞，都不过是大自然随季节变化而生发的寻常光景。历史地理学家房龙在《人类的故事》一书中，开篇即描写了大地"舞台"上的生命大戏。几万年前，生命细胞在海洋中毫无目的地随波逐流，有一些细胞来到湖泊中，扎根于湖中淤泥，变成了植物。植物大量繁殖，离开水面寻找新的居所，直到大地上绿草茵茵，大树成荫。人类是较晚来到大地舞台上的，但一来到，便成为征服自然的强大物种。人类的祖先"从栖身的树上下到比较危险的地面后……在地上四处游荡，看看他的运气是捕杀别的动物还是被别的动物捕杀"。①

历史学家汤因比把人类看作一种社会性动物，在力图摆脱自然界的支配而进行的征战中，人类开始从"寄生"走向了"掠夺"：

---

① 〔美〕房龙：《人类的故事》，璐璐等译，中国城市出版社，2009，第9页。

他在力所能及的范围内，向自然发出挑战，用人类的选择代替了自然选择。为了自己的需要，他驯化了一些动植物，对它们进行培育，并对他所厌恶的某些物种加以消灭。他轻蔑地给这些不受欢迎的物种加上"杂草"和"害虫"的标签，然后宣称他要尽最大努力消灭它们。①

对动物的驯化史与对植物的移植史，是一部以人类选择干预或代替自然选择的行为史，成为人类进入文明阶梯的证据而被铭刻。"植物猎人"的故事，便往往被讲述成哥伦布式或库克船长式的英雄史诗。然而，近年来，后殖民主义及民族主义运动等皆对哥伦布的所谓"发现"及"新大陆"之说进行了深刻反思。以《1491：哥伦布之前的美洲之新启示录》一书为例，作者通过研究考古资料，发现以前的史书认为在哥伦布到达美洲之前，印第安人生活在原始荒蛮之中，实际上，印第安人在这片土地上建立了自己的文明，而哥伦布为"新大陆"带去的"文明"，对于印第安人来说是灾难。②

哥伦布及库克船长等探险家的"地理大发现"已经受到质疑与反思，而在植物探险与异域采猎中，那些关乎发现与掠夺、博物与科学、文化与帝国的话语与修辞，同样值得审视。

---

① 〔英〕阿诺德·汤因比：《人类与大地母亲：一部叙事体世界历史》，徐波等译，上海人民出版社，2001，第13页。

② Charles C. Mann, *1491: New Revelations of the Americas Before Columbus* (New York: Random House, Inc., 2005).

1947 年，纽约植物园的助理园长、植物探险家与分类学家坎普在《国家地理》上写道："我们园林里的那些美丽植物，它们来自如此广泛的地方，当你沿着园中的小径散步，便仿佛是在做一次长途旅行。实际上，你完全可以说：世界就在我的花园里。"① "世界就在我的花园里"，各种美丽的植物摩肩比邻，迎风招展，被"我"尽收眼底，远观近赏，这情景正是西方列强海外势力的生动隐喻。在英美海外殖民地遍及全世界时，花园里的世界，不能不令人联想到打开他国大门的坚船和利炮。

第一节 审美、博物与硬货币

1911 年，博物学家威尔逊在《国家地理》杂志上写道：

> 我们生活在一个实用主义的时代，判定一个行动究竟价值几何，要以其对人类具有何种实际效用为准绳。在中国的植物采集，当然不是为了纯粹的艺术审美与学术研究。把我们的家园装扮得漂漂亮亮，或者拓展我们的知识学问，这些并非阿诺德植物园孜孜以求之事业的原初动力，亦非其最终目标。②

威尔逊曾受美国阿诺德植物园派遣，到中国采集植物并取得丰硕成果。上述引文，是威尔逊对于植物采集的复杂动

---

① W. H. Camp, "The World in Your Garden", *NGM*, Jul. 1947.

② Ernest H. Wilson, "The Kingdom of Flowers", *NGM*, Nov. 1911.

机的提示。

（1）博物学需求

对植物的采集与栽培首先源自人类对食物的需求。利用与栽培野生谷物、野果、球茎、根须及药草等，野生植物逐渐进入人类的后花园。长期观察与领悟花开花落、叶枯叶荣，认识到植物的规律性生命周期，人类看到生命的象征与预兆，既有"感时花溅泪，恨别鸟惊心"的情感共鸣，又发展出普通人也可参与的知性活动——博物学。美国科学史研究者范发迪认为，在18世纪，博物学成为社会大众积极参与的科学与文化活动，这表现在科学演讲、植物采集以及昆虫和化石收藏等活动的流行与大众的追捧之中。[①] 18世纪的哲学家卢梭写有《植物学通信》这种风靡整个欧洲的"植物学知识提要"著作。后来罗伊·麦克马伦在给该书作序时，认为在"后爱因斯坦时代"，勇于探索的业余人士沉迷于类星体和大爆炸；而在后林奈时代，业余人士热衷于雄蕊和雌蕊。[②]

植物探险家与分类学家坎普在1947年的《花园里的世界》一文中回顾道："从中国、日本、锡兰、印度、澳大利亚、近东，从西印度、北美洲和南美洲——从全世界各地，植物涌入欧洲，植物学家和园艺家处于不断发现新品种的兴奋之中。这是植物探险家的黄金时代。"[③]

---

① 〔美〕范发迪：《清代在华的英国博物学家：科学、帝国与文化遭遇》，袁剑译，中国人民大学出版社，2011，导言第2页。

② 〔法〕卢梭：《植物学通信》，熊姣译，北京大学出版社，2011，序言第1页。

③ W. H. Camp, "The World in Your Garden", *NGM*, July 1947.

（2）植物帝国主义

植物探险家促进了博物学的兴起，植物采集所带来的经济效益使其在资本主义海外市场扩张过程中的地位更加突显。大英帝国在很多殖民地大力开发种植园，马斯格雷夫等人认为，"大英帝国在橡胶、金鸡纳树、茶以及其他经济作物的交易中获取的财富，在其扩张中起着不可估量的作用"。[①] 到 19世纪末 20 世纪初，相对欧洲各国来说后起的资本主义强国——美国，逐渐成为植物采集与花卉园艺学领域的领头羊，植物移种与杂交培育的中心也从欧洲转移到美国。

由植物采集以及因此而形成的博物学、园艺学，以及它所建立起的资本市场与财富大厦，成就了一条完整而复杂的利益链。如果说植物猎人处于这一链条的前端，那么各式各样的政府部门、商业公司、植物园林、研究机构等，就构成了植物移种、信息传递及财富流通的全球网络。

在《国家地理》的"植物采集"文本中，频繁提及的美国官方机构之一，是美国农业部。早在 1898 年，美国农业部就成立了"外国种子与植物引进局"。[②] 创建人是美国农业部植物学家费尔柴尔德，他也是国家地理学会董事局成员、学会会长贝尔的女婿。费尔柴尔德在《国家地理》上发表的关于农业探险和植物采集的文章多达 12 篇，其中与中国密切相

---

① 〔英〕托比·马斯格雷夫等：《植物猎人》，杨春丽等译，希望出版社，2005，第 8 页。

② Sarah Hayden Reichard and Peter White, *Horticulture as a Pathway of Invasive Plant Introductions in the United States* (American Institute of Biological Sciences, 2001), pp. 103 - 113.

关的有《我们的植物移民》（1906 年 4 月）、《植物新移民》
（1911 年 10 月）和《植物猎人》（1919.07）等。

费尔柴尔德在《植物新移民》一文中，描述了一片兴旺
繁忙之景："每一天，世界上不同地方的植物移种到华盛顿，
通过成千上万个包裹，它们在我们国家中找到自己的新家。
印度的芒果、阿拉伯的枣椰、日本的乌冬、中国的柿子，都
在使这个世界更适于居住。"① 所谓"使这个世界更适于居
住"，更准确地说，应该是使美国北方草原和西南干旱区的
定居者更好地安居乐业。为此，美国农业部在世界各地广泛
网罗植物猎人，寻找适合在上述地区生长的植物与农作物。
中国农业历史悠久，农作物品种丰富，自然成为美国植物采
集的主要来源地。以美国农业部雇用的荷兰人梅耶为例，他
从中国东北引去大叶菠菜拯救了弗吉尼亚的菠菜罐头工业，
在北京郊区找到板栗及树皮标本，拯救了美国因染病而即将
毁灭的美洲栗，为美国避免了巨大的经济损失。此外，还有
诺顿、贾应斯、贝利、多赛特以及最为中国人熟悉的洛
克等。②

对帝国主义与植物移种之间的关联，即帝国海外贸易与
众多机构的关系，国外学者多有研究。比如，布罗克韦在
《科学和殖民扩张：英国皇家植物园的角色》一书中，通过对
英国皇家植物园邱园的研究，指出该植物园通过建议、协助、
管理大英帝国在全球殖民地的若干植物园，为其提供科学与

---

① David Fairchild, "New Plant Immigrants", *NGM*, Oct. 1911.

② 罗桂环：《近代西方识华生物史》，山东教育出版社，2005，第 261～268 页。

技术支持，从而使殖民地和第三世界国家的蔗糖、橡胶、茶叶、咖啡、香蕉等产品成为帝国积累财富与海外扩张的重要资源与动力。① 其他著作如《帝国花园：维多利亚时期大英帝国的植物学机构》②、《绿色帝国主义：殖民扩张、热带岛屿伊甸园和环境主义的兴起》③ 以及《植物帝国主义：第三世界植物基因资源的管理》④ 等，从不同的角度指出植物学家如何把科学知识变成帝国的硬货币，揭露资本主义国家如何对第三世界的植物进行移种、控制与经济利用。植物园等科学研究机构是帝国殖民体系中不可或缺的一环。

范发迪论述了通过植物采集与博物学研究，英国在晚清中国建立起一个错综复杂的科学帝国主义网络。比如，英驻华领事机构既是英国与清朝政府处理外交及贸易事务的重要机构，又是收集中国的政治发展、社会变迁以及经济状况等信息的情报机构；英国教会组织带着改变中国人信仰的目的而研究中国人，商人为了新市场而调查贸易路线与潜在的进出口产品。所有这些都与当时的植物采集发生着关联，而它们的共同之处又在于收集、处理关于中国的文化、社会、商

---

① Lucile Brockway, *Science and Colonial Expansion: The Role of the British Royal Botanic Gardens* (New York and London: Academic Press, 1979).

② Donal P. McCracken, *Gardens of Empire: Botanical Institutions of the Victorain British Empire* (London: Leicester University Press, 1997).

③ Richard Grove, *Green Imperialism: Colonial Expansion, Tropical Island Edens and the Origins of Environmentalism, 1600 – 1800* (Cambridge, England: Cambridge University Press, 1995).

④ Franz Broswimmer, "Botanical Imperialism: The Stewardship of Plant Genetic Resources in the Third World", *Critical Sociology* (April 1991): 3 – 17.

业、地理以及生物的信息。① 这些信息，成为生产关于中国知识的重要材料。

第二节　"中国教训"与植物地理

1908 年 12 月，美国总统罗斯福在国会发表演讲，题目是"来自中国的教训"，次年 1 月，《国家地理》杂志全文登载了这篇演讲。罗斯福描述了中国华北森林遭到严重破坏的情况，他说："就在几百年前，中国的华北森林茂密，古木参天，曾是世界上最富饶美丽的地方，这不仅在中国有文字记载，而且马可·波罗也为之惊叹。但现在，华北的森林遭到严重砍伐，山上只剩下裸露的石头，水土无法保持。土壤流失、洪水泛滥、气候改变之时，就是农民弃土而去之日，这是不可逆转的改变。"罗斯福以中国为教训，重申了保护美国森林的决心，绝不允许任何妨碍保护森林的行为，绝不姑息为了个人利益而破坏森林的犯罪行为。"如果说我们对子孙后代负有什么不可推卸之责任的话，那么第一而且最重要的便是保护好我们的森林，因为森林是自然资源保护的核心与关键。"②

罗斯福对中国华北情况的了解从哪里来的呢？他在演讲中屡次提到，是"根据农业部植物产业局的梅耶最近的调

---

① 〔美〕范发迪：《清代在华的英国博物学家：科学、帝国与文化遭遇》，袁剑译，中国人民大学出版社，2011，第 108 页。

② Theodore Roosevelt, "Lessons From China", *NGM*, Jan. 1909.

查"。梅耶曾四次到中国华北及华中采集植物。由此可见，植物猎人不仅采集植物，而且对中国资源、国土乃至其他情况进行了调查勘测。

到过中国四次的植物猎人威尔逊，与罗斯福一样，清醒地认识到："专家们一次又一次地警告世界要警惕木材饥荒，每个文明国家都应努力保护自己的森林资源。"1911 年 11 月，他在《国家地理》上发表了《花卉王国》一文，开宗明义宣称："中华帝国通常又称为'花卉王国'"。①

由于中文里"中华"的"华"与"花"发音相似，早期部分西方人会用 Flowery Republic 指代"中华"，比如传教士约瑟夫·毕启的《花卉王国伊甸园》就是一例。② 但是，威尔逊称中国为"花卉王国"，却与中国独特的植物地理资源息息相关。

植物地理学家们普遍认为，中国幅员辽阔，从南到北跨越了热带、亚热带和温带等多个气候带，地形由西向东呈现高山、高原到平原的阶梯性变化，高山、森林与草原竞美，大河、湖泊与冰川争雄，复杂多样的地形有利于生物的分化与发展。而从地质史来看，4 亿年前印度次大陆与欧亚大陆碰撞形成的喜马拉雅山和青藏高原，为植物迁移提供了新场所。优越的自然与地质条件，使许多古老的植物物种在中国得以保存，中国成为许多植物物种的避难所。以银杏树为例，它曾广泛分布于英国等地，如今仅有中国的少数品种存活下来，

---

① Ernest H. Wilson, "The Kingdom of Flowers", *NGM*, Nov. 1911.

② Joseph Beech, "The Eden of The Flowery Republic", *NGM*, Nov. 1920. "Flowery Republic" 的解释来自笔者对俄亥俄州立大学马克·本德尔（Mark Bender）的访谈，特此致谢。

成为植物王国里的活化石。①

　　中国自然科学史专家罗桂环指出，"尽管我国国土面积的大小与太平洋彼岸的美国差不太多，所处的纬度也大体相近，但因气候和地形地貌等自然地理更为复杂多样，所呈现的生物物种多样性也更为丰富多彩"。② 一位英国作家在赞叹中国植物种类丰富的同时，认为中国大地上"活跃着世界上最丰富、最多品种的植物群，这点无论是欧洲大陆还是美洲大陆都无法比拟，就算是两者加在一起也远远不及"。③ 美国的植物探险家坎普认为多样的植物种类，"对我们美国大有好处，因为这大大利于我们的可选择性与利用性，因为美国同样疆域辽阔、气候多样，土壤多型"。④

　　威尔逊向《国家地理》的读者描述了中国西部及西南的植物地理图：

　　　　中国西部与西南野生物种远比中部丰富。一些高大的山脉山顶终年积雪。它们绝大多数没有在地图上被标注过，也未曾被测量过，只有喜马拉雅山脉能做参照。但我坚信，这片未知领地的顶峰高度足可与珠穆朗玛峰匹敌。这片未知之地，从生物学和人种学上看，是喜马

①　Jordi López‐Pujol and Ming‐Xun Ren，"China：A Hot Spot of Relict Plant Taxa"，In Vittore Rescigno，eds. *Biodiversity Hotspots*（Nova Science Publishers，Inc. 2009）.

②　罗桂环：《近代西方识华生物史》，山东教育出版社，2005，第1页。

③　〔美〕简·基尔帕特里克：《异域盛放：倾靡欧洲的中国植物》，俞蘅译，南方日报出版社，2011，第17页。

④　W. H. Camp，"The World in Your Garden"，*NGM*，Jul. 1947.

拉雅山向北与向东的延伸。其狂野、雄壮与迷人景致，只有阿尔卑斯山能够相媲美。

……

壮丽的森林里充满了山地松、银杉、落叶松与铁杉。在温带植物群落的山谷里，从六月到七月初，再没有能与漫山遍野恣意绽放的杜鹃花林相媲美的风景了！杜鹃花是聚生植物，各类属的杜鹃花生长在特定的海拔高度，从而形成不同的色带——白色、粉色、绯红色，气势磅礴，美不胜收。[1]

然而，威尔逊在强调中国"花卉王国"的地位之时，又不无遗憾地指出，西方人对中国的了解来得太过缓慢、有限而费力："世界上最悠久的文明古国，只在最近才进入探险家、调查员以及博物学家们的视野，这确实令人费解。虽然早在500年前伟大的马可·波罗就向世界和我们的祖先介绍了这片土地，但直到最近50年人们才开始聆听和相信这位古代远行者。"[2]

闸门一经打开便不可再关上。从19世纪末到20世纪初，在植物猎人的足下与笔端，"花卉中国"展现出多元色彩。

第三节　探险叙事的多重编码

查阅《国家地理》杂志，在20世纪50年代之前，不计

---

① Ernest H. Wilson, "The Kingdom of Flowers", *NGM*, Nov. 1911.

② Ernest H. Wilson, "The Kingdom of Flowers", *NGM*, Nov. 1911.

美国在世界其他地方的植物探险报道，仅在中国，与植物采集有关的报道约有 20 篇。无数植物猎人的身影出现在《国家地理》杂志的图文里。

人类学家凯瑟琳·卢茨等曾研究《国家地理》的读者构成，指出，通过会员制，国家地理学会吸引了大量家庭，这些家庭在当时多是中产阶级，向往有着良好教育、见多识广的上层阶级的生活方式。① 如何让自己的读者"增长见闻"？凯瑟琳·卢茨等指出，关心市场规则的《国家地理》的编辑们，会"根据受众的兴趣，或者美化原始社会的异域与仪式，或者用耸人听闻的方式表述猎头、食人族、毁尸或文身等传奇故事"。② 到 2001 年，《国家地理》的编辑在第 6 期卷首语里，自豪地宣称："这本杂志最大的力量乃在于为历史的骨头添加了血肉之躯，在区分事实与虚构之时，为过去的人与事注入生命的气息。"③

20 世纪初植物猎人的探险故事充满了传奇色彩，成为《国家地理》特别青睐的题材。1918 年，植物探险家梅耶死于在中国安徽芜湖采集植物的途中。植物学家费尔柴尔德为他写了一篇悼文，发表在《国家地理》上。

> 梅耶的名字值得被突显，因为他是开拓者，他的事

① Catherine A. Lutz and Jane L. Collins, *Reading National Geographic* (Chicago: University of Chicago Press, 1993), p. 17.

② Catherine A. Lutz and Jane L. Collins, *Reading National Geographic* (Chicago: University of Chicago Press, 1993), pp. 21 – 24.

③ Bill Oliver, "From the Editor", *NGM*, Jun. 2001.

业更依赖于他个人的首创精神。梅耶所经之地并非地理学家声称的未被地图标注的空白之地，他也没做什么地理学上的探险与发现，但是他对当地人的植物运用及原理的观察，为我们建立起真正的外国知识做出了极大贡献。梅耶的生命停止了，他的死因将永远是一个谜。他是荷兰人，以专业园丁的身份来到美国，成为一名美国公民，从此为这片土地带来了永久性的福祉。

捕猎动物与采集植物是完全不同的事。捕猎是充满个人快感与即时满足感的冒险，猎人可以在一场捕猎后立即围在篝火旁享受美味。而植物猎人的"猎物"要在数年后才开花结果：看到自己引种的异域树木在家乡的林荫道边茁壮成长，果园里花果飘香，他们的快乐才会与日俱增。①

费尔柴尔德的文章大量引用梅耶本人的日记，讲述了他的孤独体验以及与异域文化相遇时的所思所想。在寒冷而肮脏的旅馆里，他如实地表达了自己的不舒服感；在高加索山顶，他心中满是奇怪的生存哲学；在甘肃的佛庙里，他感受着四千年前的伟大文明。梅耶在日记里记录了一件小事，《国家地理》给它加了一个小标题——"一英里的谎言"。事情是这样的：在北京附近寻找无核柿子林时，梅耶一行人到了一个荒凉的地方，因为早上没吃什么东西，到 11 点的时候他们已经饥肠辘辘了。他们敲开一户人家的门，这户人家太穷了

---

① David Fairchild, "A Hunter of Plants", *NGM*, Jul. 1919.

无法招待他们，但这户人家的主人告诉他们，往前面一英里左右，就有条件好的人家了。于是他们往前走了一英里左右，可那里并没有"条件好的人家"，有的只是一样的穷人家，这家主人同样告诉他们，再往前走一英里，就有饭店了。就这样，他们走了好几个一英里，直到下午三点，才找到一个可以烤火和吃饭的地方。梅耶写道：

> 对当地人的撒谎，我既憎恶又生气。可是饱餐一顿后，我心情平静下来，并且想到，当地人之所以骗我们，也许是为了不让我们因为遥远漫长的路程而泄气。①

这只是梅耶在日记里记录的与当地人遭遇的一件小事，琐碎平常，鸡毛蒜皮。但是在这里，当地人、善良、孩子气、贫穷、欺骗乃至误解、偏见、生气、原谅等认知与表述，构成了梅耶与"他者"相遇时具体却真实的体验。费尔柴尔德将梅耶的这些体验，引用进《国家地理》的文章中，再结合异域之境里"未知之地""荒野""神秘""难以进入"等词语，便构成了探险叙事的多层编码，关涉他者认知，更有自我认同。

---

① David Fairchild, "A Hunter of Plants", *NGM*, Jul. 1919.

第四章

植物猎人："园艺学里的哥伦布"

费尔柴尔德在为梅耶写的悼文中，将植物猎人称为"园艺学里的哥伦布"。

在所有的探险家中，若论对人类文明的贡献，没有谁受到的礼赞比植物猎人更少。他们的名字既没有镌刻在新发现的大陆上，也没有标注于未知的海图中。但若不是他们的远见、勇气与坚韧，荒芜的家园怎会如此富足，今人与子孙怎能衣食无忧？植物猎人，这些无名英雄，他们是园艺学里的哥伦布。①

1954 年 5 月，在《杜鹃花绽放在苏格兰西南部》一文中，波伊尔描写了在苏格兰西南部的美丽花园里，各种杜鹃花竞相开放，妍丽多姿，美不胜收。波伊尔漫游在如此美景中，突然想到："我们看到的所有杜鹃花，其实都是从国外引进的，没有一种是不列颠群岛的土著居民。"于是波伊尔回顾了"从中国和喜马拉雅山来的植物"，以及在 19 世纪初期最

---

① David Fairchild, "A Hunter of Plants", *NGM*, Jul. 1919.

突出的几位植物猎人："英国植物学家，包括已去世的乔治·福雷斯特和金登·沃德，以及英裔美国人欧内斯特·威尔逊，还有最多产的约瑟夫·洛克……"①

第一节　"采花领事"乔治·福雷斯特

1910年2月，《国家地理》刊登《弓弩之地》一文，②讲述作者一行在怒江的探险与勘查经历。此文成为该杂志向读者呈现中国西南的第一篇专题报道，完整介绍了一个深山峡谷中的西南少数民族——傈僳族。作者乔治·福雷斯特拍摄了大量照片，包括怒江的地理与族群，尤其是怒江上游最具特色的溜索桥，以及傈僳族女人的服饰、男人的弓弩等。福雷斯特的照片详尽而细致，堪称珍贵的民族志档案。

实际上，这篇《弓弩之地》早在1908年即出现在英国皇家地理学会的专业期刊《地理学刊》上，名为《萨尔温江上游之旅：1905年10月~12月》，该学会会长在读罢此文后评介道："我相信，世界上每一条大河，我们都已或多或少有所了解了，而萨尔温江（怒江），是有待解决的最后一个问题。"③

乔治·福雷斯特（1873~1932），英国植物学家和探险

---

① David S. Boyer, "Rhodeodendron Glories of Southwest Scotland", *NGM*, May 1954.

② George Forrest, "The Land of the Crossbow", *NGM*, Feb. 1910.

③ George Forrest, "Journey on Upper Salwin, October – December, 1905", *The Geographical Journal*, Vol. 32, No. 3 (Sep., 1908): 239 – 266.

家,被民间称为云南腾冲的"采花领事"。① 他出生于苏格兰中部的福尔柯克城,这是一个维多利亚时期的工业与制造业小城。福雷斯特的父母皆为平民,其父为石匠之子,后来开了个杂货店,其母为裁缝之女,生了十二个孩子,其中八个存活,福雷斯特是最小的。美国人类学家艾瑞克·缪格勒在《纸上之路》一书中,对福雷斯特和洛克进行过细致研究。他认为,福雷斯特早期接受的教育,使他在中国西南行走时,在与纳西族和藏族合作时,保持了一种"有限的开放性"。②

十八岁时,福雷斯特进入当地一家药物制剂作坊工作,负责干燥药草和给药剂装瓶,一干就是六年。这为他以后辨识植物、制作标本打下了基础。一次偶然的机会,福雷斯特进入爱丁堡皇家植物园从事植物标本制作工作。1904 年,三十一岁的福雷斯特与一位棉花经纪人签订了为期三年的植物采集合同,每年薪金 100 英镑,到亚洲采集植物。

在此后的二十八年里,福雷斯特共七次到中国采集植物。他以云南为大本营,足迹遍布缅甸、西藏东部、四川等地,他在中国采集了三万多份干制标本,仅杜鹃属的新品种就达

---

① 禾朗:《高黎贡山的"采花领事"》,《普洱》2011 年第 11 期。福雷斯特赢得此名,是由于他与当时的英国驻腾越领事利顿(George Litton)结队,在怒江考察探险与采集植物,收集信息,故而老百姓亦以"领事"称之,这一称呼暗示了其人其事的"政治"性。

② Erik Mueggler, *The Paper Road: Archive and Experience in the Botanical Exploration of West China and Tibet* (Berkeley, Los Angeles, London: University of California Press, 2011), p. 21.

309 个，共计 5375 个标本被送到爱丁堡皇家植物园。[1] 罗桂环认为，正是"由于他的采集，爱丁堡皇家植物园成为当今栽培杜鹃花种类最多的植物园之一，同时也为那里成为杜鹃花和豹子花属植物研究的中心打下基础"。此外，福雷斯特也制作了不少动物标本，先后在云南收集了上万个鸟类和不少中小型兽类标本，其中包括以往云南未报道过的鸟类 90 种，还有 30 种在科学上是新的。[2]

　　福雷斯特于 1932 年在云南意外去世。1935 年，苏格兰岩石公园俱乐部出版大型纪念册《乔治·福雷斯特：探险家和植物学家，我们的花园因他的发现和植物引种而更美丽》。[3] 1952 年，英国皇家园艺学会出版了《福雷斯特的旅行与植物引种》，[4] 讲述其人其事，主要介绍他引进的植物品种，书中配有福雷斯特自己所拍照片 100 幅。到 2004 年，英国皇家植物园的研究员又出版了《福雷斯特：植物猎人》。[5]

---

① Peter Hutchison, "Hunting the Plant Hunter: The Search for George Forrest's Grave", *Journal of American Rhododendron Society* 53 (1999).

② 罗桂环：《近代西方识华生物史》，山东教育出版社，2005，第 148 页。

③ Scottish Rock Garden Club, *George Forrest, V. M. H.: Explorer and Botanist, who by His Discoveries and Plants Successfully Introduced Has Greatly Enriched Our Gardens, 1873–1932* (Stoddart & Malcolm, ltd., 1935).

④ J. Macqueen Cowan, ed., *The Journeys and Plant Introductions of George Forrest V. M. H* (Oxford University Press, 1952).

⑤ Brenda McLean, *George Forrest: Plant Hunter* (Antique Collectors' Club Limited, 2004).

一 大树杜鹃王与帝国标本

或许，每一位来到中国尤其是中国西南的植物猎人，都不可能对漫山遍野恣意生长的杜鹃花视而不见。按植物学的分类，杜鹃花属（Rhododendron）是一个大属，分布在欧、亚、北美及大洋洲，但主要分布在亚洲。根据中国科学院研究员耿玉英的介绍，杜鹃花"全世界种类大约有 960 种。我国有 570 种，除新疆和宁夏外，其余各省、区都有。种类最多、生物多样性最丰富的地区是我国云南、四川和西藏，三地分布的杜鹃花占我国所有种数的 80% 左右，是世界杜鹃花分布的中心，也是世界公认的杜鹃花王国"。[1]

正是种类如此繁多的杜鹃花，引发了西方人的引种与研究热情。福雷斯特为欧洲带回 300 多种杜鹃花，他人生中还可大书特书的事迹，便是发现了大树杜鹃王。1931 年，福雷斯特最后一次在云南探险考察，他率队来到腾冲北部的高黎贡山。在原始森林里，一棵开满鲜花的大树跃入他的眼帘。当确定这是一棵杜鹃花树时，他兴奋异常。经过测量，这棵树"树龄达 280 年，高 25 米，干周长 2.6 米"。[2] 如此巨大的树如何采集呢？为了拿到实物标本，以证明自己的伟大发现，福雷斯特决定把大树砍倒，割下底部圆盘。当大树轰然倒下时，不知福雷斯特是否有一丝惋惜与愧疚？又不知，当这棵

---

[1] 耿玉英编著《中国杜鹃花解读》，中国林业出版社，2008，第 1 页。

[2] 〔英〕托比·马斯格雷夫等：《植物猎人》，杨春丽等译，希望出版社，2005，第 180 页。罗桂环在《西方对"中国——园林之母"的认识》（《自然科学史研究》2000 年第 1 期）一文中，称这棵树"胸围达 2.4 米"。

树龄达 280 年的树王被做成标本，运到千里之外的英国，被陈列于不列颠的自然历史博物馆，领受人们的惊叹之时，它的灵魂是否能够原谅那个冒犯它的野蛮人？

二 怒江上的政治地理学

《弓弩之地》一文出现在 1910 年 2 月的《国家地理》上，此时距福雷斯特的怒江之行已过去近五年，而且该文也不是第一次公开发表。早在 1908 年 9 月，该文就在英国皇家地理学会的专业期刊《地理学刊》上以《萨尔温江上游之旅：1905 年 10 月~12 月》之名发表过。

只是该文在《国家地理》上再次发表时，删去了此次考察的政治背景。政治背景是什么呢？英国《地理学刊》的文章有清晰说明：

> 本文所描述的旅程，是由最近去世的利顿先生（George Litton）组织的。此行的目的既是政治的，也是地理学的：首先，考察萨尔温江（怒江）和伊洛瓦底江（金沙江）是否在云南西北和上缅甸形成了一个独特的地理学和人种学的分水岭；其次，考察位于北纬 26°至 27°30′的萨尔温江（怒江）河谷，在我们考察之前，人们对这片区域一无所知。
>
> 利顿先生得到北京的陛下公使的特别许可，进行此次考察。我作为他的朋友和助手随行，但我的主要任务是在一个全新的区域采集植物。这次旅程确实是利顿先生组织的，此文也是由我们共同完成的。

在十月十一日这个晴朗的日子，我们从腾越出发，往北行走。第四天，我们经过了最后一个汉人村庄，在瑞丽江源头上 Ta-Chu-Pa 的傈僳人的村庄扎营住宿。[1]

利顿，曾任英国驻重庆与腾越领事，著有《中国：川北旅行报告》一书。由上述引文可知，利顿与福雷斯特怒江之行的目的极为明确：考察中缅边界线。根据历史学教授谢本书的梳理，19 世纪后半叶，经过数次战争之后，英国终于吞并了缅甸。为了打开中国大市场，他们急需向中国西南推进，建立从印度经中国西南到长江流域的商路。1876 年，英国利用“马嘉理事件”，迫使清政府签订了《中英烟台条约》，取得了“商订通商章程”以及派员“在滇游历调查”的权利。1886 年，英国强迫清政府签订《中英缅甸条约》，其中规定双方“会同勘定”中缅边界。[2] 此后，清政府与英国在勘界问题上数度发生争议。1905 年 10 月利顿与福雷斯特的怒江之行，正是会勘工作中的一次，考察结束后，利顿向英国政府报告，实际上是要求清政府“以高黎贡山为界”。[3]

《国家地理》的文本里，没有明确宣称此次考察的“政治目的”，而是以游记的方式，描述怒江流域的地理、历史以及族群和文化。文章图文并茂，描述了大峡谷中的弓弩民

---

[1] George Forrest, "Journey on Upper Salwin, October – December, 1905", *The Geographical Journal*, Vol. 32, No. 3（Sep. 1908），pp. 239 – 266.

[2] 谢本书：《从片马事件到班洪事件：中缅边界历史沿革问题》，《云南社会科学》2000 年第 4 期。

[3] 谢本书：《从片马事件到班洪事件：中缅边界历史沿革问题》，《云南社会科学》2000 年第 4 期。

族——傈僳族，这是《国家地理》第一篇详细的中国西南报
道，在西方人传播的中国（民族）形象中，有着里程碑的意
义，本书后面将对此进行分析。

第二节　"博物学家"欧内斯特·威尔逊

福雷斯特的《弓弩之地》发表一年多后，《国家地理》
刊登了欧内斯特·威尔逊的《花卉王国》，这篇文章全面介绍
了中国的植物资源以及欧美对中国植物的采集和引种。[1] 如果
说，《弓弩之地》为杂志读者揭开了中国西南这片"未知之
地"帘幕的一角，从政治地理学的视角，展示了一个荒蛮、
原始的"野性中国"，那么，《花卉王国》则如题名所示，讲
述了一个有情趣、有文化的"美丽中国"。

阿诺德植物园的植物学教授瑞德尔认为，由于威尔逊对
中国植物及其知识的精通，所以被同行冠以"中国的威尔逊"
（Chinese Wilson）的雅号。[2] 威尔逊所著《一个博物学家在华
西——带着采集箱、相机与枪：对花卉王国偏僻地区十一年
旅行、探险的观察和描述》（简称《一个博物学家在华西》），
再版时改为《中国——园林之母》，[3] 为一个植物王国的形象

---

[1]　Ernest H. Wilson, "The Kingdom of Flowers", *NGM*, Nov. 1911.

[2]　Alfred Rehder, "Ernest Henry Wilson", *Arnold Arboretum*, Vol. XI, 1930.

[3]　E. H. Wilson, A *Naturalist in Western China*, *with vasculum, camera, and gun: Being some account of eleven years' travel, exploration, and observation in the more remote parts of the flowery kingdom* (London: Methuen&Co. LTD. 1913); E. H. Wilson, *China, Mother of Gardens*, 1929.

生成,奠定了基调。

一 一个博物学家在华西

威尔逊一生都在与植物打交道。1876 年威尔逊出生在英格兰南部格洛斯特郡,他少年时在苗圃公司当学徒,后来进伯明翰植物园当园丁,到英国皇家植物园邱园等研究机构学习植物学。1898 年,著名的维奇公司寻找到中国的植物猎人,威尔逊成为首要人选。正如瑞德尔所言,"威尔逊生来就是植物猎人的料,一身强壮有力的肌肉、毫不气馁的意志以及对植物的至情至爱,不仅使他的采集与引种超过了其他人,而且在研究植物的驯化、栽培方面他也极为成功"。①

研究近代西方识华生物史的专家罗桂环认为:"如果把威尔逊的工作作为西方在华引种工作整体的一个阶段加以考察的话,我们很容易发现,与前一个阶段的福琼等人主要从我国花园引进现成的栽培花卉不同,这一阶段西方人以引种我国的野生花卉为主……地点也由我国的东部进入到我国的中西部。"②

威尔逊的中国之行共计四次,前两次是受维奇公司所雇。第一次是 1899~1902 年,为了寻找珙桐树。珙桐树又称手帕树或鸽子树,由法国传教士谭微道在四川宝兴发现采得。这一漂亮物种引起西方人的极大兴趣与思慕。威尔逊费尽心机,

①　Alfred Rehder, "Ernest Henry Wilson", *Arnold Arboretum*, Vol. XI, 1930.

②　罗桂环:《西方对"中国——园林之母"的认识》,《自然科学史研究》2000 年第 1 期。

终于在湖北宜昌附近找到一棵开满鲜花的珙桐树。威尔逊写道："在我心目中，珙桐是北温带植物群里最有趣和最漂亮的树……花朵由绿到纯白，再到褐色，当微风轻拂，它们就像一只只大蝴蝶在树上飞舞。"①

　　第二次是 1903～1905 年，为维奇公司寻找绿绒蒿。正是这一次，威尔逊打开了中国西部花园大门。他将基地设在四川乐山（时称嘉定府），先后在川北和川西的深山野谷里寻找，他收获的不仅有成片金黄的全缘绿绒蒿和红花绿绒蒿，还有后来在西方花园里大放异彩的帝王百合。威尔逊也因此在大英帝国研究院的植物学所谋得了助教一职，获得了维奇公司老板哈里爵士赠送的镶嵌着 41 颗钻石的金徽章。②

　　威尔逊的巨大成功，引起了阿诺德植物园园长萨金特的注意，也促成了威尔逊 1906～1909 年的第三次中国之行。这一次，他先到湖北宜昌，然后到四川，仍把基地建在乐山，从不同方向对四川进行全面搜索，在岷江峡谷、瓦屋山、峨眉山等地，威尔逊的收获数以万计。

　　第四次即最后一次是威尔逊的惊心之旅。1911 年他再次受雇于阿诺德植物园。在从松潘回成都的路上，由于山路陡峭，崎岖难行，他的小腿被一块滑落的石头砸中，顿时皮开肉绽，血流不止。他的中国助手们抬着他，三天后才到达成都，此时他的伤口已严重感染，在长老教会医生的精心医治

---

①　E. H. Wilson, *A Naturalist in Western China* (London：Methuen & Co. LTd. 1913)，p. 43. 原书副书名太长，故略——笔者注。

②　〔英〕托比·马斯格雷夫等：《植物猎人》，杨春丽等译，希望出版社，2005，第 150 页。

下,才免遭截肢。三个月后,威尔逊回到美国接受了再治疗,从此他的右腿比左腿短了一英寸。

1927 年,威尔逊被任命为阿诺德植物园的园长。此后,他的足迹遍布世界几乎每一个有着丰富植物资源的角落,欧洲自不必说,从大洋洲的澳大利亚、新西兰,到非洲的中部、西部,亚洲的日本、缅甸、印度、新加坡……他的这些世界之旅,旨在建立植物帝国主义,"他完全认识到,他的主要目标是为阿诺德植物园和全世界的植物学机构建立更为密切的联系,以及与对植物有兴趣的个人发展友好关系"。[①]

威尔逊一生著述颇丰,他的博物学著作堪称通俗与专业结合的典范。以《一个博物学家在华西》为例,这本根据个人亲身经历于 1913 年完成的旅行与科学著作,在中国植物学与科技史研究中引用率很高,主要描述了四川和西藏边界令人震惊的植物资源与人文地理。诺曼·泰勒为此书写的书评认为:"有如此非凡成就的旅行者和植物学家,对一个西方人几乎一无所知的地方,写出来的经历若不趣味盎然,那简直是不可能的。"泰勒进而推荐道:"可以说,所有热爱植物的人都应该读读这一两卷本大作,每一个想要到中国旅行的人,以及一般的读者和商人,都应知道,这本书提供的中国西部的知识,可比其他任何著作都要更为详细与有趣。"[②]

《一个博物学家在华西》共分两卷,全书配有威尔逊拍摄

---

① Alfred Rehder, "Ernest Henry Wilson", *Arnold Arboretum*, Vol. XI, 1930.

② Norman Taylor, "Wilson's *A Naturalist In Western China*", *Torreya* 14 (1914): 8 – 10.

的 100 张照片。1911 年，《国家地理》刊发威尔逊后来论著的精华微缩版，取名为《花卉王国》。在中国革命风起云涌之时，西方读者通过《国家地理》，了解到了中国的另一面。

二　《花卉王国》：另一个中国

1911 年，中国爆发了对未来有深远影响的事件，史称辛亥革命。在这一年，《国家地理》共刊载了三篇关于中国的文章：《花卉王国》、《人口稠密的美丽四川》以及《中国近况》。这三篇文章构成了美国认识中国的三个视角：人文地理、社会变迁与政治变局。

《人口稠密的美丽四川》由美国地质学家、《地理学刊》创办人罗林·钱伯林撰写，介绍了中国的四川。除对都江堰、成都街景、城门寺庙以及乡间农业、风景人情进行素描外，文章还介绍了成都的教会学校，配以传教士指导留着长辫子的华西大学学生练习棒球的图片，以及成都的"保路运动"。作者指出，四川有现代化的西方教育，是当时中国革命的发源地。①

《中国近况》的作者麦考密克是美联社驻北京通讯记者，也是研究中国文学与历史的学者，由于常在《瞭望》、《世纪杂志》上发表文章，为时人所熟知。该文是作者于 1911 年 11 月份在国家地理学会发表演讲的文字实录。麦考密克纵论当时的中国局势，对暗杀慈禧、国外贷款风波等事件进行了回

①　Rollin T. Chamberlin, "Populous and Beautiful Szechuan: A Visit to the Testless Province of China, in Which the Present Revolution Began", *NGM*, Dec. 1911.

顾分析，也指出了美国对中国局势的错误认知及其后果。①

相比上述两篇讲述中国社会变迁与政局动荡的文章，《花卉王国》呈现了“另一个中国”，一个热爱花花草草的国家。

在中华文明的开初，也就是现代国家祖先们还处在野蛮时代时，天朝帝国的子民们就对花花草草情有独钟了。在最贫寒人家的茅舍旁边，你能看到奇异的树木；在旅店的庭院里，店家会为拥有几棵别具特色的树而自鸣得意；寺庙的院落被花草衬托得更为清幽，文人雅舍和富贵人家的花园里更是种满了各种名花珍草。在一些富裕的城市，如苏州、杭州和广州，更有在这个幅员辽阔的中华帝国闻名遐迩的园林。②

《花卉王国》介绍了中国的植物资源、人文地理，分析在美国海外贸易中，中国植物资源与引种所占的重要地位与意义。文章配有威尔逊所摄照片 24 幅，后全部收录于两年后出版的《一个博物学家在华西》（该书有照片 100 幅）。从类型来看，照片大致分三类。

第一类为植物。这一类照片最多，共有 14 张。威尔逊所拍的植物照片，以野生树木为主，每张照片有关于拍摄地点、植物属名、大小尺寸、生长特性的简单介绍，大部分注明其价值与重要性，尤其是美国引种的必要性以及将产生的经济价值评估。威尔逊很擅长构图，他拍的树木大多构图简洁精

---

① Frederick McCormick, "Present Conditions in China", *NGM*, Dec. 1911.

② Ernest H. Wilson, "The Kingdom of Flowers", *NGM*, Nov. 1911.

巧，如毛竹飘逸清疏，皂荚树枝影横斜，漆树峻瘦旷达，往往点缀青瓦茅庐，或贩夫走卒，既衬托出树木大小，又增添几分野趣，俨然一幅东方野景图，符合当时西方人对东方田园风光的想象，构建出西方的典型东方形象。

威尔逊拍摄的植物种类繁多，如嘉定府（今乐山）的银杏树，宜昌附近的皂荚树、报春花、常绿阔叶树柞木，四川一座小山上的锈毛泡桐，长江江畔的蜜橘（甜橙），万县江边的笔管榕，岷江水富附近的金镶玉竹，农民砍伐的一棵云南松圆木，四川西部乐山府的毛竹，长江边的油桐，青池县的漆树，四川西部丰都县种植的罂粟花。在罂粟花的图片下附有一句说明："中国人正在强制执行最近国际鸦片烟大会上的决议，该会议要求中国鸦片种植必须逐年减少。"

第二类为景观。这一类照片有 8 张，往往融风景、建筑与人物于一体，不仅呈现自然风景，而且体现历史文化，或人与自然的力量对比。

比如有一张照片拍摄的是四川灌县的一座寺庙，它掩映于竹林与楠木林中，威尔逊在图片说明中写道："楠木是中国最有价值的树木，用于寺庙建筑与棺材木料。中国人对自然美景有强烈爱好，他们把最好的地方用于修建寺庙和圣祠，并且往往种上珍稀名贵的树木"。在岷江水富附近，他拍到"石壁上的蛮子洞"，特意注明凿刻此洞的族群（僰人）已消失。还有一张"四川到拉萨的路"：广角镜头里，一条像绳子一样的山路，盘旋消失于深山峡谷中，路的一边为山，山上怪石嶙峋，另一边为崖，崖下江流湍急。在照片的左下角，两个背茶客的身影隐隐可见。这样的构图，越发显出大自然的雄伟与人的渺小。

　　此类照片还有：成都附近一座圣祠边的竹林小径；成都府鞑靼城（tartar city，又称满城）内的民居与小巷；青州附近的贞洁牌楼；高山下的打箭炉；小金县；从四川到西藏路途中的木板桥。

　　第三类为人物。在威尔逊拍摄的照片中，单纯的人物照非常少，仅有两张，但两张照片都意味深长。其中一张是背负茶砖行走在茶马古道上的背茶客，是威尔逊所拍照片里最有名的一张，本书将在第六章进一步论述。

　　另外一张人物照，标题为"作者的大队伍"。这张照片里一共有20多个中国农民，他们是威尔逊的植物采集员。照片拍摄于从灌县（今四川都江堰市）到打箭炉（今四川康定）的路上，这些中国农民头裹包头布，脚穿草鞋，或坐或站，大多数人手持一根扁担，用来挑装有植物种子的大麻袋。图片的说明文字为："阿诺德植物园园长萨金特博士的事业所带来的结果，是从中国获取的上千树种，大约1200种树木是我们未曾栽培过的新品种，包括观赏树木与灌木，常绿树与落叶树。还有新的百合、鸢尾属植物、牡丹以及数量惊人的草本植物，以及可用于造林的具有木材价值的松柏类树木；还有许多具有经济价值的果实类植物，尤其是浆果类。"

　　作为一个维多利亚时代的博物学家，威尔逊对中国植物的记录与研究，成为当今中国人追溯时代变迁的凭据。[1]

―――――――――

① 印开蒲：《百年追寻——见证中国西部环境变迁》，中国大百科全书出版社，2010。

第三节　"人类学家"约瑟夫·洛克

1996 年，《国家地理》杂志的助理编辑麦克·爱德华兹沿着洛克的足迹，来到云南省古鲁肯村（Nguluko，即今天的玉湖村，又称雪嵩村），他发现："这个村的村民至今还记得洛克，若他在天有知，一定会非常高兴。"爱德华兹回顾了洛克为《国家地理》写的十篇文章，自豪地将洛克称为"我们的男人"（our man），他说："当然，他不仅仅是我们的。作为一个植物学家，他还属于夏威夷和哈佛大学，哈佛大学称他是历史学家和词曲编撰学家。最重要的是，他属于中国。他看到了中国，他在那儿生活多年，并用文字和照片记录了它——他到了中国！"①

随同爱德华兹一起寻访洛克足迹的著名摄影记者麦可·山下，在其大型摄影文集《寻访香格里拉：探索失落的茶马古道》中，称洛克"可以算是我的老朋友"，因为正是通过洛克与洛克的作品，麦可·山下开始认识中国的西南以及西藏，开始"探索失落的茶马古道"，并寻访"缥缈的香格里拉"。②

哈佛大学档案馆收藏的洛克档案里，对洛克的身份介绍为："约瑟夫·洛克——植物学家、人类学家、探险家、语言

---

① Mike Edwards, photographed by Michael S. Yamashita, "1922 – 1935：Our Man in China：Joseph Rock", *NGM*, Jan. 1997.

② 〔美〕麦可·山下：《寻访香格里拉：探索失落的茶马古道》，胡宗香译，电子工业出版社，2013，第 248 页。

约瑟夫·洛克旧居，位于云南玉龙雪山脚下雪嵩村（笔者拍摄）

学家和作家。"①

一　植物采集

约瑟夫·洛克，1884 年出生于维也纳，其父是奥地利贵族波托茨基伯爵儿子的仆人。波托茨基伯爵是一位探险家、民族学者，著有流传甚广的幻想游历小说《撒拉格撒手稿》（*The Saragossa Manuscript*），这本小说被认为是"以优雅的叙述与异国情调来诱惑读者接受不可能的事情"②。也许这本书诱惑的对象就包括年幼的洛克。洛克的母亲在他六岁时去世，英国旅行作家布鲁斯·查特文猜想，洛克的父亲也许经常将他带到雇主的家里："我常常想象，在他父亲雇主的图书馆

① *Papers of Joseph Francis Charles Rock*（*1884 – 1962*），*1922 – 1962*：*Guide*，Cambridge MA 02138，Archives of the Arnold Arboretum of Harvard University.

② C. Martín Santana，"The world of the fantastic as literary genre：The trace of a quest in Angela Carter's *The Bloody Chamber*"，https：//accedacris. ulpgc. es/bitstream/10553/3913/1/0234349_00002_0011. pdf. Accessed on July 18，2020.

里，洛克想必早已阅读了主人那本关于异国他乡的小说《撒拉格萨手稿》，并且深受其影响。"[1] 十三岁时，洛克在对古老中国（Cathay）的想象中，开始自学汉语。

这个社会底层家庭的孩子，有着不安分的灵魂。洛克的父亲很严厉，他希望儿子成为一名牧师，但洛克，正如他的名字 Rock（石头）一样，无声而执拗地选择了自己的道路。他的这条人生道路，已被众多研究者详细介绍过。[2] 年少的洛克离开家，在欧洲、美国闯荡，1907 年到了远离美国本土的夏威夷，他完全依靠自学，成为夏威夷林业部的植物学家，撰写了数篇植物学论文与专著。[3] 洛克在著作中大量使用相机拍摄的植物图片，代替此前的植物手绘图。

1921 年，美国农业部欲寻找一名植物猎人，到缅甸、泰国等东南亚国家采集大风子树，据说用这种树的果实提炼的油能制成治疗麻风病的药物。洛克接受了美国农业部的派遣，

---

[1] Bruce Chatwin, "In China：Rock's Kingdom", *New York Times*, March 16, 1986.

[2] 比较详细地研究约瑟夫·洛克的著作有 Sutton, S. B. *In China's Border Provinces：The Turbulent Career of Joseph Rock, Botanist Explorer* (New York, Hastings House, 1974)，此书有中文版，即斯蒂芬妮·萨顿《苦行孤旅：约瑟夫·F·洛克传》，李若虹译，上海辞书出版社，2013；Jim Goodman, *Joseph F. Rock and His Shangri-La* (HongKong, Caravan Press, 2006)；Erik Mueggler, *The Paper Road：Archive and Experience in the Botanical Exploration of West China and Tibet* (Berkeley, Los Angeles, London：University of California Press, 2011)；和匠宇、和锋宇《孤独之旅：植物学家、人类学家约瑟夫·洛克和他在云南的探险经历》，云南教育出版社，2000。

[3] Joseph Rock, *The Indigenous Trees of the Hawaiian Islands* (Honolulu：Privatedly published) 1913；"A Monographic Study of the Hawaiian Species of the Tribe Lobelioideae", *Family Campanulaceae* (Bishop Museum, Honolulu), 1919.

开始了植物猎人异域之旅。两年后，他的首篇异域珍闻刊登于美国《国家地理》上，即《寻找大风子树》。①

1922～1948 年，洛克先后受雇于美国农业部、阿诺德植物园、美国国家地理学会以及史密森学会等机构，把人生的大部分时光留在了中国西南的崇山峻岭中。他以丽江为基地，率领他的纳西族助手们，以"国家地理学会云南探险队"的名义，深入怒江、长江、澜沧江的大峡谷，他远赴木里王国、甘肃卓尼与永宁乐土，到雄伟的明雅贡嘎、贡嘎岭与阿尼玛卿山探险访圣。

洛克的植物采集情况，我们在前文已多次提及。美国国家地理学会会长格罗夫纳在 1925 年撰写了《国家地理学会云南探险队》一文。文章全文引用了美国农业部部长亨利·华莱士和国家博物馆负责人雷文纳尔先生的感谢信，摘引如下：

> 我谨代表农业部对于国家地理学会为美国园艺事业所做的贡献表示衷心感谢。我部同仁饶有兴致地留意着洛克过去 18 个月的漫游踪迹。洛克成功地把种子包装起来并寄回华盛顿，令大家尤为感到惊奇。我们知道，要从云南这样的地方把极易腐坏的种子处理妥当并邮寄回来是何其不易的事情。
>
> 就我们所知，洛克博士寄回的种子，一路辗转，却没有丢失过。

---

① Joseph Rock, "Hunting the Chaulmoogra Tree", *NGM*, Mar. 1922.

　　成千上万的种子都已经发芽，其幼苗成长在马里兰州贝尔县的引种植物园里。此外，农业部还把洛克博士寄回的不同种类的杜鹃花和松树分散到许多育苗室，分发给公园主管们，派送给主要植物园以及大不列颠的私人植物收藏馆，人们相信植物在英国也能培育成功。

洛克不仅采集植物，1924 年，他送回去的植物与动物标本被美国国家地理学会送给了国家博物馆，由此获得了国家博物馆馆长热情洋溢的感谢信：

　　我非常高兴地对这一馈赠表示感谢。我们共收到来自中国云南、四川和西藏东南部的 6 万余种植物标本、1600 余种鸟类标本和 60 余种哺乳动物标本。这些标本都是由洛克先生率领的国家地理学会探险队获取的。

　　鸟类馆副馆长 C. W. 里奇蒙博士指出，这批鸟类标本是迄今为止国家博物馆从亚洲地区一次性获得的最重要的一批收藏品。

　　标本处理得当，标注完备，运抵博物馆时保存得完整无缺。对于处理、包装、托运这些标本的方法，为这些标本启封的鸟类学家都感到无可挑剔。亲手打开包裹的专家，特别是当他们得知收集者是一位从未受过这方面专业训练的植物学家时，都赞叹不已。

　　……

　　我谨此深表谢意，对这一馈赠行为表示由衷的感谢，并将赠品标注为国家地理学会赠品。[①]

格罗夫纳在文章中全文引用了两封感谢信，当然是为了显示国家地理学会与美国政府以及科学界的亲密合作关系，树立和巩固学会的半官方非营利性质的科学机构的地位。此外，格罗夫纳尤为在意的，不仅是洛克"实实在在地丰富了西方世界的植物品种"，还在于洛克的活动彰显了学会的贡献："由于学会的资助，洛克先生拓展了在云南的工作范围。他的研究工作和探险活动使我们了解到中国境内一片鲜为人知的地域，以及那里风俗各异的部族。"[②] 但我们必须清楚的是，无论他们如何给洛克在中国的植物采集活动打上科学的名义，都无法掩盖他们的行经是对中国植物资源的掠夺的本质。

二　文化书写

洛克对中国西南的文化书写，实际上分为四类：第一类是他写给雇主或朋友的信，第二类是他的日记，[③] 第三类是学

---

① Gilbert Grosvenor, "The National Geographic Society's Yunnan Province Expedition", *NGM*, Apr. 1925. 本译文出自甘雪春主编《大洋彼岸的目光：美国学者眼中的中国西部少数民族文化》，云南人民出版社，2003。

② Gilbert Grosvenor, "The National Geographic Society's Yunnan Province Expedition", *NGM*, Apr. 1925.

③ 洛克的书信与日记目前大多收藏于哈佛大学，大部分原件与打印件可在哈佛大学官方网站查询，档案目录为"Papers of Joseph Francis Charles Rock (1884 - 1962), 1922 - 1962：Guide", Archives of the Arnold Arboretum of Harvard University, Cambridge MA 02138.

术论著，第四类是发表在《国家地理》上的文章。最后一类，笔者将在后面的章节中着重分析。

奇怪的是，洛克在小小的夏威夷岛上写了数部植物学论著，却从未写过一篇关于中国植物的论文。相反，让他笔耕不辍的是中国西南的风俗、独特的文化与族群，还有他传奇般的经历与复杂的心境。除了《国家地理》的文章，他还在各种刊物上发表了关于纳西族文化的研究文章数篇，如《纳西族巫师的杀魂研究》《纳西族文学里的洪水故事》、《Zherkin 部落及其宗教文学》《纳西——印度那伽仪式相关性研究》《汉藏边陲的萨满教研究》等。[1] 此外，他用所有精力编撰了厚重详尽的《纳西语—英语词典》。而让洛克被纳西族人尊为"纳西学研究之父"的，是其极具史料价值的《中国西南古纳西王国》，这本书为洛克赢得了人类学家的称号。

《中国西南古纳西王国》开始写是在 1934 年，1945 年在美国哈佛大学出版社出版，受哈佛燕京学院资助。该书以地方志为体例，实地考察结合文献资料，作者在前言里说："我花了 12 年的时间，对云南、西康和与之毗连的纳西族居住区域进行了全面考察。"在双脚的一步步丈量中，洛克完成了烦琐细致的地理记录。该书的细致之处，还在于英文版中，几

---

① 洛克有代表性的文章："The Killing of the Soul By Naxi Sorcerers", *West China Border Research Society*; "The Story of the Flood in the Literature of the Na – khi Tribe", *Monumenta Serica*; "The Zherkin Tribe and their Religious Literature", "The Na – Khi – Naga Cult and Related Ceremonies", *Serie Orientale Roma*, 1952; *Contributions to the Shamarism of the Tibetan – Chinese Borderland*, Anthropos, 1959; etc.

乎每一个地名，都用纳西语、英语和汉语（繁体字）进行了标注。然而，作者着力最多之处，却是文献查阅。他"首先收集关于中国西部的中国文献，然后收集所有用欧洲语言撰写的有关这个地区的出版物"。洛克自豪地宣称："我自己的藏书中有很多在亚洲、欧洲和美洲各个图书馆中所没有的孤本图书。"①

洛克对中国西南少数民族的记录与关注，是其被称为"人类学家"的原因之一。然而，在对待自己内在的帝国主义、白人中心主义优越感时，洛克的表现却难以为人称许。且不论他在中国西南极尽排场，彰显"洋老爷"身份，仅从其著述中亦可窥见其对论述对象的偏见。洛克在对永宁里新人（Hli‐Khin）的记录中，认为里新人只承认舅舅，"他们不知道'父亲'……并说他们没有父亲"，洛克解释说，这是因为"永宁喇嘛奇特的生活方式……他们都不结婚，是独身者，这样做的结果是生下了一群不知道父亲是谁的私生子"。而且，女子可以自由地结束与一个男子的关系而另寻他人，洛克认为，这种"乱交"导致了性病的流行。洛克总结说："永宁人的道德水准绝称不上高。"② 吉姆·古德曼著有《洛

---

① 〔美〕约瑟夫·洛克：《中国西南古纳西王国》，宣科主编，刘宗岳等译，云南美术出版社，1999，前言第9页。

② Joseph F. Rock, *The Ancient Na‐Khi Kingdom of Southwest China*（Harvard University Press, 1947），p. 391. 该书中译本对此类说法做了技术性处理，如将"永宁人的道德水准绝称不上高"，改成"其道德状况肯定是特殊的一种"，也未译出"乱交"（promiscuous sexual intercourse）、"私生子"（illegitimate children）等词。参见约瑟夫·洛克《中国西南古纳西王国》，宣科主编，刘宗岳等译，云南美术出版社，1999，第270页。

克和他的香格里拉》一书，他注意到这些细节，尖锐地批评道："对于一个其调查方法堪称全面、细致与科学的人来说，这简直是令人惊奇的一页。他的描述既不全面也不准确，暴露了其对所记录社会的偏见。"①

而更严格的评价来自艾瑞克·缪格勒，他指出洛克过度倚重地方志等文献资料，对纳西族东巴经里的文化与现实人文的关联，也不太关心。缪格勒说："用马林诺夫斯基的民族志标准来看，这本'文献中的人类学'，其实根本对'文化'不感兴趣。"②

除了民族志式的异文化书写，洛克论著中最吸引读者的还是其探险中的传奇色彩。洛克两次（1923～1924和1927～1930）率领"国家地理学会云南探险队"，翻山越岭，跨江涉河，深入中国西南与西北，一边采集奇花异草，一边留意奇闻逸事。他总共发回9篇图文并茂的报道，正如爱德华兹所言："他把异国风情带进了读者的卧室，包括异域的王国、民族，以及甚至连地理学家也知之甚少的高山雪峰。"③

1910～1935年，《国家地理》共发表与中国相关的文章70余篇。为国家地理学会修史的布赖恩认为，两个完全不同

---

①　Jim Goodman, *Joseph F. Rock and His Shangri - La* (HongKong: Caravan Press, 2006), pp. 116 - 117.

②　Erik Mueggler, *The Paper Road: Archive and Experience in the Botanical Exploration of West China and Tibet* (Berkeley, Los Angeles, London: University of California Press, 2011).

③　Mike Edwards, photographed by Michael S. Yamashita, "1922 - 1935: Our Man in China: Joseph Rock", *NGM*, Jan. 1997.

类型的作者——威廉姆斯和洛克的文章，最能激发读者的想象力。[①] 威廉姆斯为国家地理学会工作了近 30 年，走遍了大半个中国，他在 20 世纪 30 年代对震惊世界的雪铁龙 – 哈特亚洲汽车之旅进行的系列报道，向世人展示了中国西北边疆（新疆）的辽阔与美丽。[②] 而洛克与他的纳西族助手在中国西南的经历，对国家地理学会会长格罗夫纳具有强烈的吸引力，因为当时他正在为杂志四处"搜罗大胆、猎奇的冒险故事"。[③]

洛克的探险之行得到国家地理学会的资助，故他能维持奢华的排场，究其原因，在于洛克的探险故事不仅能"刺激西方读者的想象"，更在于从某种角度来看，他是一个帝国主义的代言人，能树立西方英雄形象，展示帝国威力。本书将在后面"族群形象：多样文化与多元世界"里，对洛克的异域文化书写予以分析。

[①] C. D. B. Bryan, *The National Geographic Society*：100 *Years of Adventur and Discovery*（New York：Abradale Press，2001），p. 179.

[②] 威廉姆斯（Maynard Owen Williams）从 1919 年开始为《国家地理》工作，此后 30 多年在杂志上共发表 90 余篇文章，是一代读者心目中的"地理先生"。布赖恩以"广博的、社交的、不易受影响的、热情的"等词形容威廉姆斯，而洛克在当时《国家地理》杂志的编辑的心目中是"偏执的、孤傲的"，故说威廉姆斯与洛克为"不同类型的作者"。

[③] Mike Edwards, photographed by Michael S. Yamashita, "1922 – 1935：Our Man in China：Joseph Rock", *NGM*, Jan. 1997.

第五章

博物帝国与知识生产

我们已经知道，威尔逊于 1913 年出版了《一个博物学家在华西》，这本书还有一个长长的副标题——"带着采集箱、相机与枪：对花卉王国偏僻地区十一年旅行、探险的观察和描述"。

采集箱、相机与枪，既是看得见的实物，又是看不见的象征符号。它们既是植物猎人的工具，又可视为西方国家权力的隐喻：采集箱代表"科学"，有了它，东方山野里的植物才能在西方国家的花园里绽放，而西方国家建立的科学网络才能笼盖东方的山野；相机代表"文化"，相机将异域文化和族群保留下来，建立档案，将之置于进化或进步的各级阶梯上；枪，在植物猎人的装备里，既是猎杀动物获取标本的工具，又不言而喻代表着"武力"，它是帝国主义的权力源泉，是征服自然世界与人类社会的硬威胁与强暴力。

因此，一群植物猎人在 20 世纪初期跋涉于中国西部，带着枪、采集箱与相机，这样的形象被《国家地理》反复书写并固定下来，清楚地表达了这样一个历史逻辑：征服他者，不仅可以用枪炮，还可以用文化，二者皆具驯服与规训之功。

对此，美国学者何伟亚在论述 19 世纪英国在中国的帝国主义教程时，指出：“枪炮不仅仅强迫他人顺从，它也在进行说服。字词和形象不仅仅是说服，它们也是某种强制。”①

第一节　“采集箱”与林奈分类法

1905 年，当威尔逊带着采集箱，跋涉于中国西部的崇山峻岭中，把采集的植物种子与幼苗运到西方的花园里时，在奥地利维也纳召开了第二届国际植物学大会，来自欧洲的数百名植物学家颁布了“国际植物命名法规”，确定拉丁文命名法为统一规则，林奈分类法为标准的分类体系。

1957 年，中国科学家竺可桢在纪念卡尔·林奈（又译林耐或林内）诞生 250 周年的大会上，简洁勾勒了这位自然科学史上划时代人物的贡献。他认为这位近代生物分类学奠基者，“所创的拉丁文简洁分类法，确定了数以千计的植物动物学名，这是生物学上划时代的创举，为以后全世界生物学家所采用，廓清了过去动植物命名混乱不清的状态，开生物科学的新纪元”。② 但是，这位博物学家，“足迹基本限定在瑞典境内”，与“数以千计”的动植物打交道。③

---

① 〔美〕何伟亚：《英国的课业：19 世纪中国的帝国主义教程》，刘天路等译，社会科学文献出版社，2007，导论第 4 页。

② 竺可桢：《纪念瑞典博物学家卡尔·林内诞生 250 周年》，《科学通报》1957 年第 19 期。

③ 徐保军：《林奈的博物学：“第二亚当”建构自然世界新秩序》，《广西民族大学学报》（哲学社会科学版）2011 年第 6 期。

　　为何"足迹基本限定在瑞典境内"的林奈，以他的名字命名的生物分类法能够成为一种全球标准？在这条知识权威的链条上，植物猎人的贡献不容忽视。正是像威尔逊一样远征世界各地的博物学家们，源源不断地把世界上各个角落的植物，送到西方的博物馆、实验室、植物园乃至田间地头，才使西方成了"花园里的世界"，建立了强大的植物学帝国。阿诺德植物园的专业期刊上登载了一篇文章，回顾中国植物学家陈焕镛与该植物园的"跨文化经历"，文章写道："植物学作为一门科学，首先在于建立起分类学：给植物命名并找出其各自关系，这是一切研究的基础与开端。"[①] 而鉴别、分类的能力从哪里来？古语云："操千曲而后晓声，观千剑而后识器。"当阿诺德植物园拥有成千上万个植物品种时，"识器"与"晓声"自然皆不在话下。所以当陈焕镛 1915 年去到哈佛大学，利用阿诺德植物园丰富的收集品种时，他由衷地说："我在中国要花上一生时间才能找到我研究所需要的树木，在这儿只需短短几年。"[②]

　　诚然，世界某个荒郊野岭里的活株植物及其种子，要经过漫长的旅途完好地送到欧美的花园并存活下来，仅仅依靠植物猎人的勇敢与能力显然不够。范发迪在《清代在华的英国博物学家：科学、帝国与文化遭遇》一书里，有讲到"植物的运输"，他说："像采集标本一样，把动植物运回英国也

①　Karen Madsen，"Notes on Cheses – American Botanical Collaboration"，*Arnoldia*，Volume/Number 58/4·59/1，1998–1999.

②　William J. Haas，"Transplanting Botany to China：The Cross – Culture Experience of Chen Huanyong"，*Arnoldia*，1988 – agris. fao. org.

得依赖当时对华贸易的人员、机制和设施。"其中，19 世纪
40 年代华德箱（Warden Case，采集箱的一种）的普及应用大
大提高了植物和种子的存活率。① 新墨西哥大学的标本研究员
简·米伽特回顾了采集箱的发展史。采集箱第一次出现在西
方书本中是 1704 年，那时，植物的采集越来越有实用性并有
利可图。用于田野采集的各种装备被发明出来，而采集箱也
在不断发展、演化，以便更好地放置刚采到的植物，方便运
输并保持湿润。② 美国采集箱使用的鼎盛期是 1870~1945 年，
威尔逊书名中提到的"采集箱"是帝国海外扩张中平凡却重
要的一颗螺丝钉，是植物猎人在野外采集时不可或缺的工具。

　　植物采集箱随着西方国家海外扩张而出现在世界各地，
是西方国家科技、经济、军事实力的象征符号，它使得异域
资源占有成为可能，而资源的占有，意味着知识霸权的获得。
孟悦认为，"收集植物并把它们制成标本是掌握这些植物资源
的物理程序，而为这些植物命名和通晓它们——将其体系化
并进行讨论——则是关键的象征性文化行为，借此可在欧洲
殖民帝国中实现对它们的'占有'。"③

　　这种依赖殖民扩张而形成的自然世界新秩序，对中国的
本土知识，有何影响呢？

_____

① 〔美〕范发迪：《清代在华的英国博物学家：科学、帝国与文化遭遇》，袁剑
　　译，中国人民大学出版社，2011，第 29~33 页。

② Jane Mygatt, *A Case for Collecting*, Iowa Native Plant Society Newsletter, 2001.7
　　(3)：5-6.

③ 孟悦：《反译现代符号系统：早期商务印书馆的编译、考证学与文化政治》，
　　《清华大学学报》（哲学社会科学版）2008 年第 6 期。

第二节　西方科学与中国本土知识

20 世纪初，中国有一位百科全书式的学者——杜亚泉，他是商务印务馆早期的编译人员，曾主编当时很有影响力的学术刊物《东方杂志》。其时，杜亚泉和同事想编译一本植物学辞书，但是：

> 当时吾等编译中小学校教科书，或译自西文，或采诸东籍，遇一西文之植物学名，欲求吾国固有之普通名，辄不可得。常间接求诸东籍，取日本专家考订之汉名而用之。近时日本专家，亦不以考订汉名为重，植物名称，多仅列学名及用假名联缀之和名，不附汉名，故由和名以求相当之汉名，亦非转辗寻求不可。①

杜亚泉所谓"和名"，即日本名，而"学名"，即植物的科学名称，来自西方的命名法。这一命名法，对于在阿诺德植物园学习的植物学家胡先骕来说是"简短而便于使用"的，② 但是正如杜亚泉等人当初所感受到的，这样拉丁文的命名和分类法，对于不通晓整个体系的人来讲，是很难理解并且不方便使用的，"非转辗寻求不可"。更严重的是，它以西方科学思维规定了一种新法则，相当于规定了植物知识的起源中心，其他地方的植物学，只能在西方知识体系中去寻找

---

① 杜亚泉主编《植物学大辞典》，商务印书馆，1918，序第 1～2 页。

② 胡先骕：《林奈对近代植物分类学的贡献》，《科学通报》1957 年第 17 期。

自己的对应物。

20 世纪初，胡先骕、陈焕镛等人到哈佛大学阿诺德植物园学习植物学，时隔近百年，西方学者夸耀说："如果中国植物学家未曾在世纪初来到西方的这些机构，他们的植物学研究将只能从零开始。"① 这样的话语，让我们不得不回忆起1911 年，威尔逊在讲到植物猎人的贡献时，大赞其在中国采集的植物让美国更加美丽富饶，"在中国的帮助下，阿诺德植物园美化了美国大地"。② 当中国只是"原料提供国"，而美国为"知识生产国"时，以西方科学知识为圭臬，从而遮蔽、无视"原料提供国"的知识成就与贡献，甚至以西方的知识话语取代非西方的知识话语的结局可想而知。

事实是怎样的呢？李约瑟曾在《中国科学技术史》里引用过一位法国学者的话，这位学者说："我希望能完全根据中国作者们的资料编写一本植物学，借以证明，他们所达到的水平远较拉丁民族或中古时代的博物学家们为高，即使低于个别人物如林耐（Linnaeus）、朱西厄（Jussicu）或德方丹（Desfontaines）。"③ 李约瑟在《中国科学技术史》第四卷《生物学及相关技术》中述及中国古代的植物学专著，如《竹谱》《桐谱》《菊谱》《荔枝谱》等。以中国最著名的《本草纲目》来说，据日本学者山田庆儿的研究，《本草纲目》包含了不同性质的分类系统。"第一种是上品、中品和下品的人本中心的

---

① Karen Madsen, "Notes on Chineses – American Botanical Collaboration", *Arnoldia*, Volume/Number 58/4 · 59/1, 1998 – 1999.

② Ernest H. Wilson, "The Kingdom of Flowers", *NGM*, Nov. 1911.

③ 李约瑟：《中国科学技术史》（第 1 卷），科学出版社，1990，第 38 页。

分类形式，这是由古代植物记录《神农本草经》归纳而来的。《神农本草经》按照对人的益处或害处把所有的植物分了等级。第二种是由各个'部'（或'纲'）体现出来的宇宙论式分类，如水、火、土、金石、草、谷、菜、果、木、服器、虫、鳞、介、禽、兽、人。山田庆儿的论述表明，在《本草纲目》中几乎发展到极致的是以对人体的利害为基础的实用分类体系，而非更为抽象的五行宇宙论。这一多元分类实际上包含着一个与林奈体系非常相似的双名体系，不过作为一个多元体系，它使植物研究更具有开放性。"① 换句话说，中国的植物研究实际上已关乎药用性、文化习俗、生活政治等方面的内容，具有更强的开放性。

但是，西方依据科学技术建立起来的文化霸权，使它很少或根本不屑于引用东方的知识。范发迪研究了英国博物学家对待中国科学与文化的态度，得出的结论是："没有证据显示当时博物学家曾试图认真解释中国人知识体系的观念基础和组织原则。西方博物学家鲜少讨论调和两大知识传统，或者全盘吸收中国人的知识体系。"相反，"中文文献通常被视为一种落后、不成熟而且信息芜杂的资料来源，就像早期西方著作一样，而不是一个有其自身历史和逻辑传统的产物。"②

西方对多元知识系统的忽视与遮蔽，使得他者文化里的"知识性"几乎隐没不彰。以西方植物猎人在中国西南遭遇最

---

① 孟悦：《反译现代符号系统：早期商务印书馆的编译、考证学与文化政治》，《清华大学学报》（哲学社会科学版）2008 年第 6 期。

② 〔美〕范发迪：《清代在华的英国博物学家：科学、帝国与文化遭遇》，袁剑译，中国人民大学出版社，2011，第 167 页。

多的一样植物——杜鹃花——为例。福雷斯特在云南的密林里不假思索就砍倒了一棵有 280 年树龄的杜鹃树，完全忽视了纳西族的文化。艾瑞克·缪格勒在《纸上之路》一书中，细致挖掘了福雷斯特在云南丽江的纳西族助手们的心灵世界。东巴经、民间故事里都有线索表明，纳西族人确定他们的祖灵之地在云南西北方，在有三棵黑杜鹃盛开的"天界"。缪格勒认为，古鲁肯村的纳西族人带领福雷斯特采集杜鹃花的路线，正好是他们寻找祖灵之地的路线。[①] 福雷斯特与他们日夜同行，却从不关心他们究竟在想什么、要什么。时隔近二十年，被称为"人类学家"的洛克的最主要的植物采集助手也是纳西族人。洛克翻译与研究东巴经，应该了解杜鹃花在纳西族文化里的象征与意义，可是他也从未对纳西族的植物知识及文化给予论述与评价。

实际上，不仅纳西族，在中国西南，许多民族都有自己的杜鹃花传说。日本学者松冈格通过对彝族的调查，发现楚雄彝族与马缨花（马缨杜鹃）、凉山彝族与索玛花（彝语里的杜鹃花），有着深深的生命联结，杜鹃花象征着他们的生命力与生产力，与生殖崇拜和族群起源都有关联。[②] 美国俄亥俄州立大学的马克·本德尔在《雪族：诺苏人〈勒俄特依〉里的植物与动物》一文里，专门考察了彝族的起源史诗，诺苏人

---

① Erik Mueggler, *The Paper Road*: *Archive and Experience in the Botanical Exploration of West China and Tibet* (Berkeley, Los Angeles, London: University of California Press, 2011), pp. 114 – 115.

② 〔日〕松冈格：《彝族与高山杜鹃：论园艺文化以外的花文化》，《民族学刊》2011 年第 5 期。

用自己独特的世界观、生命观对动物、植物进行分类，不同的动植物在彝族古代与当代文化中有不同的象征意义，它们在彝族文化中有重要意义，其中，索玛花被认为是授予彝族祖先智慧的花。①

刘华杰指出："近代自然科学与现代性为伍，相互提携，只经过几百年时间，就大大改变了物质世界与人类的精神世界，严重影响了人地系统的可持续发展。"② 从植物采集到植物学帝国主义建立，西方的植物猎人成为或专业或业余的博物学家，正如塔默尔·罗森伯格在《呈现美国的世界》一书里所论述的，这些博物学家成为"科学权威合法化的中心代理人"，其叙事，"尤其是从探险中得来的知识，被认为是科学的、有用的知识，对于服务于帝国产生了最大的效用。"③

近年来，中国学者认识到地方性知识的重要，发掘蕴藏在少数民族生活与精神世界中的植物文化、民间植物分类学与世界民族智慧的关系，研究成果日渐增多。④ 正确认识地方性知识的文化多样性意义，对长期以来包括植物学在内的西

① Mark Bender, "Tribes of Snow: Animals and Plants in the Nuosu Book of Origins", *Asian Ethnology*, 67/1, 2008.

② 刘华杰：《大自然的数学化、科学危机与博物学》，《北京大学学报》（哲学社会科学版）2005 年第 5 期。

③ Tamar Y. Rothenberg, *Presenting America's World: Strategies of Innocence in National Geographic Magazine, 1888 – 1945* (Hampshire: Ashgate Publishing Limited, 2007), pp. 7 – 8.

④ 这方面的代表作有崔明昆《象征与思维——新平傣族的植物世界》，云南人民出版社，2011；邹辉《植物的记忆与象征：一种理解哈尼族文化的视角》，知识产权出版社，2003。

方博物学的话语霸权,是一种积极的消解与挑战。

本编小结

在本编中,笔者将《国家地理》里的植物猎人叙事,放到西方国家海外扩张的大背景中来分析与理解,认为植物猎人与花卉王国,这一组兼具征服性与浪漫化意味的意象,恰好构成了西方话语的一体两面——野蛮与文明。

在西方国家海外扩张的时代,植物采集与移栽,兼具科学之名与经济之实。① 从某种角度来看,植物的引种与保育"使土地更适于居住"(费尔柴尔德语),从而有益于保护地球生态。此外,与其他不可再生资源如矿产、金属等的开采相比,植物采集是一种特殊工作,引种并非连根消除,植物可以再生,不会造成"你有我无"的后果。正如威尔逊在《花卉王国》一文里所言:"若不是中国的礼物,我们的花园不可能如此美丽,尽管中国现在要反过来向我们索求花卉新品种。"基于上述两点,西方人在华植物采集活动背后隐藏的扩张利益动机,很少受到当今中国学者的认真检视。

实际上,"猎人"一词所包含的征服、强制之意,不可不察。这种征服,从植物与植物学的角度来看,不仅指在中国积弱积贫之时,西方对中国植物资源的占有、掠夺,更指由植物采集所带来的一系列更深层次的问题,比如,在知识生

---

① José de Souza Silva, "Agricultural Biotechnology Transfer to Developing Countries under the The Cooperation – Competition Paradox", *Cadernos de Ciência & Tecnologia*, *Brasília* 14 (1997): 91 – 112.

产上，由于西方成为植物研究中心，由其建立的科学话语成为一种霸权，掩盖与遮蔽了中国的本土知识，将后者书写为停滞、传统与原始的。因此，今天的中国学者应该明白，中国迈向现代化世界，并不意味着要与本土知识一刀两断，传统文化不是需要摆脱的束缚，我们需要摆脱的，恰恰是因无知而产生的傲慢与偏见。

西南道路：一点四方与四面八方

可是，在我半睡半醒的朦胧时刻，
心头涌现的却总是四川弯弯曲曲的路径，
多么渴望再去踩一踩
那古老的石板台级，高低蜿蜒，
经过青铜镜一般的稻田，
穿过苍翠萧森的竹林，
穿过松径，穿过那飘荡的白云。

在你半睡半醒的朦胧时候，
就会在你心头涌现，
引起你的一片怀乡心情。

——李约瑟《四川的道路》

第六章

20 世纪初的西南险道

"道路"一词的象征含义丰富隽永，研究不同时代不同文明行经的路与道，会涉及人文地理、族群生态、国家政治、文化传播等诸多议题。道路具有商贸、宗教、知识以及政治等不同功能，[1] 因此，本来寂静不言的路，指向不同的"道"。道的两端，何者在中心？何者为边缘？何者为文明社会？何者尚需"开化"？

在《国家地理》的文本里，中国西南的道路，被言说为或"开放"或"闭塞"的空间，其间差异，值得辨析。

20 世纪上半叶，西方旅人对中国西南道路与交通的描述，离不开"匮乏""艰险""肮脏"这几个词。1931 年，新闻记者埃德加·斯诺在为纽约《太阳报》写的中国游历文章中，绘声绘色地描述了云南的"马帮之路"：

> 这样的旅行究竟是什么滋味，你不妨做下面的这个实验，就可以了解一二。找一栋纽约市的摩天大楼，再

---

[1] 〔法〕吕西安·费弗尔：《大地与人类演进：地理学视野下的史学引论》，高福进等译，上海三联书店，2012，第 316 ~ 386 页。

弄来整整一列火车的石灰和碎石头，从楼梯的顶部倒下来，让每一级楼梯都盖满了这些东西，然后拉一条消防皮管来喷两整天水，让石灰和碎石头的混合物阴干。于是在顶部吹凛冽的寒风，在底部把蒸汽管开得大大的。你用羊皮把你自己裹起来，开始爬上爬下（你想骑马也可以），每天爬八个小时。这样一来，就不难领略到在云南的皇家古道上登山的乐趣了。但是你还不能完全领略到。你看不到地平线上云雾覆盖着远山的美景，你也看不到沿途野玫瑰交情怒放的镜头，你更听不到马帮悠扬的铃声和赶马人边走边唱的歌声。当然啰，在曼哈顿的高楼大厦里也绝没有心肠狠毒、令人谈虎色变的土匪。①

斯诺的这一"大楼实验"并非原创，19 世纪 70 年代，穿行云南的英国领事馆官员阿贝尔也做过类似比喻。阿贝尔的比喻被"中国通"费子智在文章里引用。费子智的文章发表于 1940 年英国皇家地理学会的专业期刊上，危险、狂野与美丽——中国西南的道路意象就这样传播开来。费子智如此描述民国时期中国西南的道路交通状况：

> 在如此困难之地区，西南道路交通仍处于原始状况，这毫不奇怪。云南与贵州、长江江畔之重庆与缅甸之间，如此广阔的区域，直到 5 年前，还没有一条道路，可以

---

① 〔美〕埃德加·斯诺：《马帮旅行》，李希文等译，云南人民出版社，2002，第 61 页。

通过一辆有轮之车。①

美国《国家地理》对中国西南道路的关注与表述，自植物猎人福雷斯特以来，历经百余年从未间断。中美共同修建了滇缅公路（史迪威公路），这是二战时期盟军的抗日大通道与中国生命线，《国家地理》将目光聚焦于此路。在此之前，该杂志对中国西南道路与交通的表述，并未脱离上文提及的匮乏、艰险、肮脏等印象，怒江上的"藤条桥"与茶马古道上的"背茶客"，成为代表早期中国西南道路交通状况的经典形象。

第一节 东方气质：藤条桥与背茶客

1932年，福雷斯特在云南腾越（今腾冲）猝然去世。在他去世后，他所拍摄的大量照片被交给英国皇家地理学会，纳入英国殖民档案管理信息系统之中。福雷斯特的照片档案袋，被分别命名为"类型"（Type）、"武器"与"桥"。"类型"里是人物照，"武器"特指傈僳人的弓弩，而"桥"指的是怒江上游别具特色的藤条桥及其他材质的各式吊桥。

《国家地理》在1910年发表的第一篇讲述中国西南的文章《弓弩之地》，是福雷斯特1906年怒江之行的考察记。这篇文章配有一幅怒江（萨尔温江）素描地图及十五张照片，照片除了呈现傈僳人的形象、服饰、弓弩、村落、窝棚及自

---

① Patrick Fitzgerald, "The Yunnan – Burma Road", *The Geographical Journal*, Mar. 1940.

然风光外，还呈现了怒江上的溜索桥。

在文章中，福雷斯特描述了怒江上的单绳溜索，过这样的索桥很困难，甚至有生命危险。

> 用这种溜索过江，比用澜沧江上的双绳溜索过江更加困难。澜沧江上的溜索一头高，一头低，人利用自身重量从高处滑下，不用太费劲就可以顺利过江。而单绳溜索要难得多，在过江之前，先要用绳索把人捆起来，然后进行助跑。一个人被捆着，面朝苍天，背向大江，从溜索的这一头滑向另一头，这真不容易！怒江一带的溜索都是用粗糙的藤条制作，人滑到江中间时，溜索极有可能突然断掉。而且每一次过江，手上都会被勒出伤痕。①

福雷斯特在文中介绍的单绳溜索与双绳溜索，又称为平溜和陡溜。平溜用一根粗竹索横系两岸，固定于树根或大石上；平溜完全靠人力，确实较为费劲，可能会有福雷斯特所言的生命危险。陡溜为一来一往两根溜索，各置两岸高低不一之处；陡溜可以利用人自身的重量，较为省力，但也有危险。

这种危险，另一位探险家约瑟夫·洛克有过描述，通过他的描述，溜索上的过客与惊马形象更加牢固了。1926 年，洛克在《穿越亚洲大峡谷》中，也用五张照片形象地展示了中国西南的溜索桥，介绍了修建溜索桥的地理位置与技术要求等，洛克还绘声绘色地描述了过河的体验。在一番踌躇犹

---

① George Forrest, "The Land of the Crossbow", *NGM*, Feb. 1910.

怒江上的溜索桥，《穿越亚洲大峡谷》（1926.08）

豫后：

轮到我过桥了。现在回想起来当时最难受的就是那种被捆起来的感觉，我觉得那就像一个人在大手术前被打了麻醉一样。

我全身上下捆扎稳当，双手紧握滑轮。还没有做好充分心理准备，村长就抓住我的衣角，从后面把我推到桥桩台的边缘，使我置身于河岸的树丛之中。

有人叮嘱我头不能太靠近绳子，话音还没落就是一声"走！"我就以每小时20英里的速度荡了出去。我瞥了一眼脚下咆哮的河水，接着闻到一股木头滑轮和粗糙的绳子快速摩擦发出的焦糊味，然后我像一头骡子一样重重地落到了对面布满石块的河岸上。

轮到马匹过河时，它们也被惊吓得够呛。当它们无助地被悬在半空中时，这些马大张嘴，尾巴紧张地翘着，四条腿奋力蹬踏，最后到达对岸时已被吓得站不起来了，顺势就倒在地上。①

黄红军在《车马·溜索·滑竿：中国传统交通运输习俗》一书里，梳理了溜索的历史与分布。他认为溜索是索桥的前身，在云南、贵州的山区比较普遍。索桥一般建于山高谷深、水势险急而河面较窄处，因所用索具质料不同而有绳索、藤索、篾索、铁索之分。生活在岷江上游的羌族擅长建索桥，汉代时，竹索桥称为"笮"，羌人中的笮部落就是因为善建索桥而得名。清人吴升在理番过溜索时留下诗句："上无一发可援手，下则百丈奔惊龙。身如云浮脚棉软，达岸回观人飞空。"②

《国家地理》让人对中国西南地区河谷上特有的溜索桥印象深刻。2009年，该杂志记者马克·詹金斯来到怒江，在《寻找香格里拉》一文里，就配有一张两页宽的图片——悬在急流上的溜索桥，不过，藤条已换为钢索，带着母牛滑过钢索桥的傈僳族小伙子，可以到集市里把母牛卖掉赚钱。在21世纪，《国家地理》以溜索桥开头，要讲述的是关于旅游经济

---

① Joseph F. Rock, "Through the Great River Trenches of Asia", *NGM*, Aug. 1926. 此处翻译采用甘雪春《大洋彼岸的目光》，第145~146页。此外，洛克对溜索桥的相关描述还见于1930年的《雄伟的明雅贡嘎》一文，在雅砻江上，由于过溜索桥时橡木做的滑轮裂开，探险队的两头骡子掉入江中被江水吞噬，这一情节被《国家地理》在回顾杂志探险史时屡次引用。

② 黄红军：《车马·溜索·滑竿：中国传统交通运输习俗》，四川人民出版社，1993，第42~43页。

与传统生活，关于西部边陲"两种未来前景竞争"的故事。①

与藤条索桥一样，让《国家地理》在 21 世纪不断回头寻找的，还有一种经典形象，即"背夫"（porter）。2010 年，马克·詹金斯与麦可·山下来到中国西南，寻找"被遗忘的道路"——茶马古道，他们在文章的导语里写道："从前，在茶叶比丝绸或瓷器更贵重的时候，背夫和负重的牲畜便沿着茶马古道，步伐缓慢地顺着之字形路线攀上西藏海拔 4600 米的扎尔加玛垭口。如今，旅行者乘坐汽车越过这一曲折爬升的路段。"②

关于"背夫"，即人力搬运工，福雷斯特在《弓弩之地》一文中已有描述。他在文中描述替他背行李的山民："一个傈僳人在坎坷不平的山路上，平均背负 70 磅，连续走上 6～8 小时不成问题，而且他们每天只需消耗 1 磅 7 盎司的大米。"③但将"背夫"这一形象固定下来的，则是 1911 年威尔逊的《花卉王国》。该文介绍了中国西南与西藏地区的"茶马互市"，配图中留下了茶马古道上的背茶客身影。两个并不健壮的男人，背着比自己高出一大截的茶砖，用 T 形木拐支撑着在路边歇息。图片的标题是"将茶砖背到西藏的人"，图片下

---

① Mark Jenkins, photographed by Fritz Hoffmann, "Searching for Shangari – la: Two Visions of the Future Compete for the Soul of China's Western Frontier", *NGM*, May 2009.

② Mark Jenkins, photographed by Michael Yamashita, "The Forgotten Road", *NGM*, May, 2010.

③ George Forrest, "The Land of the Crossbow", *NGM*, Feb. 1910. （1 磅约为 0.454 千克，故 70 磅约为 31.78 千克。1 盎司约为 28.35 克，故 1 磅 7 盎司约为 0.652 千克。——引者注）

的说明是："一个人背的茶砖重达 307 磅，另一个 298 磅。在艰险的道路上，他们每天平均走 6 英里，整个行程常常要走数百英里。"① 而在对页的另一张图片中，雄伟的高山与湍急的河流几乎占据了整张图片，只在图片的左下角隐隐出现了两个背茶客的身影，越发衬托出大自然的险峻与背夫的渺小。

茶马古道上的背茶客 《花卉王国》（1911. 11）

这是《国家地理》第一次把中国西南茶马古道上的背茶客介绍给西方读者。此后，在威尔逊的著作中以及哈佛大学图书馆的电子网站上，都可以看到"背夫"的形象。② 在刊登威尔逊的《花卉王国》之后，《国家地理》又刊登了地质

---

① E. H. Wilson, "The Kingdom of Flowers", *NGM*, Nov. 1911.（307 磅约为 139 千克，298 磅约为 135 千克。1 英里约为 1.6 公里，故 6 英里约为 9.6 公里。——引者注）

② 参见哈佛大学阿诺德植物园图书馆档案：Ernest Henry Wilson, https：//www. arboretum. harvard. edu/library/image – collection/botanical – and – cultural – images – of – eastern – asia/ernest – henry – wilson/。

学家钱柏林的《人口稠密的美丽四川》，这篇文章介绍的交通工具除了轿子外，还有四川的独轮手推车，作者称这看起来简陋的交通工具也不是"下层民众"可以享用的。钱柏林认为四川最普遍的运输方式还是靠"苦力"（coolie）的肩挑背扛，他们"力气大，负重再多也看不出疲劳之态"。①

直到 20 世纪 40 年代，背夫形象还反复出现。1943 年，滇缅公路被中断后，两位美国工程师奉命考察驼峰航线，他们在康定拍下了几乎与威尔逊的背茶客相同的照片。② 同一年，美国俄勒冈州立大学的畜牧学教授雷·G. 约翰逊等人，受民国西康省政府主席刘文辉之邀，到康定考察，记录下了沿途的民生、民俗与社会、政治、生态等情况。在《探险中国西部的草原仙境》一文里，仅"背夫"的图片就有三张。③

"依靠背力的民族"（a nation on the backs of men）一语见于《国家地理》1920 年刊载的《花卉王国的伊甸园》一文，约瑟夫·毕启在从重庆到成都的路上，坐在轿子里，看到除了在成都附近才偶尔出现的独轮手推车外，竟没有一辆机动车，沿途的农民几乎都是肩挑背扛的"人力搬运工"。毕启感叹道：

这个依靠背力的民族，是这块土地上未被书写的史

①　Rollin T. Chamberlin, "Populous and Beautiful Szechuan", *NGM*, Dec. 1911.

②　Richard L. Burdsall and Terris Moore, "Climbing Mighty Minya Konda", *NGM*, May 1943.

③　Ray G. Johnson, "Exploring a Grass Wonderland of Wild West China", *NGM*, Jun. 1944.

诗；因为，背夫们像大力神一样，把整个世界都背在身
上：从大山里挖出的煤，山上的木材，城市里修宝塔的
石头，田地里的粮食——所有一切，全部背在背上。①

　　尽管被称为"史诗"，但在毕启的笔下，背夫们与史诗中
的英雄一点关系都没有，他们只是"最有效率的机器，运货
的骡子"。为何如此？当时，毕启、洛克等人进入中国西南考
察探险，往往会在当地雇几个背夫背他们的生活用品，包括
轻便小床和寝具。菲茨杰拉尔德（即费子智）认为毕启、洛
克等人基于优越的生活条件与心理优势，来到中国，可能被
中国文化吸引，然而这种文化"可以把一个外国人从他的
'背景'中吸引出来，却不能让他融入自己的'背景'之
中"。② 不能融入，情感疏离，永远是"家门口来的陌生人"。

　　2010 年，马克·詹金斯与麦可·山下在茶马古道上寻找
往昔记忆，他们找到了两位做过背夫的年逾古稀的老人。詹
金斯写道，他们坚持要给他表演一下当年做背夫时是怎样干
活的：

　　　　（他们的）背深深弯着，驮起想象中的茶包，青筋毕

①　Joseph Beech, "The Eden of The Flowery Republic", *NGM*, Nov. 1920. 约瑟
　　夫·毕启（Joseph Beech, 1867 - 1954），美国传教士，1898 年来到中国传
　　教，在四川参与创建四川求精中学、华美中心，筹建并主持华西协合大学。
　　参见毕启孙子的回忆录（Thomas F. Beech, "Joseph Beech: Story of Determination
　　and Dedication in China", http: //www. beechchinawest. com/, January 2012）。
②　〔澳〕菲茨杰拉尔德：《为什么去中国——1923 ~ 1950 年在中国的回忆》，郇
　　忠、李尧译，山东画报出版社，2004，第 159、160 页。

露的手提住 T 形木拐，头埋下，眼睛盯着往外斜分的脚。两位老人在演示他们当年怎样排成一排，蹒跚地顺着湿滑的卵石小道前行。①

回顾了背夫干的活"太艰苦、太危险"后，詹金斯说明了背夫历史的结束："1949 新中国成立后，新修了公路，人力运茶的历史很快就结束了。地主的土地被分给穷人，背夫从繁重的劳役中解放出来了。"

在感到欣慰的同时，詹金斯对茶马古道，实际上充满着复杂的感情：如何面对传统生活方式的消逝？这个问题，早在毕启将"这个依靠背力的民族"称为"这块土地上未被书写的史诗"时就已经显现。毕启图文并茂地描绘了四川的道路与交通，并提及当时外国在华投资修路的情况，如法国计划将滇越铁路向北延伸至重庆与成都，比利时要修建一段从西安到成都的铁路，而美国想要通过铁路将汉口与成都连接起来。但毕启一边展望四川的交通前景，一边哀叹随着机车时代的到来，东方气质（the spirit of Orient）将要消逝：

> 西方已进入飞行时代，而中国还在靠步行。这一时代终将改变，四川的雪山终将与欧洲的阿尔卑斯山一样，迎来朝圣的旅游者。但在这一时代到来之时，世界上最壮丽的旅途将会消失，东方气质将随着机车的到来而

---

① Mark Jenkins, photophraphed by Michael Yamashita, "The Forgotten Road", *NGM*, May 2010.

逝去。①

毕启哀叹的"东方气质"是什么？他的这篇文章配了 34 张图片，其中呈现的除了背夫、江边码头的渔船与渔民、重庆郊外的坟场、犁田的水牛和农民、卖盐的货担郎等外，还有一条条道路：延伸至视线之外的蜿蜒山路、起伏不平的石板路、用竹子制作的悬索吊桥等，它们与福雷斯特、洛克等人在怒江上看见的各类藤条桥、吊桥一道，构成了一个"难以进入的中国"。或许，这就是毕启留恋的"东方气质"。

第二节　时间他者：沿着马可·波罗的路径

1937 年 12 月，贵州的山路第一次出现在《国家地理》杂志上。1937 年，美国农学家、岭南大学农学院的创建人格罗夫（G. W. Groff）与中国摄影家刘体志（T. C. Lan）参加了"美国国家地理学会–岭南大学广西远征队"。途经贵州时，格罗夫坐在轿子里感叹："贵州的峡谷地带对坐轿的旅行者真是艰难考验"。两个轿夫抬着轿子沿着羊肠小道行进，"狭窄的小路几乎没有轿子的空间"。他们沿着之字形的下坡路行进了整整一天，跨过了被称为花桥的吊桥，然后进入对面的一座大山。作者写道："贵州人依然过着纯粹的中世纪的生活。"②

---

①　Joseph Beech, "The Eden of the Flowery Republic", *NGM*, Nov. 1920.

②　G. Weidman Groff and T. C. Lau, "Landscaped Kwangsi, China's Province of Pictorial Art", *NGM*, Dec. 1937.

　　旅行叙事研究学者尼古拉斯·克里福德对 1880~1949 年英美的中国旅行文本进行研究后发现，在 20 世纪初，对于一些旅行者来说：

　　　　如果是坐着火车、汽车和飞机等便利的现代交通工具，轻松地游历中国，还可享受现代旅馆，那么这样的中国，将不是真正的中国。①

　　那什么是"真正的中国"呢？尼古拉斯·克里福德认为，那些到中国的旅行者，仍然停留在早期西方人对中国的表述中，他们"回到马可·波罗那里，拥抱明清时代的耶稣会士，以及所有启蒙时代的中国风"。② 也就是说，"落后、闭塞、神秘"，符合他们的想象，激发他们探险欲与征服欲的地方，才是他们心目中的中国。然而，正如毕启所言，机车时代迟早要到来，"东方气质"总有逝去之时。"东方气质"的逝去，对于西方的旅行者来说，一则意味着优越感的丧失，二则意味着其所发现的只是"虚构的中国"，而非"真实的中国"。

　　尼古拉斯·克里福德归纳了西方旅行者寻找中国的"四条道路"。从时间上说，分别有历史之旅（让时光倒流，旅行

① Nicholas Clifford, "*A Truthful Impression of the Country*": *British and American Travel Writing in China*, *1880－1949* (The University of Michigan Press, 2001), p. 90.

② Nicholas Clifford, "*A Truthful Impression of the Country*": *British and American Travel Writing in China*, *1880－1949* (The University of Michigan Press, 2001), p. 52.

者"回到过去")、现实之旅（记录变化着的、正在现代化的中国）和未来之旅（想象未来中国）；从空间上看，是内地之旅，即旅行者深入内地，避开沿海城市。[①] 这里，克里福德的道路既是实体之路，也含象征之意。

对于《国家地理》的作者来说，到更为偏远的中国内地，到"未知之地"的中国西南，发现藤条桥、背茶客，是在空间上发现"真实中国"。而若要在时间上让时光倒流，可以说，所有的旅行者都找到了一个绝佳媒介——马可·波罗。马可·波罗是几乎所有西方人最喜欢的东方向导，是通向神秘历史的有效途径，是一个集多种功能于一身的象征符号，可以被随时召唤征用。

先来看一段埃德加·斯诺的描写。这位文笔风趣的作家在《马帮旅行》一书里，记录了从云南到缅甸的各种奇闻逸事。

当年忽必烈的蒙古骑兵扛着牦牛尾旗子，就是从这里浩浩荡荡出境，所向披靡，直捣孟加拉湾的。这些情节我是从马可·波罗游记里读到的。我就是因为读了数百年前马可·波罗关于他越过西藏高原的记述，才树立起雄心，要追随他的足迹，沿这条路线进入缅甸。"你们听我说，云南人是吃生肉的，"马可·波罗在书中写道，"就像我们吃经过烹调的肉一样。"马可·波罗可能说的

---

① Nicholas Clifford, "*A Truthful Impression of the Country*": *British and American Travel Writing in China*, *1880 – 1949* (The University of Michigan Press, 2001), p. 92.

是云南部落众多的土著。多少世纪以来，云南就像是中国南方的西伯利亚，是发配犯罪官员的去处。这也许就是这里的人为什么说北方话，而不是说中国南方方言的原因吧。自马可·波罗的时代以来，云南人的饮食习惯已经改变了，但在别的方面却没有多少变化，即使有的话，似乎也是变得更糟了。①

这段描写，极为典型地概括出马可·波罗对于后世旅人在时间上建构"他者"的重要功能。通过持续而系统地将他者置于与自己所处之"现在"迥然不同的时间点上，根本否定了两者的共存性。人类学家费边曾经指出，人类学知识往往通过将地理空间的差异转化为时间的差异，来对"异己"进行建构。② 旅行者同样如此，处处回到马可·波罗的时代，实际上也是在叙述一个"停滞了的帝国"。与此同时，评点世事变迁，对比中外古今，将马可·波罗所述与自己的田野所观做对比，旅行者彰显自己的在场感。

《国家地理》对马可·波罗非常偏爱，除了不同文章的频频引用外，还有两次大型的马可·波罗旅行线路的重访报道。第一次是1928年11月，希尔德布兰迪撰写了《世界上最伟大的陆路探险家》，与洛克的《卓尼喇嘛的生活》同期刊载。该文导语写道："马可·波罗深入极远之亚洲，发现了许多不

---

① 〔美〕埃德加·斯诺：《马帮旅行》，李希文等译，云南人民出版社，2002，第122页。

② Johannes Fabian, *Time and the Other*：*How Anthropology Makes Its Object*（New York：Columbia University Press, 1983），p. 30.

为欧洲人所知的异域，并为人类增加了不计其数的矿产、动物、鸟类以及植物知识。"①

第二次重访是在 2001 年，杂志助理编辑迈克·爱德华兹与世界著名摄影师麦可·山下历时三年，跨越十国，追随马可·波罗的足迹。他们从威尼斯出发，来到中国，又返回威尼斯。这次大型重访，《国家地理》以《马可·波罗：从威尼斯到中国》为总标题，在 2001 年 5～7 月的杂志上刊载了《马可·波罗历险记》《马可·波罗在中国》《马可·波罗：回家之路》三篇文章。②《马可·波罗在中国》主要讲述的是马可·波罗在中国境内的足迹："马可·波罗于 1271 年从威尼斯出发，历时两年，经过塔克拉玛干沙漠，到了中国。马可·波罗在中国度过了 17 年，当他返回家乡时，带回的故事震惊了整个欧洲。"③

是什么样的故事震惊了整个欧洲？我们在此以马可·波罗讲述的西南故事为例探知一二。根据《马可波罗行纪》（又译《马可·波罗游记》，以下简称《行纪》），马可·波罗在

① Jesse Richardson Hildebrand, "The World's Greatest Overland Explorer", *NGM*, Nov. 1928.

② Mike Edwards, photographed by Michael S. Yamashita, "The Adventures of Marco Polo", *NGM*, May 2001；"Marco Polo in China", *NGM*, Jun. 2001；"Marco Polo：Journey Home", *NGM*, Jul. 2001. "如此大篇幅、长时间的连载，对美国《国家地理》来说是史无前例的。"报道获得《国家地理》杂志最佳故事奖和最佳摄影奖。参见麦可·山下《重返马可·波罗之路》，湖南文艺出版社，2010。

③ Mike Edwards, photographed by Michael S. Yamashita, "Marco Polo in China", *NGM*, Jun. 2001.

元上都期间，曾受遣出使名为哈剌章的地方，去"处理一件重要国务"。据方国瑜考证，马可·波罗的这次云南之行，处理的便是元朝征缅之事。而其路线，"乃向西南行，道经山西、陕西、四川及西藏东部蛮荒之境而至云南，蒙古人当时称其地曰哈剌章"。①《行纪》中"马可之出使归来"一章记载："马可奉使归来，谒见大汗，详细报告奉使之事。言其如何处理一切，复次详述其奉使中之见闻。大汗及其左右闻之咸惊异不已，皆说此青年人将必为博识大才之人。"②

马可·波罗讲述的"大中华帝国"故事让欧洲人震惊，而他讲述的西南故事又让大汗及其左右"惊异不已"。威尼斯人认为马可·波罗的讲述有夸张的成分，而听到云南、暹罗、爪哇等地时，他们谴责他"完全是在发明"。但这样的故事，却成为《国家地理》反复引述之"历史"。希尔德布兰迪在一篇文章中对马可·波罗的西南故事进行了概括：

> 在那儿，在今天称为中国"野性西部"的地方，即国家地理学会远征队不畏艰难，冒险带回抗枯萎病的栗子树和杜鹃花种以及许多科学新数据的地方——马可·波罗沉着冷静，且行且观。
>
> 长江在他看来简直就是一片内陆海洋而非河流。有一次，他声称看到江上有5000艘大船，其运输能力大于基督王国的所有水路之总和。从成都继续西行，他经过

---

① 方国瑜、林超民：《〈马可波罗行纪〉云南史地丛考》，民族出版社，1994，第11、12页。

② 《马可波罗行纪》，沙海昂注，冯承钧译，商务印书馆，2012，第22页。

可怕的森林，遇到奇怪的部落，"此地之人无有取室女为妻者，据称女子未经破身而习与男子共寝者，毫无足重"。但是，马可强调："没有人敢与有夫之妇有何瓜葛，这是决不可违背之定律。"

在这些土著之中，马可发现了"巫师与占星家"，并认为他们是"世界上最巧之魔术师"，其最大灵异，"闻之见之足以惊人"，马可却忍而不述，因为深知没有人会相信，而且"盖人将大为惊异，而不得何种良好印象也"。

在与世隔绝的云南府，他遇到了聂斯托利派教徒；继续往西，到了大理府，他发现奇异的巫师用黑首羊为牺牲跳舞驱邪。男人皆以金装饰上下牙齿，并养育良马贩售印度。用白贝和盐作货币。

在这儿，他也发现了三十英尺长的毒蛇大蟒，"其口之大，足吞一人全身"。

他告诉多疑的威尼斯人，他所说的话，如白纸黑字，绝对可信，比如猎人捕蟒之法："蟒夜出求食，曳尾而行，猎人仅植猎具于其所过之道上，盖其逆知蟒必循旧道而归也。其法深植一桩于地，桩上置一铁，形同剃刀，锋甚锐利，然后以沙掩之，俾蟒行时不见此机。蟒所经行之处，植此种桩铁数具，蟒归时行其上，破腹至脐，立死。"

蟒胆极其珍贵，"设有为疯狗所啮者，用此胆些许，量如一小钱重，饮之立愈。设有妇女难产者，以相当之量治之，胎儿立下。此外凡有疾如癣疥或其他恶疾者，若以此胆些许治之，在一最短期间内，必可痊愈"。

马可的狱友们，听到这些，故意将头扭开，也许还带着点同情。①

曾将马可·波罗的云南之行及其所记整理著书的方国瑜与林超民认为，"《马可波罗行纪》在古代地理学史上，在亚洲历史的研究上，有着不可忽视的重大作用"。② 在《行纪》中，马可·波罗详细记载了所经之途的历史、地理、交往、经济及民族风俗等各方面情况，这些材料成为《国家地理》现代旅行者的指南，几乎人手一册。无论是毕启对成都"三王之国"的历史介绍，③ 还是在云南发生的鞑靼与缅军的马象之战，④ 无论是在成都城里跨过的一座石桥，还是行经某一乡村遇到饰有文身的乡民，⑤ "马可·波罗"都会适时出现。

我们可以看出，"马可·波罗"的在场，并不在于要证实

---

① Jesse Richardson Hildebrand, "The World's Greatest Overland Explorer", *NGM*, Nov. 1928. 此处引文为本书作者翻译，引文中引语部分对照采用冯承钧译本，参见《马可波罗行纪》，沙海昂注，冯承钧译，商务印书馆，第 248 ~ 275 页。

② 方国瑜、林超民：《〈马可波罗行纪〉云南史地丛考》，民族出版社，1994，第 9 页。

③ Joseph Beech, "The Eden of the Flowery Republic", *NGM*, Nov. 1920.

④ Frank Outram and G. E. Fane, "Burma Road, Back Door to China", *NGM*, Nov. 1940.

⑤ Mike Edwards, photographed by Michael S. Yamashita, "Marco Polo in China", *NGM*, Jun. 2001.

他确实到过中国，他书中所记确实为真，① 而在于用这一符号，去证实一个"神秘""野性""古老"的中国。《国家地理》里关于中国西南的第一篇重要文章《弓弩之地》，已开始使用马可·波罗这个符号。福雷斯特介绍怒江河谷的傈僳族"住在山间，下山播种和收割，经年累月，与马可·波罗到来时的岁月一样"。② 不变的还有市容市貌，地质学家钱柏林看到成都的布局及道路，"正是马可·波罗看到的样子，小溪穿城而过，一座石桥横跨其上"。③ 即使到了 20 世纪 40 年代，美国桥梁工程师纳尔逊走在新修的滇缅公路上，看到缺乏维护的生命线，不免感叹道："在许多地方，这条路不过是古老的马可·波罗道路的翻版。"④

　　周宁认为《马可·波罗游记》书写的是一个"大汗的大陆"，与其后的"大中华帝国""孔夫子的中国"一起，构成了西方关于中国"乌托邦形象"的三种类型。⑤ 但从马可·波罗呈现的中国西部（西南）形象中，我们看到的并非周宁

---

① Peter Jackson, "Marco Popo and His 'Travels'", *Bulletin of the Schools of Oriental and African Studies*, University of London, Vol. 61, No. 1 (1998). 该文认为，马可·波罗是否真到过中国，国际学界仍存在争议。其中最大的疑点有三：其一，马可·波罗的记述里没有长城、缠脚、喝茶等最明显的中国特征；其二，迄今没有在中国当时的文献中找到关于马可·波罗的确切记载；其三，马可·波罗声称参与的历史事件实际上在他到达之前一年即已结束。

② George Forrest, "The Land of the Crossbow", *NGM*, Oct. 1910.

③ Rollin T. Chamberlin, "Populous and Beautiful Szechuan", *NGM*, Dec. 1911.

④ Nelson Grant Tayman, "Stilwell Road: Land Route to China", *NGM*, Jun. 1945.

⑤ 周宁：《天朝遥远：西方的中国形象研究》（上），北京大学出版社，2006，第 6 页。

所言"凸显的是物质文明"的强盛之国，而是"原始落后"的野性西部。对这后一种形象的反复征用，既能激发现代欧洲人对中世纪的兴趣与想象，又可增加西方旅行者的优越感和使命感。

其实，历史人物被当作回向过去的媒介符号，尤其是在旅行文本中，马可·波罗并非孤例。14 世纪的阿拉伯旅行家伊本·白图泰，出生于摩洛哥，20 岁到麦加朝圣，从此开始到处游历，足迹遍布多个国家，其《伊本·白图泰游记》与《马可·波罗游记》齐名，成为旅行者到中东、阿拉伯世界旅行的"导游手册"。然而，当代阿拉伯裔学者琳达·斯提特研究了《国家地理》的旅行文本之后，认为现代旅行者喜欢追随这位 14 世纪旅行家的足迹，使阿拉伯世界似乎还停留在 600 年前，因此，现代旅行者"通过混淆语境，让我们以为我们看到的是 14 世纪前一个阿拉伯男人所看的，而非《国家地理》在 1991 年所见"。①

在无数"如同马可·波罗……"的表述中，一条"回向过去"之路被打通，现代旅行者在中国西南，通过马可·波罗的眼睛，看到了一个古老而又停滞的中国，在某种意义上，这是他们心目中的"真正的中国"。我们所要警惕的，是以"借古人之眼"叙述"停滞的"非西方世界这样一种片面甚至狡黠的叙事策略。

---

① Linda Steet, *Veils and Daggers: A Century of National Geographic's Representation of the Abra World* (Philadelphia: Temple University Press, 2000), p. 4.

第七章

亚洲战场上的滇缅公路

20 世纪三四十年代，若不是二战轰然而至，《国家地理》的读者也许还将在一幅幅藤条溜索与背茶客的图片中，神游在中国西南"偏僻""停滞"的时空里。然而，隆隆炮声打断了他们的远古想象，"马可·波罗曾行走过的西南丝绸之路，成为美国人所熟悉的滇缅公路"。[①]《国家地理》对中国西南第二次大规模的关注，来自一条抗击日本的物资供应线。

滇缅公路连接中国云南与缅甸，英语称为 Burma Road。当年连接中国与世界的运输大通道，包括（老）滇缅公路、史迪威公路和驼峰航线。[②] 由于滇缅公路关联着二战时盟军的中国战场，因此对这条路的报道实际上是二战报道的一部分。《国家地理》通过七篇专题报道（见表 7 - 1），关注这条路上的人文地理，考察滇缅公路的修建情况，滇缅边境的族群文化、地理情况等，并经由滇缅公路，观察战争为中国带来的

---

① Mike Edwards, photographed by Michael S. Yamashita, "Marco Polo in China", *NGM*, Jun. 2001.

② 本书在讨论"滇缅公路"时，未区分（老）滇缅公路、史迪威公路（又称利多公路或中印公路），而是统称为滇缅公路。

变化，评估战后中国将在亚洲乃至国际中承担的重要角色。

表 7 - 1　　《国家地理》对"滇缅公路"的报道

时间	标题	作者
1940.11	滇缅公路：中国的后门	英国记者弗兰克·欧特南和 G. E. 费恩
1942.09	中国打开野性西部	美国学者欧文·拉铁摩尔
1943.10	缅甸：印度与中国的交汇点	太平洋事务研究中心研究员约翰·克里斯汀
1944.03	中国六千英里自由行	美国作家约瑟芬·布朗
1945.06	史迪威公路：通向中国的陆路	美国桥梁工程师纳尔逊·泰曼
1946.08	昆明：中国的西南门	美军中尉约瑟夫·巴沙迪诺
2003.11	滇缅公路：鲜血、汗水与艰苦之路	作家多诺万·韦伯斯特

资料来源：笔者根据《国家地理》相关报道整理。

第一节　战时物资生命线

1940 年，《国家地理》刊出第一篇有关滇缅公路的报道《滇缅公路：中国的后门》，导读写道："正如古代的长城，成千上万中国人在高山峡谷间修建这条公路，是为了保卫自己的家园。"①

2002 年，美国作家多诺万·韦伯斯特重走滇缅公路，他

---

① Frank Outram and G. E. Fane, "Burma Road, Back Door to China", *NGM*, Nov. 1940.

将这条公路称为"鲜血、汗水与艰苦之路"，或者"地狱般的生命线"。韦伯斯特回顾了滇缅公路的修建背景。1937 年"七七事变"后，日军先后封锁了中国沿海，截断了中越铁路。为了保障国内抗日战场战备物资以及大后方的经济供应，一条起于云南昆明，止于缅甸腊戍的公路开始修建。这条公路与缅甸的中央铁路接通后，可直通仰光港口。而后，美国修建印度利多公路，道路修筑期间，从利多到昆明的物资全部通过驼峰航线运送。[①] 一些史学家认为，修建缅公路与抗战时期"以空间换时间"的策略有关。[②]

滇缅公路通车后，中国地貌学专家沈玉昌在《学生之友》上撰文，称滇缅公路为"中国之生命线"，在回溯了西南两千年的对外交通史后，他乐观地描述道："滇缅公路自昆明至腊戍，全程 1146 公里，六日可毕其程，自昆明开车第一日至楚雄，第二日至下关，第三日至永平，第四日至保山，第五日至芒市，第六日即可到达腊戍。……自腊戍至仰光铁道 903 公里。"[③]

1940 年，英国记者弗兰克·欧特南及其同伴 G. E. 费恩在《滇缅公路：中国的后门》中描述了此路的修建过程。欧特南与费恩选择了视察雨季中的道路情况。他们从缅甸出发，沿途经过无比危险的高山与峡谷，也遭遇了暴雨与季

---

① Donovan Webster, "Blood, Sweat, and Toil along the Burma Road", *NGM*, Oct. 2003.

② 〔美〕费正清、费维恺编《剑桥中华民国史 1912—1949 年》（下卷），中国社会科学出版社，1994，第 549 页。

③ 沈玉昌：《滇缅公路：中国之生命线》，《学生之友》1941 年第 3 期。

风,一路忍受着高温的折磨与毒蚊的叮咬,终于到达了云南保山,因连绵数天的大雨,脆弱的公路实在无法前行,最终未能到达昆明。但是欧特南与费恩仍然认为:"无论如何,这是一项无比伟大的工程,中国人可以为它骄傲!"①

1941 年,俄国人顾彼得受雇于国际援华组织"中国工业合作社"到丽江工作,他描述了滇缅公路昆明到丽江段的情形:"回忆在滇缅公路上的行程,常使我心中充满恐惧。这条公路虽然很了不起,维护得很好,沿途风光美丽,却是一条险恶的要命路。经过无数 U 字形急转弯,越过好几座高山,公路爬高了一万英尺左右,车子沿着令人头晕目眩的悬崖陡壁边沿前行。我第一次横越这条公路是在它刚修好后不久。我永远无法忘记无数重型卡车翻在深山谷底无法挽救的情景。在抗日战争期间,这条公路是给中国供应军用物资和货物的生命线。"②

道路艰险,修路更是险象环生。1940 年,英国皇家地理学会的《地理杂志》刊登了费子智的文章《滇缅公路》,兹摘译如下。

中国工程师须克服之困难,不仅来自大自然。因为云南西部,人烟稀少,劳工需从距公路百里以外招募而来。……劳工皆系山民,其中许多皆为少数民族,从未

---

① Frank Outram and G. E. Fane, "Burma Road, Back Door to China", *NGM*, Nov. 1940.

② 〔俄〕顾彼得:《被遗忘的王国:丽江 1941—1949》,李茂春译,云南人民出版社,2007,第 13 页。

见过有轮的交通工具，遑论汽车。机械工具概无一件；劳工完全用简陋的工具——锤子，在岩石嶙峋之山侧，开出道路。筑路所需碎石等，须用柳条篮筐从遥远河床背负而来；滚压公路之巨大石碾，亦用手工敲碎花岗岩而成。劳工工作地点在荒郊野外，远离哪怕是极小的村落，故只能在公路边，宿于用树枝草木搭成的营棚里。营地海拔又高，冬天夜里温度常在零度以下。①

美国作家多诺万·韦伯斯特在《国家地理》发表的《滇缅公路：鲜血、汗水与艰苦之路》一文中，称这条路是"一英里一人路"（a man a mile road），指修筑这条公里时，平均每英里死一人。②

1945 年，史迪威公路建成不久，《国家地理》即刊登了桥梁工程师纳尔逊·泰曼的文章《史迪威公路：通往中国的陆路》。纳尔逊·泰曼亲自参与了公路桥梁的设计与修建，在文中，他细致地再现了公路的修建情况与中缅边境的人文地理。纳尔逊·泰曼以自豪的心情夸耀，称史迪威公路是中国的新生命线，与老滇缅公路相连，"这是历史上第一条把印度北部与中国云南联通的全天候公路"。③

然而，历史总是出人意料。1945 年 6 月，纳尔逊·泰曼

---

① Patrick Fitzgerald, "The Yunnan–Burma Road", *The Geographical Journal* (Mar. 1940) Vol. 95, No. 3.

② Donovan Webster, " Blood, Sweat, and Toil along the Burma Road", *NGM*, Oct. 2003.

③ Nelson Grant Tayman, "Stilwell Road—Land Route to China", *NGM*, Jun. 1945.

还在设想史迪威公路的重要作用，两个月后，美国就以两颗原子弹结束了太平洋战争，也结束了史迪威公路短暂的使命。

今天，在云南的交通地图上，已找不到"滇缅公路"的道路标志，这条公路已被"320 国道""昆瑞公路"等取代。2002 年，多诺万·韦伯斯特重走滇缅公路，在从云南松山到昆明的老路上，他碰到一位 75 岁的放羊老人，这位老人年少时修过两年滇缅公路，他说："我知道它很出名，但它现在被忘记了。是的，它的弯弯拐拐太多了……我说，走新路去吧，把这条路留给山羊，留给过去。"[①] 韦伯斯特却写道："当我们理解了第二次世界大战亚洲战场上这段既艰难残酷又鼓舞人心，最终以辉煌的胜利而落幕的壮丽史诗之后，这条道路，又有谁能够忘记呢?"[②]

第二节 剪刀、"顶好"与"24 道拐"

道路促进交流，有益于新事物、新观念的传播与接受。《国家地理》的道路文本，从不同的角度传达出一个共同的主题：虽是战争年代，但这条路对不同人群的交流起到了桥梁作用。

在滇缅公路边上，有一个叫禄丰的云南村庄，以制作剪刀闻名，村民们用祖辈传下来的技艺制作出漂亮的剪刀。来

---

① Donovan Webster, "Blood, Sweat, and Toil along the Burma Road", *NGM*, Oct. 2003.

② 〔美〕多诺万·韦伯斯特：《滇缅公路：第二次世界大战中国－缅甸－印度战场的壮丽史诗》，朱靖江译，作家出版社，2006，序第 4 页。

云南视察的人类学家欧文·拉铁摩尔写道："但今天他们的剪刀做得更好了，原因是工匠们利用了美国的合金钢。"这些合金钢从何而来？原来是那些翻倒毁弃在滇缅公路边的美国卡车，被村民们拆散后捡回去的。在拉铁摩尔眼中，勤俭节约的中国老百姓，充分利用了西方物资，这种有效利用"使我们输送的东西价值倍增"。①

　　1945 年，美国桥梁工程师纳尔逊·泰曼也在史迪威公路上见证了中美人民的友谊。作者写道，美国士兵与云南村民在路上相见，双方语言不通，但云南村民会竖起大拇指，美军士兵也欢笑着同礼相还，"顶好"成为中美人民的通用语。②

　　1945 年 6 月，在《史迪威公路：通向中国的陆路》一文中，纳尔逊·泰曼用一张图片呈现了"蛇形一般"的"24 道拐"，成为史迪威公路的标志。纳尔逊·泰曼在文中对这张图片有一句有意思的说明："公路有许多急转弯，其中有一个长达 4 英里。中方人员看起来似乎不愿意让公路从那里的稻田中穿过。也许他们认为稻田比缩短几英里的路程更重要。"③ 这张照片充分体现了山势的险峻与道路的曲折。

　　但是，由于这张图片没有标注确切的拍摄地点，故人们一直以为它就在云南，但滇缅抗战史专家戈叔亚费心考察，最终证实"24 道拐"不在云南，而在贵州晴隆县。④ 如今，

---

① Owen Lattimore, "China Opens Her Wild West", *NGM*, Sep. 1942.

② Nelson Grant Tayman, "Stilwell Road—Land Route to China", *NGM*, Jun. 1945.

③ Nelson Grant Tayman, "Stilwell Road—Land Route to China", *NGM*, Jun. 1945.

④ 陈亚林：《更正半个世纪的"差错"：戈叔亚与"24 道拐"之"被发现"》，《黔西南日报》2011 年 12 月 3 日。

"24 道拐"被国务院公布为重点文物保护单位、贵州省爱国主义教育基地，成为贵州省红色旅游的重要组成部分。一位记者描述了滇缅公路及战争对贵州晴隆县的影响：

> 在这里，当年美国驻军的遗迹更是比比皆是。因了抗战，在落后闭塞的晴隆，有了许多历史上的第一次：第一次看见了美国人，第一次上演电影，第一次听到了马思聪在独奏音乐会上的演奏，有了第一家旅行社、咖啡屋、酒吧，有了吉他和小提琴，等等。这里的旅店，用了"大世界饭店""国际饭店""太平洋旅社"等远远超出自身意义的名称。……战争使这个西南边陲上虽然自古以来就是兵家必争之地但默默无闻的小镇，超常规地接触到了本应是若干年后才能接触到的事物。①

这样的表述耐人寻味。"落后闭塞"的晴隆，"因了抗战"而成为军事要地，接触到外面的世界，"有了许多历史上的第一次"。地方感的变迁，一方面与王朝地理观中的"一点四方"论有关，另一方面也与西方"拯救论"以及以西方为中心的"冲击—回应论"有关。

不同的视野建构出不同的"西南观"。按《禹贡》划分的"五服"结构，西南远离以京畿为中心的"王土"，是待开化与开发的"要服"或"荒服"。另外，由于中国西南与东南亚国家接壤，虽是"边陲之地"，却是连接"东南亚的枢纽"，因此受到西方列强的觊觎。西方列强很早就认识到了中

---

① 周军：《被历史迷雾湮没的"二十四道拐"》，《文史精华》2012 年第 11 期。

国西南交通的重要性。一百多年前，英国人 H. R. 戴维斯就
为英国在云南修建铁路而奔走，1894～1900 年，他先后四次
到云南徒步考察，研究修建滇缅铁路的可行性。戴维斯认识
到，"法国人正在修建的铁路不容置疑将对这个国家引进变
革"。① 学者张轲风认为，法国人于 1910 年修通的滇越铁路所
引发的变革是巨大的，甚至"为近代辛亥革命开启了大
门"。② 百余年后，有人类学者通过对滇越铁路的考察，发现
滇越铁路"带来的西方现代文明深刻地改变了……这个帝国
边缘的社会结构和生产模式，传入西方生活方式和信仰模式，
改变了边民社会生活，加速了边缘社会的文化变迁"③。

　　然而，无论是从中国的角度还是从西方的角度，上述观
点呈现的都只是中国西南的一个侧面。徐新建指出，要全面
认识西南，就需要超越"西南"一词的称谓局限，增加新角
度、扩展新视野，"如果我们把关注的聚焦点由东亚大陆的中
心地带即所谓'中原'移向西南本身，再由此向各方看去的
话，便会发现西南实际上是处于多方交融之中的一个巨大的
三角地"。④

　　这一视野的移向至关重要，能使我们从传统的"一点四

---

① 〔英〕H. R. 戴维斯：《云南：联结印度和扬子江的锁链——19 世纪一个英国
　人眼中的云南社会状况及民族风情》，李安泰等译，云南教育出版社，2000，
　前言第 2 页。
② 张轲风：《民国时期西南大区区划演进研究》，人民出版社，2012，第
　141 页。
③ 吴兴帜：《滇越铁路与边民社会现代性》，《百色学院学报》2015 年第 1 期。
④ 徐新建：《西南研究论》，云南教育出版社，1992，第 141 页。

方"论跳出来，以西南本身为焦点，去放眼"四面八方"。但是要真正具有这样的视野，还有漫长的路要走。1941 年，一位对中国边疆深有研究的美国学者来到了中国西南。他就是欧文·拉铁摩尔。这位边疆学者会在这里建立起怎样的西南观，又会产生什么样的影响呢？

第八章

中国打开"野性西部"

欧文·拉铁摩尔，一位从田野中获得声望与成就的人类学者，被认为是与费正清齐名的中国问题专家，1929～1944年，他在《国家地理》上发表了四篇文章，每篇文章突出书写的都是"道路"。从"通往新疆的沙漠之路"[①]，到东北"满洲的道路：现代与古老传统的冲突"[②]，再到由滇缅公路而"打开野性西部"[③]，最后思考"亚洲新路"[④]。这些路既是实在之路，又是一种象征与力量。他在《中国的亚洲内陆边疆》中，专门论及铁路的影响：

随着 20 世纪的到来，铁路出现了。这是整个中国体制中所没有过的经济与政治力量的新产物。而且，它反映了西方影响的进一步深入，即从商品贸易发展到外国

---

① Owen Lattimore, "The Desert Road To Turkestan", *NGM*, Jun. 1929.

② Owen Lattimore, "Byroads and Backwoods of Manchuria: Contrasts of Modernism and Unaltered Ancient Tradition Clash", *NGM*, Jan. 1932.

③ Owen Lattimore, "China Opens Her Wild West", *NGM*, Sep. 1942.

④ Owen Lattimore, "New Road to Asia", *NGM*, Dec. 1944.

资本的直接投资。铁路不但带来了经济上的干涉，而且还有直接或间接的政治干涉。①

俄国在中国东北修建铁路显然有政治考量，而在中国西南，由中国、美国以及二战同盟国共同修筑的滇缅公路，同样是地缘政治较量的结果。1942 年，拉铁摩尔在《国家地理》上发表文章《中国打开野性西部》，论述滇缅公路的打通、西南大后方的战略转移、昆明与重庆等城市的变革等，探讨大变革时代中国西南乃至中国的发展，在更为广阔的视野中，力图照见一个"四面八方"的新西南。

第一节　新西南：战火中的混杂生长

1941 年 7 月，拉铁摩尔受美国总统罗斯福派遣，作为蒋介石的政治顾问抵达重庆。同年 10 月，拉铁摩尔到云南省察看滇缅公路中国段的情况。他在回忆录中称："蒋派我去云南，这不是一次视察。蒋的想法是：到那边去受点教育。"②蒋介石希望拉铁摩尔去观察和了解云南的局势，以此判断日本对缅甸不断加压是否会导致英国在亚洲参战，从而判断罗斯福卷入这场战争的可能性与时间表。

1942 年，《国家地理》登载的《中国打开野性西部》便

---

① 〔美〕拉铁摩尔：《中国的亚洲内陆边疆》，唐晓峰译，江苏人民出版社，2010，第 97~98 页。

② 〔日〕矶野富士子整理《蒋介石的美国顾问：欧文·拉铁摩尔回忆录》，吴心伯译，复旦大学出版社，1996，第 120 页。

是拉铁摩尔以云南与重庆为中心，呈现自己在西南的所见所闻与所思。全文篇幅不长，共32页，配有两幅用黏土制作的地形模拟图，34张照片，其中包括一组名为"云之南"的彩照，照片由拉铁摩尔及弗兰克·欧特南等人拍摄。

文章一开始，拉铁摩尔就为读者描绘了一个战争年代里的宁静"后方"：

> 云南大理一座古老寺庙的大门旁，一个老妇人坐在阳光斑驳的古墙下。她面前放着一个杂货篮，里面摆放着香烟、火柴、针线头、小镜子、糖果，等着寺庙里进进出出的顾客。整个冬天，中国西南之省云南阳光普照。老妇人在美国加州般的阳光中与另一个妇人闲聊着。
>
> 这样的情景，千百年来可以在中国的任何一个角落里看到，除了老妇人背后的那面墙。
>
> 老妇人背后的墙上，有一张彩色宣传画。画的正中，一个士兵手持上了刺刀的步枪作杀敌状。士兵画在一团云彩里，意味着这一滇缅甸公路上的"战线"其实离真正的前线相对较远。左边是一幅农民犁田图，农民裤管高挽，吆喝着前面的水牛。这幅图大一些，表明农民的生活才近在眼前。右边写着大大的两排字："前方努力杀敌守土，后方努力耕种建设！"小小的落款表明这是"省立大理中学制"。①

拉铁摩尔接着描述在宣传墙附近有一队新兵，正在登上

---

① Owen Lattimore, "China Opens Her Wild West", *NGM*, Sep. 1942.

卡车，他们将沿着滇缅公路开赴前线。这条路"过去一直是祖辈赶着骡子徒步行走的狭窄小路，而这些原本生活在云南可爱小山村里的年轻农民，在中国与西方世界接触的近百年中，并没有受到什么影响。现在，他们要去面对的，是他们根本不认识的外国侵略者"。由于战争，中国打开西南大门，在拉铁摩尔看来，正是这片土地上的人民重新认识和思考自己命运的时候。

弗兰克·欧特南及同伴 G. E. 费恩写滇缅公路时曾提及中国东部和西部的距离："中国东、西部人民之间缺乏了解，这并不是因为他们缺乏了解的兴趣，主要在于这个国家如此之大，道路遥远，交通极其困难。"① 拉铁摩尔认为，中国"野性西部"意象的形成，其中固然有地理交通阻隔的原因，但还在于中国历史文学中有太多消极意象："在中国诗歌与历史中，野性西部充满了流放者与失落者悲伤的旋律。"②

徐新建教授在《西南研究论》里提到中国文化里特有的"一点四方"结构，这一结构既是地理的，又是文化的。在地理上，这一结构体现为以中原某地为中心点，向四周延伸，中心点既是出发的起点也是回归的终点；从文化上看，这一结构"以中原文化为本位，把周围四方称为蛮夷。这在表面上体现了以我划界的傲慢与偏见，而其根本上反映出的却是与中原农耕方式相联系的祖先血亲崇拜及其所产生的某种自

---

①　Frank Outram and G. E. Fane, "Burma Road, Back Door to China", *NGM*, Nov. 1940.

②　Owen Lattimore, "China Opens Her Wild West", *NGM*, Sep. 1942.

信心和排他性"。① 因此，古代文献中的西南充满"悲伤的旋律"，阻碍了人们的视野与步伐，这也给西南的发展带来了阻力。

1943 年，拉铁摩尔在《外交事务》上发表了重要论文《云南：东南亚的枢纽》。拉铁摩尔从地理、族群、经济等方面指出中国云南在东南亚所处的重要地位：

> 从地理上看，云南是中国与法属印度支那、缅甸地理上的边界。在南面，泰国的北部深深楔入，几乎要阻挡住缅甸与印度支那的连接。在西面，缅甸、印度东北与云南在荒野的高山丛林汇合，其边界甚至未被仔细测量。②

拉铁摩尔继而指出，对于正在孕育的、多样性的现代中国，云南虽处在边陲之地，却是强大的农业中国与正在加速工业化的中国之间的交汇之地。农业中国代表的是过去，而工业化中国在战争时期正逐步形成。

工业化中国是如何发展起来的呢？拉铁摩尔认为，在抗日战争时期，很多中国人从东部来到西部，"估计有四千万到六千万之多，即使在大移民时期，欧洲到美洲的人口也不曾有如此庞大的规模"。中国西南矿产丰富，尤其是煤与铁，对抗战时期和未来的工业化建设都必不可少。开发这些资源需

---

① 徐建新：《西南研究论》，云南教育出版社，1992，"总序"第 4~6 页。

② Owen Lattimore, "Yunnan, Pivot of Southeast Asia", *Foreign Affairs*, Apr. 1943, Vol. 21, No. 3.

要有知识有技术的"新人民",因此,在拉铁摩尔看来,"数百万难民的到来,并不是一种负担,相反,他们是这个国家正需要的新人民"。①"新人民"投入保家卫国的事业中,这是在中国历史上从未有过的,如修公路、铁路,建工厂等。拉铁摩尔参观了重庆的一个钢铁厂,该厂可以日产三十吨钢铁。"三十吨钢铁听起来似乎微不足道,尤其是在中国需要用它们来抗击拥有先进坦克、大炮和飞机的敌人的时候",但是,"哪怕再少,也聊胜于无,如果不能自力更生,就连这三十吨钢铁都要依靠滇缅公路从外国运过来!现在,就在这儿,在重庆,有月产九百吨的钢铁可以使用了"。因此,无论是防空洞里自产的武器,还是在战火纷飞中依然坚持着的纺织业,在拉铁摩尔看来,都在"加速中国的全面觉醒"。

与此同时,《国家地理》还塑造了战争中兴起的"现代城市"。以云南昆明为例。美军中尉约瑟夫·巴沙迪诺在《昆明:中国的西南门》一文中展现了昆明的变化,他首先回顾历史:"几个世纪以来,整个云南省,包括高原上的昆明,一直是流放犯人的地方",但是现在,这座城市充满了令人眼花缭乱的新景象:美国士兵的俱乐部、昆明的夜生活、乞丐街

① 拉铁摩尔此文写于 1942 年之前。据相关学者研究,流落到中国西部的难民,其人数无法确定,一些学者估计高达 5000 万,而白修德在《寻找历史》中却认为难民数字是被严重夸大了的。参见费正清、费维恺编《剑桥中华民国史:1912—1949 年》(下卷),中国社会科学出版社,1994,第 561 页脚注。谢和耐提到"1938 年末至 1939 年中,遭受日本空军猛烈轰炸的内地老城重庆,居民人数从 20 万猛增至 100 万"。见〔法〕谢和耐《中国社会史》,黄建华、黄讯余译,江苏人民出版社,2010,第 535 页。

与银行街、从滇缅公路上流出来的美国货、昆明的黑市等。混杂景象的根源，在于"不变"的东方遭遇了"求变"的西方：

> 很少有哪个中国城市像昆明这样如此猛烈地暴露在西方观念与物质之下。不多的现代建筑不协调地分布在中世纪的圆形门、浪漫的宝塔和曲线屋顶之间。这些具有西方式样和功能的建筑虽然发展缓慢，但还是在昆明的小巷、弯曲的街道里出现了。①

在这篇文章的配图中，昆明银行大楼耸立于昆明街角，下面有一行文字说明这是一座"像美国塔楼式的六层建筑"。作者写道："五年以前，还没有人能预料到这个原始的城市会在战时飞速发展。虽然依靠战争的繁荣也许不能持续，但中国人有信心使昆明持续发展。由中国银行投资的新的水电站已在规划与建设中，新矿厂、轻工业工厂如雨后春笋般涌现。现代战争给中国留下了难以磨灭的印记。"②

华裔汉学家王国斌在《转变的中国：历史变迁与欧洲经验的局限》一书里，分析了民族主义与民族国家的形成。他认为，在欧洲，建立民族认同感被视为民族国家形成的一部分：当人们形成一种更有强制性，而且与国家相一致的社会

---

① Joseph E. Passantino, "Kunming: Southwestern Gateway to China", *NGM*, Aug. 1946.

② Joseph E. Passantino, "Kunming: Southwestern Gateway to China", *NGM*, Aug. 1946.

结构时，国家就取代家庭成了个人效忠的主要对象。① 虽然欧洲经验在中国存在局限，但在战时，这是《国家地理》对中国报道的基调：中国人的国家认同感在战火中增强。

当然，在书写工业化中国时，拉铁摩尔也未忽视还有一个"古老的"中国："在中国，你随时随地都会感觉到，你正生活在一个古老而又年轻的国家，千年历史总要在点点滴滴中渗透出来。"在弗兰克·欧特南和 G. E. 费恩的《滇缅公路：中国的后门》一文中，一幅题为"古老的保山城里的汽车"的图片，将年轻与古老两种符号放在同一画面中：汽车与小脚。这张照片的说明文字：

> 在滇缅公路上，卡车已是常见之物，但小轿车仍然很新奇。同样不寻常的是这位在看稀奇的缠足妇女。但是如今，中国上层家庭已破除了女孩子缠足的传统习俗，只在偏僻地区仍保留着这一习俗。②

对于新与旧的冲突，拉铁摩尔表达了乐观看法。他说："一个人可能是文盲，但他有很多民间故事、传说、民歌与风俗在脑海中，他了解自己的宗教与家族史。给他读与写的能力，给他工具与机器，他将发生化学变化！他将立即变成一个 20 世纪的现代人，而他身后，又有着历史的积淀与锤炼。"

---

① 〔美〕王国斌：《转变的中国：历史变迁与欧洲经验的局限》，李伯重、连玲玲译，江苏人民出版社，2010，第 142 页。

② Frank Outram and G. E. Fane, "Burma Road, Back Door to China", *NGM*, Nov. 1940.

拉铁摩尔甚至用这种"化学变化"来鼓舞美国人民："它也将给我们自己一种新的力量，因为我们也处于战争中，这样的化学变化向我们表明：建立与创造新事业的力量，将战胜一切破坏性力量。"①

　　在战争时期，《国家地理》如此集中书写一个"现代化"的西南，其意义与影响何在？文学批评家史书美在《现代的诱惑：书写半殖民地中国的现代主义（1917—1937）》一书中，全面考察了民国时期中国文学中的现代主义。在论述现代主义与上海时，史书美指出，在1937年之前的十年，上海是一座被整合进全球经济的半殖民地城市，而都市化同时也是半殖民主义的副产品。② 如果说上海的"现代性"书写被视为"殖民耻辱和殖民剥削的象征"，那么，抗战时期的西南则不同，《国家地理》虽然对其进行"现代化书写"，文本含义却较为复杂与模糊。一方面，战争中兴起的"现代化城市"，或多或少带有西方国家的影响痕迹。另一方面，二战时，中国与英、美一样是世界反法西斯同盟国，《国家地理》对中国（尤其是西南）的现代化、工业化书写，是同盟国抗战叙事的一部分。如此书写策略，是在建构一个"新国家"（尤其是"新西南"），并将之纳入"新亚洲"的体系中去论述。

------

① Owen Lattimore, "China Opens Her Wild West", *NGM*, Sep. 1942.
② 〔美〕史书美：《现代的诱惑：书写半殖民地中国的现代主义（1917—1937）》，何恬译，江苏人民出版社，2007，第263～264页。

第二节 "新亚洲": 扩大的地平线

拉铁摩尔考察滇缅公路以后, 1942 年在《国家地理》上发文称, 这是中国"自己决定开辟一条连接外部世界的新路", 而这条新路如此重要, 可以说, "世界上只有两条海上交通线的重要性能与这一新陆路相提并论: 苏伊士运河与巴拿马运河"。[1]

滇缅公路如此重要, 正如《国家地理》的另一篇文章《缅甸: 印度和中国的交汇点》指出的, "伟大的中国与印度携起手来", 文章引用了林语堂的比喻, "亚洲的神秘主义者印度, 将与绅士中国, 联合起来共同打败亚洲武士日本"。[2] 在乐观的展望中, 拉铁摩尔指出, 这条路将世界上最大的人类群体紧紧相连: "印度有 3.89 亿人口, 中国有 4.5 亿人口, 如果再加上缅甸、泰国、法属印度支那的数百万人, 这些国家与中国西南相接, 这就意味着历史上第一次通过陆地交通将最大的人类群体连成了一个整体, 并且新技术的发展使其交流更具活力。"虽然历史上这个区域早就有宗教、哲学、手工艺品等文化与物质交流, 但在滇缅公路及其他公路、铁路、航线等建成之前, 交流是不可能如此直接和快捷的, "这也意味着, 除了这些民族本来已共享的思想感情之外, 新的、共

---

[1] Owen Lattimore, "China Opens Her Wild West", *NGM*, Sep. 1942.

[2] John Lerov Christian, "Burma: Where India and China Meet", *NGM*, Oct. 1943.

同的理念正在形成"。①

这个正在形成的共同理念就是"新亚洲"。

> "亚洲"一词表示的是一片广大区域，其内部所具之差异性，正如其共同性，广泛而巨大。亚洲自成一体，却又如此松散。
>
> 从现在起，亚洲将成为一个更紧密的、更巨大的共同体。引导这条路的，是一个亚洲国家——中国。
>
> 这个新亚洲，对于数十亿亚洲人民来说，将迥异于日本引导的亚洲，后者是一个在最无情的军事统治下的冷酷帝国主义国家。
>
> 这就可以解释为何今日之中国是世界上最富魅力的国家。你可以看见一个正在扩展的地平线，不是通过侵吞他国的领土，不是通过征服异国人民，而是通过扩展人的思想观念，拓展人的解放与自由之途，增加建设与创造新机会的可能性。②

拉铁摩尔在《国家地理》上表述的"新亚洲"观，在当时打开了西方世界认知中国与亚洲的新思维。在此后发表的《云南：东南亚的枢纽》、《亚洲的决策》、《亚洲的局势》以及《中国简明史》等论著中，拉铁摩尔对于战后世界格局的思考逐渐成体系。拉铁摩尔的"新亚洲"观包含两个核心部分：中国在亚洲与世界中的地位，亚洲自己决定自己的道路

---

① Owen Lattimore, "China Opens Her Wild West", *NGM*, Sep. 1942.

② Owen Lattimore, "China Opens Her Wild West", *NGM*, Sep. 1942.

与命运。

第一，中国在亚洲与世界中具有举足轻重的地位。

在 1943 年写的《云南：东南亚的枢纽》一文里，拉铁摩尔从云南的地缘政治地位出发，论证中国在亚洲和世界中的重要性。云南的枢纽地位体现在"从云南这一分界线，一边是自治的中国，另一边是尚未能自治的亚洲殖民地"。中国对"另一边"的示范作用非常重要，"它的重要性，也许是因为它在社会、经济和政治发展上为亚洲其他地区树立的榜样，或者是它支持东南亚的邻居争取自由独立，无论这种支持是道义上的还是别的什么"。①

对西方世界的民众来说，中国对亚洲乃至世界负有积极的"责任与义务"，这并非不言自明的观念与事实。相反，他们此前了解更多的，乃是日本人宣称的"大东亚共荣圈"以及日本的"亚洲责任说"。早在 1905 年与 1906 年，《国家地理》就两次全文刊登了日本外交官日置益（Eki Hioki）在美国的演讲。1905 年在《英日同盟的目的》一文里，日置益大谈日本是一个"热爱和平"的国家，日本与中国的贸易以及对中国的"治理"，是一种互惠行为，能使中国"更强大、更富裕、更有尊严"，而英日同盟的目的就是保护"中国的完整性"（不让俄国独占），从而维护中国的开放政策与美国提出的最惠国待遇。关于日本在亚洲所负之责任，日置益说，日本保证各国，尤其是美国，在中国的"自由贸易"权益不受

---

① Owen Lattimore, "Yunnan, Pivot of Southeast Asia", *Foreign Affairs*, Vol. 21, No. 3., Apr. 1943.

侵犯。① 1906 年，日置益又以"日本、美国与东方"为题发表演讲，申明尽管日本在"日俄战争"中取得大胜，日本成为亚洲大国，但绝不会"染指美国在菲律宾的利益"，而且将一如既往地确保中国的开放政策，并保证列强在中国的共同利益与公平机会。总而言之，日置益表达的是，太平洋的三大强国——日本、美国与英国，应该仔细研究如何合作共享尚未开发的东方。②

事实证明，日本的"和平"保证是其图谋世界的谎言与策略。拉铁摩尔在《亚洲的决策》一书里写道："美国人，欧洲人也一样，在接受某些日本人所告诉他的关于日本的意见和解释时，总误认为他已从唯一的日本人方面获得了唯一的正确答案……他们使美国人把日本当成一个可靠的国家——在扩张着，当然，稳定而强固。"③直到太平洋战争爆发，日本的"亚洲责任说"才彻底暴露其侵略野心。此时，中国的重要性显现出来，历史学家入江昭认为："太平洋战争将中日冲突和日美战斗融为一体，使中国成为反轴心大同盟中的一名老资格成员。自 1931 年以来，中国人第一次能感到他们真正是全球性联盟的一部分。"④

在拉铁摩尔的新亚洲体系中，中国被强调为对世界安全

① Eki Hioki, "The Purpose of the Anglo – Japanese Alliance", *NGM*, Jul. 1905.

② Eki Hioki, "Japan, America and the Orient", *NGM*, Sep. 1906.

③ 〔美〕拉铁摩尔：《亚洲的决策》，曹未风译，商务印书馆，1962，第 84、85 页。

④ 〔美〕费正清、费维恺编《剑桥中华民国史：1912—1949 年》（下卷），中国社会科学出版社，1994，第 527 页。

与和平稳定负有真正责任且具有相应能力的大国。在 1947 年写作的《中国简明史》中，拉铁摩尔在序言里明确指出，中国是今天世界上最重要的国家之一，"如果中国的情况好起来，那么亚洲的情况也会好起来；如果中国的情况坏下去，那么亚洲的情况也会坏下去"。原因就在于，中国"既没有像印度那样完全受帝国主义统治，也没有像日本那样变成侵略别人的帝国主义势力"，因此中国成为"争取自由的亚洲殖民地国家中突出的先驱国"。虽然中国还需要很长一段时间才能作为十足的强国与三大强国（美、俄、英）并列，"但是在最近的将来，中国比三大国中的任何一国都有更为有利的机会在亚洲殖民地地带建立起威信和领导地位"。①

第二，亚洲自己决定自己的道路与命运。

"新亚洲"观的第二个核心部分就是"亚洲自己决定自己的道路与命运"。中国在亚洲的威信和领导地位，使这一决定权与责任首先落在中国身上。在《中国打开野性西部》一文中，拉铁摩尔就认为，滇缅公路的开通，完全不亚于一场革命，它意味着"仍然落后的亚洲"的开放和发展，而在此之前，这被认为是强大的西方国家（包括日本）的责任，"现在传递到了中国的身上"。② 而中国的责任，是带领亚洲走向独立、解放与自主之道路。他在《亚洲的决策》一书中反复说：

> 几百年来，亚洲这个区域，它的几万万人民的政治

---

① 〔美〕拉铁摩尔夫妇：《中国简明史》，陈芳芝、林幼琪译，商务印书馆，1962，第 3、136 页。

② Owen Lattimore, "China Opens Her Wild West", *NGM*, Sep. 1942.

历史和经济命运都决定于亚洲以外别的地方所发生的情况。我们现在却跨入了一个新的时期，这时亚洲所发生的情况，在亚洲所形成的意见，和在亚洲所做的决定，反而大致决定着世界各地事态的演进。……

我们不能认为美国人能替亚洲画出一个权威的蓝图。我们不能认为亚洲会依循一条对我们最理想称意的途径发展。如果我们的确很灵巧，我们是有充分力量影响亚洲的。但是还有许多其他有力的倾向，不管我们愿意与否，会影响亚洲事态的发展。我们和亚洲的关系是相互的关系。如果亚洲对我们是一个问题，我们对亚洲也是一个问题。①

多年以后，美国学者巴巴拉·塔奇曼在《史迪威与美国在华经验》一书中，表达了相同的观点。塔奇曼总结了史迪威在中国的失败后，提出了一个问题：如果当时让史迪威改组国民党军队，中国是否会有不同的命运。对这个问题，塔奇曼自己有清醒的认识："亚洲若是西方手中的泥土想捏成什么就捏成什么，上述设想就可能成为现实了。但是，'革新主张'——无论是史迪威还是其他人的——都是无法从外部强加给亚洲的。"②

塔奇曼和拉铁摩尔等中国问题专家认为，中国与亚洲的

---

① 〔美〕拉铁摩尔：《亚洲的决策》，曹未风译，商务印书馆，1962，第3、16页。

② 〔美〕巴巴拉·塔奇曼：《史迪威与美国在华经验》，陆增平译，商务印书馆，1984，第771～772页。

道路，要靠中国与亚洲自己去决定。而美国的责任，是"在美国与世界的关系中间，对亚洲政策予以最优先的考虑"，① 必须"使中国获得稳定和进步，成为一个真正独立的国家，"而中国要成为一个真正独立的国家，"就必须既不依赖于美国，也不依附于俄国和其他列强"。②

今天，历史早已翻开新的一页。亚洲各国早已纷纷独立，中国在世界新格局中的地位与作用已不容置疑。中国用坚实的发展实践证明，中国有信心、有能力自己决定自己的道路，也有为亚洲与世界带来和平昌盛的担当与能力。

本编小结

美国《国家地理》杂志，在20世纪上半叶集中关注中国西南的道路。早期植物猎人及传教士等来华西人，无不对中国西南道路的"匮乏、艰险与肮脏"进行反复书写与传播，其中《国家地理》里的"藤条桥"与"背茶客"更代表20世纪初"封闭"与"落后"的西南，表征"东方气质"的中国。借助马可·波罗这一历史符号，《国家地理》将读者带到一条"回向过去"的道路上，叙述的是神秘而停滞了的中国。

太平洋战争爆发后，在对抗法西斯暴行的战争中，中国成为世界反法西斯同盟中的一员。《国家地理》此时对中国的关注，带着对中国人民英勇抵抗精神的敬佩与支持。中国与

---

① 〔美〕拉铁摩尔：《亚洲的决策》，曹未风译，商务印书馆，1962，第136页。
② 〔美〕拉铁摩尔夫妇：《中国简明史》，陈芳芝、林幼琪译，商务印书馆，1962，第139页。

多国共同修建的同盟国物资通道——滇缅公路，成为《国家地理》报道中国西南的第二个聚焦点。围绕滇缅公路而表达的"亚洲战场上的史诗"，实际上包含了对于中国西南、中国与亚洲命运的重新认识。以拉铁摩尔为代表的西方学者认为，一个集传统积淀与现代发展的"新国家"将在战争中自立自强起来，新的地平线与新视野，要求美国等西方国家重新反思亚洲局势与政策，慎重研究如何建立一个和平共处、平等相待的世界新格局。

当然，战争时期《国家地理》及部分西方学者的新观念，固然有助于世人打破成见与偏见，建立新的中国观与世界观，但西方叙事文本里隐含的西方中心主义的逻辑与策略，我们也不可不察。

道路已经打通，新的地平线在无限延展。在全球化、地球村时代，中国西南与中国的发展，与世界更加密不可分。此时，《国家地理》对中国西南的关注，伴随一个寻找"香格里拉"的梦想而来。

生态文明：理想乐土与现世家园

美从来就是一种脆弱的东西，只能存在于那种能够维护脆弱的地方。

——詹姆斯·希尔顿

第九章

寻找"香格里拉"

1988 年,《国家地理》迎来创刊一百周年,在这一年的 11 月,刊出的是"探索地球"专辑,集中报道喜马拉雅山这一"人类脆弱的摇篮"。① 紧接着的年末特刊"濒危地球",杂志封面一改其经典的黄色边框,而是淡蓝色的地球漂浮在无边黑夜中,地球下面只有一句浅淡的黑底蓝字:

> 在杂志即将进入第二个世纪时,我们要问的是:人类能够拯救这个脆弱的地球吗?②

谁也无法给出答案。但是早在半个世纪之前,英国小说家詹姆斯·希尔顿,虚构了一个"香格里拉"(Shangri-La),正好位于《国家地理》称为"脆弱的摇篮"的喜马拉雅山脉,在那遥远、隐秘而宁静的山谷里,贮存着人类的知识、文明乃至种族之精华,世界大摧毁之后,黑暗时代过去,香格里拉就会成为新世界的诞生地,迎来新的黎明与复兴。

---

① "Exploring the Earth", *NGM*, Nov. 1988.

② "Endangered Earth", *NGM*, Dec. 1988.

从此以后，"香格里拉"就成为"人类所有避世之地的代名词"。①

自 20 世纪 50 年代起，"香格里拉"成为喜马拉雅山脉上众多国家和地区竞相争夺的符号和旅游资源，无数"香格里拉"如雨后春笋般从虚境落入凡尘。2009 年 5 月，《国家地理》的记者来到中国云南迪庆藏族自治州一个原本叫中甸的县城，这个县城是世界上唯一由政府授权更名为"香格里拉"的地方。在这里，他们看到了什么呢？

第一节　"香格里拉"诞生记

20 世纪 30 年代，世界正在战火纷飞，生灵涂炭。1933 年，英国作家詹姆斯·希尔顿以一部小说《消失的地平线》，为渴望慰藉的众生提供了希望之光，这就是香格里拉之梦。按照《国家地理》记者马克·詹金斯的说法，"结合小说家的想象与西藏的神话，加上少许约瑟夫·洛克的见闻和对世外桃源的强烈渴望，写作《消失的地平线》的各种味料就齐全了"。②

这是一个怎样的乌托邦故事呢？

小说其实很简单，讲述在 1931 年，英国殖民地印度的一

---

① Felicia F. Campbell, "Shangri‐La: Utopian Bridge between Cultures", *Utopian Studies*, 3（1991）86–91.

② Mark Jenkins, photographed by Fritz Hoffmann, "Searching For Shangri‐La: Two Visions of the Future Compete for the Soul of China's Western Frontier," *NGM*, May 2009.

个虚构的城市发生暴乱，英国领事一行四人坐飞机逃离，飞机遭到绑架，降落在喜马拉雅山脉西藏高原一个山谷里。绑架飞机的年轻人在临死前指引他们去寻找"香格里拉"。

> 他说的那口汉语我不太懂，但他好像提到沿着这山谷，附近有一座喇嘛寺，我们可以到那儿弄些吃的东西，避避风寒。他把它称作香格里拉。在藏语中"拉"是"山中隘道"的意思。他认为我们应该到那儿去。①

就在这些语不惊人的句子里，"香格里拉"第一次出现在了人类的语言与梦想中。然后，领事一行果然来到这个叫香格里拉的喇嘛寺（the lamasery of Shangri - La）里，他们发现这里并不是想象的野蛮之地，而是不仅有东方的美丽与灵性，更有西方的物质文明与精神宝藏。主掌香格里拉的神秘人物已有 250 岁，他原是出生于卢森堡的聂斯托里派基督教传教士，追寻着中世纪"约翰长老的传说"到远东传教，最终在信奉佛教的蓝月亮山谷建起一座香格里拉喇嘛寺。这位"最高喇嘛"看到世界在走向毁灭，他要竭尽全力为人类留下一个将来重生的文明宝库。

> 他感觉似乎所有美好的事物都是那么难以把握，稍纵即逝，而战争、贪欲和野蛮的暴行时时都在摧毁着这些美好的东西，总有一天它们会被毁得一干二净。……

① 〔英〕詹姆斯·希尔顿：《消失的地平线》，白逸欣、赵净秋译，云南大学出版社，2007，第 63 页。

他目睹过那些强盛的国家，不是依靠智慧而是采取疯狂掠夺的手段不断壮大，这一切必将使国家走向毁灭；机械的威力在不断膨胀，已经到了随便一个全副武装的人就足以抵挡整个路易十四军队的地步。他预感到人们将会把大地和海洋都变成人类文明的废墟，然后他们就开始开发太空……他还预言有一天，人类会为杀人武器的进步欣喜若狂，这种技术会使全世界都狂热起来，人类的一切珍宝将要面临巨大的危险，书籍、艺术，所有和谐、美好的事物，两千多年来人类的精美的艺术珠宝都会在瞬间被彻底毁灭。①

被绑架来的西方客人们最终选择了逃离香格里拉，就当自己做了一个"缥缈的梦"。然而这样一个梦，却不经意间成为芸芸众生共同的梦想与追求，拥有了时间无法抗衡的魅力。那么，香格里拉到底为何能成为人类梦想的栖居地呢？

在《消失的地平线》一书中，有几个要素，这就是宁静、适度、文明和多元宗教。物质文明和精神文明的富足是香格里拉的基石，多元宗教和谐共存是其与生俱来的特质。而"适度"，是香格里拉奉行的信仰，"我们的信仰是奉行适度的原则。我们一直提倡的美德，就是杜绝那些过激的言行，美德本身也是一个'度'。并且我们也赞赏适度的教权及其管辖下的教徒。我们的人民过着适度节俭的生活，适度地保持纯

---

① 〔英〕詹姆斯·希尔顿：《消失的地平线》，白逸欣、赵净秋译，云南大学出版社，2007，第170、171页。

洁，并且适度地做到诚实厚道"。① 上述特点成就了香格里拉最吸引人的力量：宁静。宁静不仅指自然环境的安宁静谧，而且指向人的心灵与心境。这部小说表达"宁静"的词语很多，如 calm，tranquil，soothing，serene，unruffled，cold，quiet，quench 以及一些谚语——"激情燃尽后才是智慧的开始"，等等。总的来说，香格里拉，实际上就是人们在历尽沧桑、世事浮沉后，最为渴望的心灵家园。

然而，希尔顿这部小说自诞生之日起，也引发了不同的论争与诠释。据考察，《消失的地平线》是第一部将故事地点主要放置在涉藏地区的西方小说。② 但这部描写东方世外桃源的文学作品却受到很多批判，批判小说中流露的"东方主义"意识形态。

在香格里拉，不仅最高喇嘛来自卢森堡，他所绑架来的接班人来自英国，而且他认为香格里拉应该储存的人种基因库，"最佳目标，是欧洲的日耳曼人和拉丁人"。③ 两位学者蒂埃里·多丁和亨茨·拉瑟在其主编的《想象西藏：观念、投射与幻觉》论文集中指出，《消失的地平线》描述了两个相区别的阶层组成的社会：喇嘛阶层和当地人阶层。喇嘛阶层

---

① 〔英〕詹姆斯·希尔顿：《消失的地平线》，白逸欣、赵净秋译，云南大学出版社，2007，第 88 页。

② Peter Bishop，"Not only a Shangri - La：Images of Tibet in Western Literature"，in Thierry Dodin & Heinz Räthe，eds.，*Imagining Tibet：Perception，Projections，and Fantasies*（Boston：Wisdom Publications，2001），p. 208.

③ 〔英〕詹姆斯·希尔顿：《消失的地平线》，白逸欣、赵净秋译，云南大学出版社，2007，第 164 页。

是白人精英，代表着智慧和高雅；而当地人阶层，是由藏族人构成的苦力（轿夫）和农民，他们从事琐碎无意义的工作。因此，论文集里有学者指出，19世纪后期以西藏为主题的文学作品，很少用到"真正的"藏文化材料。相反，西藏只是西方英雄故事的一个异域背景，有些西方作家或许会更进一步，把西藏处理为积极正面的象征，却是在剥离"藏族性"之手法上。①

学者们对香格里拉承载的内涵与外延做了多角度解说。比如汪晖和周宁都认为它有典型的东方主义幻影或乌托邦理想之一面；②而洛佩兹在《香格里拉的囚徒》一书中，认为香格里拉实际上是"想象西藏"的牢笼。该书分析了七大案例，包括一个名称（"喇嘛教"）、一部作品（《西藏度亡经》）、一个人物（Jamyang Norbu，美国人，又名洛桑然巴）、一套咒语（"六字真言"）、一门艺术（藏传佛教艺术）、一个领域（藏传佛教研究）和一座"监狱"（流亡政府的藏传佛教信仰），从这些案例中梳理西方对西藏知识与想象的谬误，论述西方人对西藏的想象使其沦陷为"香格里拉的囚徒"。③坎贝尔在《香格里拉：跨文化的乌托邦之桥》中，认为"香

---

① Thierry Dodin & Heinz Räthe, "Imaging Tibet: Between Shangri-La And Feudal Oppression", in *Imagining Tibet*: *Perception*, *Projections*, *and Fantasies*, edited by Thierry Dodin & Heinz Räthe (Boston: Wisdom Publications, 2001), p. 407.

② 汪晖：《东西之间的"西藏问题"》，生活·读书·新知三联书店，2011；周宁：《龙的幻象》（上），学苑出版社，2004。

③ Donald S. Lonpez, *Prisoners of Shangri-La*: *Tibet an Buddhism and the West* (The University of Chicago Press, 1998).

格里拉"尽管与"香巴拉"有区别，但从香格里拉到香巴拉，实际上建立了一座连接东西文化的桥梁，是通向"香巴拉"王国的朝圣之旅或文化桥梁；[①] 徐新建指出，在有关"香格里拉"的诸多论争中，其实还隐藏着连接宗教和世俗两条不同的路线，前者指向基督教有关遥远东方的古老期待，后者则通往现世的文化讨论及经济开发。[②] 香格里拉在召唤出人类对理想家园向往的同时，它的宗教性（神圣性）越来越被误读与忽视。

学术领域的讨论对我们反思"香格里拉"里隐含的东方主义幻影极为重要，然而在现实人间，人们对香格里拉的热情却丝毫不减。从 20 世纪 50 年代起，在官方旅游宣传或传媒表述里，印度、尼泊尔、巴基斯坦、不丹等国的许多城镇，都先后入选为人们心目中的香格里拉。《国家地理》是生产"香格里拉"的重要媒介，如《木斯塘：尼泊尔的遥远王国》（1965）、《徒步罕萨河谷》（1975）、《在遥远的不丹王国：生活在慢慢改变》（1976）、《拉达克：最后的香格里拉》（1978）等文章，[③] 都为当地掀起阵阵旅游热潮。所以，在《香格里拉：喜马拉雅山梦想之旅游指南》一书中，作者麦克·巴克利直接认为，与其说希尔顿受《国家地理》的影响，不如说

---

① Felicia F. Campbell, "Shangri – La: Utopian Bridge between Cultures", *Utopian Studies* 3 (1991): 86 – 91.

② 徐新建：《"香格里拉"再生产：希望世界的现实化》，《民族艺术》2015 年第 1 期。

③ 参见 Michael Buckley, *Shangri – La: A Travel Guide to the Himalayan Dream* (The Globe Pequot Press Inc., 2008)。

《国家地理》受希尔顿的影响更大些——自从 20 世纪 40 年代起，《国家地理》的很多文章主题都是"最后的香格里拉"，或是这一主题的变体。[①]

如果上述地区赢得"香格里拉"之名主要因其地理条件、自然环境与人文气质的话，那么与之相比，中国西南的很多地区，也是当之无愧的胜地。中国地质大学的徐柯健博士，根据香格里拉生态旅游区总体规划，整理出一份国内"香格里拉"名单，其中包括云南迪庆、丽江、怒江州贡山县的丙中洛和四川稻城、西藏昌都以及甘肃甘南等。[②]从这份名单，可以看出中国西南乃至整个西部的自然环境与人文内涵，值得珍惜与爱护。如被正式更名为"香格里拉"的云南中甸，其境内雪山林立，江河纵横，湖泊众多，草甸辽阔，花草丰茂，水资源丰富；而金碧辉煌、庄严肃穆的宗教建筑群中，有喇嘛寺、尼姑庵、清真寺、天主教堂、道观等，多民族、多宗教并存，堪称世人心目中与想象里的人间乐土。

第二节　两个版本的未来

2002 年，中国国务院宣布云南中甸县正式更名为香格里

---

① Michael Buckley, *Shangri - La: A Travel Guide to the Himalayan Dream* (The Globe Pequot Press Inc. , 2008), p. 47.

② 徐柯健：《香格里拉地区的自然与人文多样性及发展模式》，博士学位论文，中国地质大学，2008。

拉县，① 这是世界上唯一一个以香格里拉为名的行政区域。2009 年，《国家地理》记者来到这里，希望寻找他们心目中理想的香格里拉。

《寻找香格里拉》一文发表于 2009 年的《国家地理》上。文章配了 12 张照片，正文前的 4 幅双页大彩照，暗喻进入一个现实版香格里拉的路线变迁图：傈僳族村民牵着他的牛，绑在钢索上滑过怒江去对岸赶集，象征着古老的交通方式依然存在；神山卡瓦格博峰的藏族朝圣者，表明香格里拉的宗教性与神圣性；而市中心的文化广场上，游客与当地人伴随喇叭放送的歌曲跳锅庄舞，以及从机场到市区的路上，白色佛塔与巨大的广告牌并立两侧。在这组意味深长的图景里，古老与现代、朝圣与旅游、宗教与经济，各种意象元素混杂丛生，既对立冲突又容纳于同一空间。

学者拉玛和贝尔克将这种混杂图景称为"复数的香格里拉"（a plurality of Shangri-Las），这种复杂性正在于"人人心中都有一个自己的香格里拉"。比如：

> 对于游客而言，它是一个旅游景点；对于商人，它是一个"黄金国"；对于当地人来说，它仍然是中甸；对于西方旅游者，它是消失的地平线；对于居住在此地的

---

① 云南中甸"香格里拉"名称获得过程如下：1997 年，云南省政府宣布香格里拉就在中国云南省迪庆藏族自治州；2001 年，正式向国务院申报将中甸县更名为香格里拉县；2002 年，国务院宣布中甸县正式更名为香格里拉县。

一些西方人，它就是香格里拉。①

香格里拉的复杂内涵，也显露于《寻找香格里拉》一文开头描绘的场景中。文章作者马克·詹金斯将游客、喇嘛和转经筒置于同一场景，游客们试图转动广场上一个高大华丽的转经筒，却转反了方向，与藏传佛教的规矩相反；广场上的喇嘛拿着手机大声讲着话，望向山下城里的五星级大酒店；城市的远处，是宏伟的松赞林寺，在林间雾霭的笼罩下熠熠生辉，"仿佛一座虚幻的宫殿"。②这三组极具矛盾张力的意象，暗示了旅游经济对香格里拉的影响。

旅游人类学家纳尔逊·格雷本认为，朝圣形式的旅游，很早就在古代中国出现，但是，大众旅游业是在中国改革开放后才迅速发展起来的，游客们"并没有准备好如何应对旅游现象"。③ 在市场经济中发展起来的旅游业，游客的文化体验都带有明显的市场特征，尤其是到了民族地区，很多人对异文化与他者的认知仍处于观光、猎奇甚至消费的心态，很少能以"朝圣"般的心境去体验、学习异文化。一位传播学者认为，当香格里拉的神圣与世俗界限越来越模糊时，这一模糊的界限或被打破的疆界，影响的不仅仅是宗教

---

① Rosa Llamas and Russell Belk, "Shangri - la：Messing with a Myth", *Journal of Macromarketing*31：3（2011）：257 - 275.

② Mark Jenkins, photographed by Fritz Hoffmann, "Searching for Shangri - La：Two Visions of the Future Compete for the Soul of China's Western Frontier," *NGM*, May 2009.

③ 〔美〕纳尔逊·格雷本：《中国旅游人类学的兴起》，金露译，《青海民族研究》2011 年第 4 期。

的信念或藏民的精神乐园,而且是全球文化消费的伊甸园。而在全球资本市场、全球传媒潮流及文化趋同中,其最终结果是"牺牲了香格里拉从前严肃的、神圣的、本真的价值标准"。①

游客与当地人转动独克宗古城的吉祥如意圣钟(笔者拍摄)

在《消失的地平线》里,马克·詹金斯也认为他看到的香格里拉失去了"本真性",与希尔顿书中的香格里拉大相径庭,他心有不甘:"如果还有另一个香格里拉——与世隔绝,宁静安详,完全符合集体想象的神秘地方——那么它应该是出现在洛克旅程中的某处,而后在希尔顿笔下被描写成人间天堂。我要到那里去寻找一个更加真实的香格里拉。"②

① 曹晋、曹茂:《从民族宗教文化信仰到全球旅游文化符号——以香格里拉为例》,《思想战线》2005 年第 1 期。

② Mark Jenkins, photographed by Fritz Hoffmann, "Searching for Shangri - La: Two Visions of the Future Compete for the Soul of China's Western Frontier," *NGM*, May 2009.

于是马克·詹金斯离开县城，在卡瓦格博峰山谷深处的一个小乡村，看到了他心中真正的香格里拉。

> 我透过枝条间一小块空隙地往下瞄了一眼，仿佛在看另一个世界。在我们下方几百米的地方，紧挨着一片森林的河谷转弯处，夹着一小片鲜亮色——香格里拉的另一个版本。①

詹金斯借宿在一户村民家，体验了这家人辛苦忙碌却平静的日子。令詹金斯意外的是，这家 17 岁的女孩却梦想离开她的小乡村：

> 她说她的梦想就是离开这里——我心目中的香格里拉——到那个真正叫作香格里拉的城里去。她听说在那儿，和她一样的女孩都在学校读书，周末还能逛街，手拉手走在商场里。②

詹金斯曾经批评希尔顿的故事太过简单化，"这部书拥有一切乌托邦故事的通病：对人性中负面却真实的苦难之源，比如嫉妒、欲望、贪婪和野心表现不足"。当他亲自来到香格里拉县城时，却因那里"太复杂了"而离开。他终于找到了

---

① Mark Jenkins, photographed by Fritz Hoffmann, "Searching For Shangri - La: Two Visions of the Future Compete for the Soul of China's Western Frontier," *NGM*, May 2009.

② Mark Jenkins, photographed by Fritz Hoffmann, "Searching For Shangri - La: Two Visions of the Future Compete for the Soul of China's Western Frontier," *NGM*, May 2009.

自己心目中的香格里拉,一个卡瓦格博峰山谷深处的小山村,可这里 17 岁的农村女孩却因为不甘心只过日复一日操劳而枯燥的生活,渴望着离开。这是一个更加复杂而令詹金斯意想不到的结局。在"寻找—离开—再寻找—再离开"的循环主题中,希尔顿与詹金斯为读者提供的,正是社会人生的双面镜:梦想与现实、战争与和平、记忆与忘却……

从宽泛意义上来说,香格里拉的造镜之人不计其数,从希尔顿虚构的"最高喇嘛"到所有探寻"大香格里拉的洋人",① 从约瑟夫·洛克到记者马克·詹金斯,《国家地理》与云南中甸成为"梦工厂"。詹金斯来到大山深处的乡村里,他的确"看到"了一个人心宁静、与世无争的美好世界。然而这样的世界,却借助于詹金斯的"停滞历史"叙事法打造。因此,一位在香格里拉生活了很多年的西方学者才提醒马克·詹金斯不能用西方的眼光审视现代化的香格里拉:

> 文化总是在不断演进的。经济发展会重新燃起人们对文化遗产的兴趣,到穷乡僻壤旅游的有钱人,也许希望那些地方继续保持原生态,看它就像看个文化动物园……我认为我们不可能完全避免精英主义的想法,但我们需要重新解读它们。②

① 参见史幼波《大香格里拉洋人秘史》,重庆出版社,2007。

② Mark Jenkins, photographed by Fritz Hoffmann, "Searching for Shangri - La: Two Visions of the Future Compete for the Soul of China's Western Frontier," *NGM*, May 2009. "保持原生态……像看个文化动物园"一句,原文为"keep things locked in a cultural zoo"。

　　在《消失的地平线》中，希尔顿将香格里拉构想为"人类文明的贮藏库"，"在这里，保存着走向衰落的文明精华，当人们的激情消耗殆尽需要智慧和平静时，我们会把我们为人类保存的遗产流传给后代"。① 人类文明的贮藏库与文化动物园有何区别呢？动物园的比喻，意味着园内的一切，更多是一种被展览、被观看、被管理的客体。这何尝不是另一种精英主义的"旅游观"？

　　文化是流动的，它拒绝被凝固；文化持有人是有主体性的，它拒绝被任何人将之作为客体加以凝视。《寻找香格里拉》一文的最后，詹金斯面对"两个版本的未来"，他谨慎地提出了"何者才是中国西南的灵魂"这个问题，这个问题也值得我们每个人认真思考。

---

① 〔英〕詹姆斯·希尔顿：《消失的地平线》，白逸欣、赵净秋译，云南大学出版社，2007，第171页。

第十章

走进"大香格里拉"

  《寻找香格里拉》一文发表后，一位来自威斯康星州的读者，在《国家地理》的"读者来信"栏目中，讲述自己 2005 年的香格里拉之行。"那座为旅游而重建的城市，没什么特别之处，"这位读者说，"但是我们在中国西南的继续旅程中，发现很多地方，尽管没有套用西方小说里的俗气名字，却非常引人入胜，令人难以忘怀"。①

  实际上，《国家地理》的足迹也并未停留在旅游城市香格里拉。从"三江并流"② 到"横断山脉"③，从"大熊猫栖息地"到"贵州侗寨"④，从"九寨沟"⑤ 到"茶马古道"⑥，在

①   Gabe Gossett, "Letters", *NGM*, Sep. 2009.

②   Jon Bowermaster, "Rapid Descent: First Run Down the Shuiluo River", *NGM*, Nov. 1996.

③   Virginia Morell, photographed by Mark W. Moffett, "China's Hengduan Mountains", *NGM*, Apr. 2004.

④   Amy Tan, Photographyed by Lynn Johnson, "The Village on the Edge of Time", *NGM*, May 2008.

⑤   Edward Hoagland, photographed by Michael S. Yamashita, "Mystic Waters in China", *NGM*, Mar. 2009.

⑥   Mark Jenkins, photographed by Michael S. Yamashita, "The Fogotten Road", *NGM*, May 2010.

西南的崇山峻岭与烟火人寰之中，《国家地理》都在不断寻找西南的"灵魂归属"，在理想与现实之间追索能够"拯救地球"的香格里拉。

本章以大熊猫及其栖息地为例，分析《国家地理》讲述的地球家园。当今的大熊猫栖息地，以四川甘孜、阿坝为主，属于川滇藏三省划定之"大香格里拉"生态旅游区范围。2004年，《中国国家地理》也组织了一个人文科学考察团，为"中国最美的地方画了一个圈"，将东经94度至102度、北纬26度至34度的区域划为"大香格里拉。"① 这一区域，于2006年被联合国教科文组织列入《世界遗产名录》。

《国家地理》对大熊猫可谓情有独钟：从1972年到2006年，大熊猫五次登上杂志封面。除了在"地理""聚焦"等栏目发布大熊猫的相关短新闻外，更有9篇由知名学者撰写的相关报道（2020年之前，见表10-1）。而其理由，我们可以从美国圣迭戈动物园大熊猫计划负责人唐·林德伯格的话语中窥见一斑：

> 我们对大熊猫之所以如此珍爱，是因为它们建立了与中国的联系纽带。中国打开大门，让我们可以了解发生在大熊猫身上的那些事。②

---

① "大香格里拉"特辑，《中国国家地理》2004年7月，总第525期。

② Lynne Warren, photographed by Michael Nichols and Fritz Hoffmann, "Panda, Inc.", *NGM*, Jul. 2006.

表 10 - 1　《国家地理》的大熊猫报道

时间	标题	作者
1972. 12	黑白之爱	美国国家动物园园长西奥多·里德
1981. 12	大熊猫在野外	美国动物学家乔治·夏勒
1986. 03	野生大熊猫的秘密	美国动物学家乔治·夏勒
1993. 02	野生大熊猫生子记	中国保护生物学家吕植
1995. 02	大熊猫的新希望	中国野生动物保护专家潘文石
2006. 07	大熊猫公司	记者琳妮·沃伦
2009. 03	九寨沟：坐上巴士到天堂	作家爱德华兹·荷格兰特
2016. 08	大熊猫重回野外	作家詹妮弗·霍兰德
2020. 09	动物园里的大明星	作家丽贝卡·黑尔

注：表格为笔者根据《国家地理》文章整理。

第一节　百年路上"黑白之爱"

　　1972 年美国总统尼克松访华之后，中美开始谱写外交关系新篇章。《国家地理》对中国西南的第三次关注，聚焦点之一是帮助中美打破历史坚冰的大熊猫"大使"。1972 年中美两国互换"外交大使"，美国赠予中国两头麝香牛，而中国送去两只大熊猫——"兴兴"与"玲玲"。美国史密森学会的科学家、国家动物园园长西奥多·里德，专程到北京动物园迎接这两只大熊猫，里德随后在《国家地理》上发表文章《黑白之爱》（What's Black and White and Loved All Over?）。[1]

---

[1] Theodore H. Reed, photographed by Donna K. Grosvenor, "What's Black and White and Loved All Over?", *NGM*, Dec. 1972.

在标题中称大熊猫为"黑与白"（Black and White），是对英语里一则谜语的巧妙换用，原谜语的谜面为："What's Black and White and Read（Red）All Over?"也就是说，什么东西"黑白相间、众人阅读？"答案是"报纸"，如果引申开来，可理解为传媒业。而编辑巧用修辞，将标题中的"Read（Red）"换为"Loved"，既显示了杂志的幽默风格，又说明了公众与媒体对大熊猫的关注度。① 此外，黑白相间是大熊猫最显著的外形特征，大熊猫有"黑白熊"之称。对黑与白更深刻的理解，来自美国动物学家乔治·夏勒。在《最后的熊猫》一书中，夏勒写道：

> 阴与阳是中国哲学论分合的两大力量：黑白、明暗、日月、寒暑和生死。彼此都含有相对极端的种子，为保持平衡完整而互相需要，并强调顺应与持久。大熊猫就是阴阳观的具体呈现。②

因此，大熊猫的故事，便不仅是一个动物的故事，而且是人类与大自然的故事，故事里包含着欲望与隐忍、现实与理想、反思与救赎。

让我们从《黑白之爱》一文讲起。两只大熊猫经过长途飞行到达美国后，尼克松总统夫人为它们举行了欢迎仪式。

---

① 另一篇讲述大熊猫被滥用于商业演出的批评报道运用了相同句式，载于《国家地理》"地球历书"栏目。Earth Almanac, "What's Black and White and Used All Over?", *NGM*, Dec. 1992。

② 〔美〕夏勒：《最后的熊猫》，张定绮译，光明日报出版社，1998，第 367 页。

随后，大熊猫与公众见面，掀起一轮全国性的"大熊猫热"。里德写道："我们的动物园很快被人潮淹没了。在前三个月，动物园的访客直线上升了63%。访客们在线外往往要耐心等候一个多小时，才能一瞥两只正在熟睡的大熊猫。"①

这样的"大熊猫热"，其实美国人早已经历过。1936年，一位名叫露丝·哈克内斯的女士，为了完成其丈夫遗志，来到中国寻找大熊猫，她在两名美籍华人及当地村民的帮助下，在四川夹金山的丛林里找到一只大熊猫幼仔，取名为"苏琳"，并成功带回美国，这是大熊猫第一次漂洋过海登陆异邦，随即掀起美国人第一轮"大熊猫热"。动物学家里德回顾道，"大熊猫苏琳迷住了上百万人，他们纷纷涌向芝加哥、纽约和圣路易斯的动物园"。②

但是回顾大熊猫的西行之路，我们发现，这条路上充满野蛮与杀戮。

第一位向西方人介绍大熊猫的是法国天主教神父阿尔芒·戴维（中文名谭微道）。这位神父，与早期的植物猎人一样，也是一位"体内流淌着冒险家血液的、不知疲倦的探险家和博物学家"。③ 1869年，他接受巴黎自然历史博物馆的任务，到中国搜集动植物标本。在戴维神父的"发现"清单中，

---

①　Theodore Reed, Photographed by Donna K. Grosvenor, "What's Black and White and Loved All Over?", *NGM*, Dec. 1972.

②　Theodore H. Reed, Photographed by Donna K. Grosvenor, "What's Black and White and Loved All Over?", *NGM*. Dec. 1972.

③　史幼波：《大香格里拉的洋人秘史》，重庆出版社，2007，第83页。

有引起世界轰动的中国麋鹿①、川金丝猴、扭角羚以及各种鸟类，还有珙桐、杜鹃等植物新品种。他自从进入四川雅安地区宝兴县（当时名穆坪）的莽莽群山后，便将自己的名字与中国大熊猫紧密相连了。第一次见到大熊猫，戴维神父就敏锐地意识到，找到这种动物，一定会为科学界提供"新鲜有趣的科学材料"。② 可惜的是，大熊猫死于运去巴黎的途中。然而这已足够点燃西方人的想象与探险热情了。

1929 年 4 月 13 日，在大熊猫的历史上是值得铭记的一天。因为这一天，它惨遭无情猎杀的情形第一次被猎杀者自己洋洋得意地记录下来，猎杀者正是西方 20 世纪著名的探险家罗斯福兄弟。

> 三十码外有一株赤松树，树干是空心的。探出一头白熊（大熊猫）的头部和上半身。它睡眼惺忪地左右张望一番，便优哉游哉地走出来。它的块头很大，像从梦境里走出来的，因为我们已经不敢奢望真的看到它了……我们同时对渐行渐远的大熊猫背影开枪。两枪都命中。它不知敌人来自何方，转身面向我们，跌跌撞撞

---

① Larry Kohl, "Pere David's Deer Saved from Extinction", *NGM*, Oct. 1982. 麋鹿是中国的特产动物，古称"四不像"，到 19 世纪中叶，已绝迹于山野。戴维神父在北京皇家猎苑里发现麋鹿并将两张鹿皮标本运回巴黎，此后欧洲人又陆续从皇家猎苑里弄走几头麋鹿，这一物种得以侥幸存活下来。1982 年 10 月，《国家地理》的《拯救麋鹿》一文讲述由英国贝福特公爵养殖的麋鹿及其生存情况。1985 年，贝福特公爵的后人将 38 头麋鹿送给中国，这一种动物重新开始在中国繁衍生息。

② 〔美〕夏勒：《最后的熊猫》，张定绮译，光明日报出版社，1998，第 203 页。

地跑到我们左方积雪的洼地。距离只有五六英尺时，我们再次开枪。它应声而倒，但又爬起身，跑进浓密的竹林。我们知道它逃不出我们的手掌心……①

1930 年，一篇为罗斯福兄弟《追踪大熊猫》一书所写的书评，高度评价此书"是一部关于英勇冒险的故事"，称他们的探险活动"组织有序，面对困难从容以对，理当获得完全的成功"。② 这样的评价，固然反映彼时弥漫于西方社会中以探险为名的征服热，但其对自然万物毫无敬畏之心，值得我们反思与批判。正是这种傲慢的征服欲，给大熊猫带来了巨大灾难。据不完全统计，仅在 1869 ~ 1946 年，国外就有 200 多人次前来中国大熊猫分布区调查、搜集资料并捕捉大熊猫。1936 ~ 1946 年的 10 年间，从中国运出活体大熊猫共计 16 只，另外有至少 70 具大熊猫标本存放在西方国家的博物馆里。③

进入 20 世纪后半叶，新的生态文明与保育意识开始生长。一些大型环保公益组织在世界各地成立，标志着人类携手保护地球家园的开始。其中，创立于 1961 年的"世界自然基金会"，成为全球最大的独立性非政府环境保护组织之一，其宗旨在于"遏止地球自然环境的恶化，创造人类与自然和谐相处的美好未来"，致力于"保护生物多样性；确保再生自

---

① 转引自赵良治《国宝传奇：大熊猫百年风云揭秘》，四川民族出版社，2007，第 47 ~ 48 页。

② M. K. Reviews:"Theodore Roosevelt, Kermit Roosevelt, Trailing the Giant Panda", *The Geographical Journal* Vol. 75, No. 2 (Feb. 1930), pp. 183 – 185.

③ 史幼波：《大香格里拉的洋人秘史》，重庆出版社，2007，第 101 页。

然资源的可持续利用，推动降低污染和减少浪费性消费的行动"。① 世界自然基金会的徽标为一只中国大熊猫。为何选中大熊猫作为一个全球自然保护组织的标志呢？原来在该基金会成立之年，一只名为"熙熙"的大熊猫正在伦敦动物园展出，熙熙是当时西方世界里唯一的一只大熊猫，因此引发伦敦市民的极大热情。其时，大熊猫已处于濒危物种的边缘。大熊猫独特的魅力及其命运危机，促使世界自然基金会认识到，一个具有影响力的组织标志可以克服所有语言上的障碍。②

1980 年，世界自然基金会与中国展开合作，第一个项目便是"大熊猫计划"。《国家地理》刊载的大熊猫文章，大多出自这一项目成员之手，包括美国动物学家乔治·夏勒、中国野生动物保护专家潘文石和中国保护生物学家吕植。值得一提的是，在《国家地理》的作者队伍中，中国人屈指可数，除了 1905 年驻美公使梁诚、清朝驻藏大臣张荫棠的医务官全绍清外，便只有这两位研究大熊猫的科学家。某种意义上，是大熊猫为中国人在该杂志上带来"自表述"的声音。③

乔治·夏勒是世界著名的野生动物研究专家与作家，长

---

① Barney Jeffries, "50 Years of WWF", in *Annual Review* 2010, Gland, Switzerland：WWF – World Wide Found For Nature, 2011.

② 李宁：《大熊猫成为全球自然保护运动的偶像标志》，《森林与人类》2002 年第 7 期。

③ 关于梁诚与全绍清的文章，见 Liang – Cheng Sir Chentung, "The United States and China", *NGM*, Dec. 1905；Shaoching H. Chuan, "The Most Extraordinary City in the World – Lhasa Notes", *NGM*, Oct. 1912。

期在非洲、南美洲与亚洲研究美洲豹、黑猩猩、大熊猫、藏羚羊等珍稀物种。1980年，夏勒受世界自然基金会委托，成为新中国成立后进入中国与中国科学家一起在野外研究大熊猫的外国专家。夏勒与该项目的中国负责人、大熊猫研究专家胡锦矗、潘文石等人合著《卧龙的大熊猫》（1985），这不仅是关于这一合作项目的科学报告，而且是第一部详细描述大熊猫野外生活、环境与分布情况的著作。夏勒的《最后的熊猫》更成为这一领域的畅销书，获得"美国国家图书评论家协会奖"（1993）、"《纽约时报书评》最佳图书奖"（1993）和"美国国家图书馆学会杰出图书奖"（1993）。由于其细腻的情感与开阔的视野，夏勒成为《国家地理》喜爱的撰稿作家，杂志刊登其文章近十篇，包括《大熊猫在野外》（1981）、《野外大熊猫的秘密》（1986）以及《遥远的羌塘》（1993）等。①

第二节 大熊猫栖息地的生态文明

　　大熊猫的确堪称"强调顺应与持久"的动物。虽然法国的戴维神父享有第一个"发现"大熊猫的人的美名，但严格意义上，他的发现只是近代生物学意义上的命名与分类。在中国历史文献中，这一被现代人称为"活化石"的神奇物种，以不同名称与面貌流传。在《野生大熊猫的秘密》一文中，夏勒就引经据典，向西方读者介绍中国古典文献里出现的"大熊猫"：

---

① George B. Schaller, "Tibet's Remote Chang Tang", *NGM*, Aug. 1993.

理所当然，中国人对大熊猫的了解，远远早于西方人。三千多年前，中国的《史记》与《诗经》，将大熊猫称为"貔"（pi）。而 2500 年前一本著名的地理书《山海经》，则将其称为"貘"（mo），说它栖息于邛崃山的盐道县，"貘似熊而黑白驳，亦食铜铁也"。大熊猫会闯入村子舔食或咬嚼煮饭的铁锅，其"食铁兽"的名声或许来源于此。①

夏勒在文章中根据现代考古发掘资料，绘制出大熊猫在历史上的生存分布图。以古动物学家王将克教授的论述对应此图，不难发现，在更新世，也就是距今不到三百万年的地质时代第四世纪，大熊猫的分布范围与"目前"相比，要广阔得多，纵横南北：

> 更新世中期从小型种直接演化出来的大型种，不但在个体数量上达到空前的繁盛，而且分布区也大大地扩大了。从长江流域以南的四川、云南、贵州、湖北、广西、广东、江西、浙江、福建等省乃至云南南边、我国的邻邦缅甸，为它们的主要分布地区，长江以北秦岭地区，甚至更北，如陕西、山西、河北等也有零星分布。②

再回看当今大熊猫的栖息地，根据世界自然基金会与中国专家的调查，迄今为止，有 1200 只大熊猫，幸存在青藏高

① George B. Schaller, "Secrets of the Wild Panda", *NGM*, Mar. 1986.

② 王将克：《关于大熊猫种的划分、地史分布及其演化历史的探讨》，《动物学报》1974 年第 6 期。

原东缘与秦岭山区腹地，以邛崃山为中心，在连接大小凉山、邛崃山、秦岭南坡的高海拔峰峦中，也就是在今四川省西北部和甘肃、陕西的部分山野里。

诚然，大熊猫的急剧减少，与外部环境变迁以及内在因素变化有关。从内在因素变化来看，大熊猫从食肉类动物退化为以素食为主，繁殖力不高，消耗食物量大而吸收率少等，都影响了其适应外界环境变化的能力。

而外部环境是决定大熊猫命运的最大因素。北京大学保护生物学教授吕植在《野生大熊猫生子记》一文里指出，对大熊猫真正的威胁并非来自自然界的捕食动物，在某种意义上，大熊猫在自然界没有敌人，它的"敌人"主要有三类。其一，栖息地的减少与消失。其二，由地理隔离而形成遗传隔离问题。连接丛林的"走廊"消失，栖息地分离，造成野生大熊猫种群只能近亲繁殖。其三，人类盗猎者。[1]

自然环境的变化无情而不可逆转，因为它来自人类只顾自己的发展而肆意扩张与掠夺的行为。过度的开荒辟土、拓荒屯田导致的直接后果，便是人以外的物种生存空间越来越小。早在 1869 年，第一个"发现"大熊猫的戴维神父，就一边搜集动植物，一边忧心忡忡地哀叹：

> 一年又一年过去，总听见刀斧砍伐最美丽的树木的声音。中国本已残缺不全的原始森林，遭破坏的速度快得令人遗憾。树砍了就再也不能恢复原貌。大批的灌木

---

① LÜ ZHI, "Newborn Panda in the Wild", *NGM*, Feb. 1993.

和其他必须在大树树荫下生存的植物，都会随着大树一块儿消失；还有所有不分大小，需要森林才能生存、延续物种生命的动物。①

时间飞逝，这样的刀斧声不曾停歇，只是工业文明登场了。据有关部门统计，1974 年，卧龙当地还有 140 多只大熊猫，10 年以后的 1984 年，却只找到 72 只，数量减少了一半，与此同时，科学家们对比卫星照片有关当地同一时期森林面积的变化情况：8 年之中，14 平方英里的森林被摧毁。② 直到 20 世纪 90 年代，尽管大熊猫传宗接代的喜讯不断传来，对大熊猫的生存满怀"新希望"的野生动物保护专家潘文石，还是不无忧虑地强调"戴维听到的砍伐声"仍在回响，"采伐之声近在咫尺，充耳可闻。白雪——这位害羞的大熊猫妈妈，不得不在重型设备的隆隆声中抚养她的孩子"。③

令人欣慰的是，1998 年中国开始实行天然林禁伐和天然林保护工程，"大熊猫分布区内的森工企业停止一切产业性采伐，开始对大熊猫栖息地进行有效的管护"。④ 2006 年，联合国教科文组织第 30 届遗产委员会在立陶宛首都维尔纽斯召开，会议通过决议：以四川卧龙为核心的大熊猫栖息地，被列入《世界遗产名录》。这意味着，今后无论以什么理由对该

---

① 转引自夏勒《最后的熊猫》，张定绮译，光明日报出版社，1998，序第 1 页。

② 徐新建：《横断走廊：高原山地的生态与族群》，云南教育出版社，2005，第 48 页。

③ Pan Wenshi, "New Hope for China's Giant Pandas", *NGM*, Feb. 1995

④ 周洁敏：《我国大熊猫保护现状剖析》，《林业资源管理》2007 年第 5 期。

地区的干扰破坏,都将受到监督与监管。在该区域的野生动植物,有权拥有自己的"香格里拉"。

第三节 来自旷野的呼唤

为何大熊猫栖息地会成为"世界自然遗产"?乔治·夏勒在《野生大熊猫的秘密》一文中,向西方读者图文并茂地描绘了这一地区的概况:

> 卧龙保护区有着丰富多样的野生生物。美丽的黄颈啄木鸟,它的活动范围向西延伸至尼泊尔。濒危的金丝猴,在寒冷的冬天往往结伴旅行,大约有70只,到了食物充足的夏天,它们结伴而成多达300只的大队伍。
>
> 从森林的藤蔓中看过去,你也许可以看到一只扭角羚(羚牛),这种与麝香牛相似的濒危物种,幸存于卧龙和四川的其他几个保护区中。黑麂用它锐利的犬齿作为防身武器,它小小的鹿角就藏在毛发下面。
>
> 锦鸡漂亮的羽毛被当地的羌人用来装饰帽子,而它们的肉成为羌人的桌上餐。大约有3000名羌人生活在卧龙这块土地上,他们在山坡上耕种。位于青藏高原的东缘与四川盆地之间,拥有至少96种哺乳动物、20种爬行动物、230种鸟类。[①]

这几段描述,传达出大熊猫栖息地里生物种类的几大特

[①] George B. Schaller, "Secrets of the Wild Panda," *NGM*, March 1986.

点：物种多样、美丽珍贵而又濒临灭绝。这几大特色，正符合《保护世界文化和自然遗产公约》中对"自然遗产"的定义，在该公约的第 2 条中，有一项即为"从科学或保护角度看具有突出的普遍价值的地质和自然地理结构以及明确划为受威胁的动物和植物生境区"。[①] 将大熊猫栖息地划为统一的遗产地或生境区，其意义至少有三：其一，树立生物多样性意识；其二，保护大熊猫，并不是为了人类的垂爱或是利益，更重要的意义在于将动物视为生命世界的平等成员；其三，致力于召唤传统文化中的"敬天"传统，以"众生平等、万物有灵"的族群生态史观保护地球。这三点是"自然遗产"的意义所在，但更是需要努力追求才能达致的目标。

一　生物多样性：生物世界越复杂，就能越稳定

被划为"自然遗产"之后，不仅大熊猫，在同一生境区内的所有花草树木、飞禽鸟兽乃至地形地貌，都可以得到有效保护。正如吕植所言，"大熊猫的保护不仅仅是保护这个可爱的动物使之留存于世，它的栖息地还庇护了成千上万其他的动物、植物、菌类等等……同时大熊猫栖息地位置也十分重要，是长江的几条主要支流的上游与水源区。这个地区的植被完整保障了下游人民的涵养水源和水土安全"。[②] 从生态学来看，生物多样性包括遗传多样性、物种多样性与生态系统的多样性，因此，在一个互相依存的世界里，一条

---

① 联合国教科文组织：《保护世界文化和自然遗产公约》，法律出版社，1972。
② 吕植：《我们为什么要保护大熊猫》，《大自然》2007 年第 1 期。

重要的生态原则不容忽视： "生物世界越复杂，就能越稳定。"①

在以人类为中心的世界里，自然界的物种往往被人类根据自己的利益需要来评定和利用。以大熊猫的主食竹子为例。由于开荒屯田的需要，大量较低海拔区的竹林被砍伐。夏勒等人在对大熊猫的跟踪研究过程中，发现大熊猫往往随季节的不同而选择吃竹子的不同部位，以及不同的竹子品种。因此，为了应对引发大熊猫生存危机的自然危机——竹子开花死亡，科学家们建议：应该为大熊猫保留至少两个品种以上的竹子，为此在不同的海拔区域，应该有意识地保留和种植不同的竹类，尤其应该恢复低海拔区竹林，以使大熊猫有备用选择。②

文化多样性与生物多样性共进退，因为物种的消失，必然降低人类适应生存环境的选择机会与创造能力。

二　保护大熊猫：来自旷野的呼唤

在对大熊猫及其栖息地的保护取得一定成效之后，一个新问题成为《国家地理》关注的话题。在杂志的"地理历书"专栏里，一篇名为《黑白之用》（并非此前的《黑白之爱》）的评论文章，一开始便问道：人类对大熊猫的垂爱，是否正在"闷死"这个已濒危的物种？文章刊载了名为"威

---

①　词条"生物多样性保护的意义"，庞元正、丁冬红主编《当代西方社会发展理论新词典》，吉林人民出版社，2001，第395页。

②　George B. Schaller, "Secrets of the Wild Panda", *NGM*, Mar. 1986.

威"的大熊猫在马戏团巡回演出的照片。"这样的情形并非孤例，在全世界的动物园里，从中国租借大熊猫进行商业展演的状态已不可控制。"① 十几年后，更尖锐的批评来自《大熊猫公司》一文，该文指出，迄今为止，在野外生存的大熊猫不到 2000 只，但在 2005 年，就有 188 只大熊猫被圈养。② 在利益的诱惑下，一些人甚至把自由生长在野外的健康大熊猫"拯救"入养育园，用于租借获利。夏勒很早就坚定地指出："我们必须坚决制止驯化野外大熊猫的'拯救'行为！"③

　　在一片茂密的竹林里，一只大熊猫与夏勒不期而遇。在曼妙的光柱中，大熊猫安宁地斜倚着一棵冷杉，对着夏勒发表了幽默而严肃的演讲：

　　　　你们人类骄傲得无以复加。不过因为你们的智慧在地球上最引人注目，你们就自命无敌。你们的思考方式有很多严重的问题；你们必须克服意识形态上的成见和其他不健康的科学癖性。比方说，你们有些人坚持，语言是思考之始，这就使我们和很多其他动物——只有你们例外——成为没有思考能力的动物。真是一派胡言！太傲慢了！……无怪乎还有人说我们大熊猫是以颜色取胜。怎能用你们的标准评断我们的智慧和思考方式呢？……记住，我们生存在不同的世界，其间差异超乎想象，

① Earth Almanac, "What's Black and White and Used All over?", *NGM*, Dec. 1992.
② Lynne Warren, "Panda, Inc.", *NGM*, Jul. 2006.
③ George B. Schaller, "Secrets of the Wild Panda", *NGM*, Mar. 1986.

我的世界以气味为主，你们偏重视觉；我透过嗅觉思考，你们靠语言。维特根斯坦曾说："即使狮子会说话，我们也听不懂。"对人类和外国蛮子而言，这句话说得很聪明。①

夏勒在《最后的熊猫》一书中，想象了上述"大熊猫的独白"。实则，每一种生物，都是整个生命世界里的一部分，所有生物，包括人类，合在一起才能组成地球这一生命体。这样一种万物平等观，在彼得·辛格于1975年出版的《动物解放》一书里也有阐述。彼得·辛格将"种族主义"、"性别歧视"与"动物权利"并置讨论，认为动物的解放是人类解放事业的继续，而任何解放运动都意在结束不平等和歧视。善待动物，就要在对待动物的态度上来个根本的转变："包括饮食习惯、农业方式和科学领域的实验方案，还有对荒野、狩猎、陷阱的看法和对穿戴动物皮毛的看法，还有马戏团、围猎场及动物园等的看法，总之，大量的痛苦是可以避免的。"②

三 敬天传统：族群地理与生态史观

大熊猫栖息的"自然遗产地"，位于从生态学意义上来看"世界上最为丰富与多样"的地域，这就是"比加利福尼亚还大两倍"的中国横断山脉。③ 在这片纵贯青藏、甘南、川滇广

① 〔美〕夏勒：《最后的熊猫》，张定绮译，光明日报出版社，1998，第159~160页。

② 〔英〕彼得·辛格：《动物解放》，孟祥森、钱永祥译，光明日报出版社，1999，第12页。

③ Virginia Morell, photographed by Mark W. Moffett, "China's Hengduan Mountains", *NGM*, Apr. 2004.

大区域的山脉间，流淌着四条大江：长江、澜沧江、怒江和金沙江。这里还生活着藏、彝、羌以及汉等众多民族。

在 2002 年《中国的横断山脉》一文中，横断山脉位列世界"脆弱生物圈"的"热点地区"名录。作家弗吉尼亚·莫莱尔与中国植物学家印开蒲等人，跋涉于这片土地，在卡瓦格博峰、海螺沟冰川谷地、卧龙保护区等地，考察生态、文化及旅游的关系。他们看到在一片浓密的森林里，生长着古老的冷杉、紫杉、云杉和铁杉，而美丽的杜鹃花在树下成片绽放。"这些树从未被砍伐过，也永不会被砍伐"，一位随行的藏族村民告诉他们，因为这片森林里住着佛陀和活佛的灵魂：

> 所有的植物都是佛陀的保护伞，所有的动物都是他的守门人，就像这天堂里的圣湖，神圣的水源永远不会枯竭。①

写过《动物智慧》一书的莫莱尔，且行且观，且听且想，并且越来越相信，早在"环保主义"之前，正是佛教里的神圣自然观保护了横断山脉的生物多样性。而徐新建也指出，在这片众多民族栖居的地方，儒家思想中的"天人合一"、老庄哲学里的"道法自然"、佛教主张的"敬重生命"，以及少数民族观念中的"自然崇拜"等传统文化中的"敬天"思想，是庇佑这片"族群地理"的"生态史观"，在人与自然

---

① Virginia Morell, photographed by Mark W. Moffett, "China's Hengduan Mountains", *NGM*, Apr. 2004.

关系失衡的今天，有必要将上述敬天思想重新召回。①

国内外的专家学者也逐渐认识到深藏在中华文化中的敬天思想。2003 年，"保护国际基金会"中国项目负责人吕植，发起了"神山圣湖"保护计划，使当地民众成为生态保护的主体，因为"当地居民不仅保护着周围的神山圣湖，还积累了很多珍贵的乡土知识和可持续管理自然资源的模式"。②"神山圣湖"保护计划，先在云南三江并流地区推行，然后在四川大熊猫栖息地开展，成为保护中国西南山地生物多样性的长期计划。当地居民的知识与管理机制，"虽然受到了外来影响的冲击，但是至今还有效地在很多地方运转、实施，有些地方因为是神山圣湖而得以在 20 世纪末的商业森林采伐中保存下来"。③《国家地理》记者莫莱尔看到的那些"永不会被砍伐"的森林即是见证。

在对大熊猫的保护中，专家学者与环保人士所逐渐倚重的，正是深植于当地居民心中的地方性知识与民间信仰。

本编小结

希尔顿借香格里拉"最高喇嘛"之口，预言人类要经历"大摧毁"。20 世纪已经过去，人类步履蹒跚地迈入了 21 世纪。汤因比为 20 世纪人类的经历及其活动列了一个清单并总

---

① 徐新建：《"世界遗产"：从大熊猫栖息地看人类与自然的新调整》，《中南民族大学学报》（人文社会科学版）2007 年第 9 期。

② 夏萌：《吕植：从科学家到环保者》，《京华时报》2010 年 10 月 27 日。

③ 参见"保护国际基金会"的"神山圣湖保护计划"介绍，http：//www. conservation. org. cn/Learn/Biodiversity/Pages/Sl. Asp。

结说："1914～1973 年成为全人类自相残杀的苦难时代。"
1973 年之后呢？"到了 1973 年，汽车和飞机排出的废气，使
得生物圈里的空气令人窒息。"①

20 世纪末 21 世纪初，全球生态危机所造成的恶果已历历
在目，气候变暖、冰川融化、全球瘟疫横行，生物多样性与
文化多样性急剧消失。科学家蕾切尔·卡逊在 20 世纪 60 年
代写下了一则"明天的寓言"：在寂静的春天里，到处是死神
的幽灵，农夫们述说着家庭的多病，被生命抛弃了的地方寂
静一片，鸟儿不再歌唱，甚至小溪也失去了生命，钓鱼的人
不再来访问它，因为所有的鱼已经死亡。②

《国家地理》对中国西南的第三次聚焦，与全球面临的最
大主题相一致，即对生态环境与传统文化的密切关注。希尔
顿设计的香格里拉是人类梦想的世外桃源，与现实的"香格
里拉"隔着梦想与现实的距离。然而当梦想照进现实，现实
也便有了希望。汤因比在《人类与大地母亲：一部叙事体世
界历史》的最后一页，也将希望寄托在中国，如果中国在环
境保护事业上成功了，那么将"不仅是对于他们自己的国家，
而且对处于深浅莫测的人类历史长河关键的全人类来说，都
是一项伟业"。③

---

① 〔英〕阿诺德·汤因比：《人类与大地母亲：一部叙事体世界历史》，徐波等
　译，上海人民出版社，2001，第 514、520 页。
② 〔美〕蕾切尔·卡逊：《寂静的春天》，吕瑞兰、李长生译，吉林人民出版社，
　1997，第 2 页。
③ 〔英〕阿诺德·汤因比：《人类与大地母亲：一部叙事体世界历史》，徐波等
　译，上海人民出版社，2001，第 529 页。

族群形象：多样文化与多元世界

了解别人并非意味着去证明他们和我们相似，而是要去理解并尊重他们与我们的差异。

——翁贝尔托·埃科

第十一章

老故事里的新面孔

2008 年 5 月，《国家地理》出了一期中国特刊，名为"中国：巨龙之内"（China：inside the Dragon），由《中国：巨龙之内》《镀金时代》《时光边缘的村落》《新长城》《苦涩的水》《前方的路》六篇文章组成，涉及中国的传统与现代、城市与农村、民族与文化等方面的主题。该期杂志主编克里斯·约翰斯在编辑手记里写道："这期中国特刊，是一张帮助广大读者了解今日中国昌盛与忧患的导航图。"① 杂志绘制了一幅中国民族地图，介绍了中国 56 个民族的地理分布与人口构成，并解释说："中国有 13 亿人口，91% 都是汉族，'少数民族'人口数量虽然只占 9%，但也超过了一亿，相当于墨西哥的人口总数。"② 作为文化与地域的重要代表，华裔美籍作家谭恩美对中国西南的书写，被包含在这张中国"导航图"里，对于西方读者认识中国的多样性至关重要。

中国西南以族群多样、文化多元、生态多姿，成为《国

---

① Editor's Note，*NGM*，May 2008.

② Special Issure，"China：inside the Dragon"，*NGM*，May 2008.

家地理》追求异域他者的绝佳场所。从手持弓弩的傈僳族武士到举行"驱鬼"治病仪式的纳西族巫师，从华裔美籍作家谭恩美笔下唱着史诗般旋律的侗族老人，到探险家黄效文眼中身着五彩服饰的苗家姑娘，都让我们看到了表述者与被表述者相遇的故事，以及故事背后他们各自所代表的世界。

第一节　弓弩手：好斗武士与驯服朋友

1905 年，福雷斯特与英国驻腾越领事利顿一行来到怒江探险考察，五年后，《国家地理》将他们所描述的这片"荒凉、贫瘠与难以进入"的地区称为"弓弩之地"。① 可以说，在西方的中国西南形象建构里，背挎弓弩的傈僳人，成为一个难以磨灭的形象符号。

> 弓弩是傈僳族典型的武器。傈僳族人一般有两种弓弩——一种用于日常打猎，一种用于战斗。小孩子的玩具就是微型弓弩。无论如何，男人绝不会不带弓弩就离开他们的棚屋。他们睡觉时，弓弩就挂在他们的头上，他们死后，弓弩就挂在他们的坟头。

弓弩究竟长什么样呢？福雷斯特进行了细致观察：

> 最大的弓弩跨长 5 英尺，要用足足 35 磅的力量才能

---

① George Forrest, "The Land of The Crossbow", *NGM*, Feb. 1910. 本节中未加注释的引文都来自福雷斯特这篇文章。

将其拉开。弓是用一种极具韧性与灵活性的野生桑树做成……弓弦是用麻类植物编织的，而弩机是用骨头制成的。箭通常有 16 ~ 18 英寸，由削尖的竹子做成……箭尖涂有毒液，这种毒液是用乌头的块茎煎熬出来的，而乌头生长在海拔 8000 ~ 10000 英尺的高山上。

弓弩的力量相当强大，福雷斯特介绍，一张战弓射出的箭能刺穿 70 ~ 80 码外的厚达 1 英尺的松木板。这样一个与弓弩形影不离的民族，在福雷斯特眼中，自然是好斗的、野蛮的。福雷斯特一路上见到几拨背挎大弓弩参加部落械斗的傈僳族武士，而械斗的理由多种多样，有的是一个部落的尼帕（巫师）得到神示，声称奉上天之命去杀另一个部落的头人，有的仅仅是一个部落怀疑另一个部落偷了他们的玉米。

在福雷斯特的叙述里，虽然这个"野蛮"民族"冲动而易怒"，但在西方的火枪面前却不堪一击。福雷斯特讲述了弓弩遭遇西方火枪的故事。探险队一行沿江前行，被悬崖峭壁阻断了去路，于是准备请当地人当向导帮忙渡江，谁知江两岸的两个部落竟为争夺酬劳而争执起来，声称酬劳属于自己一方。相持之下，右岸的傈僳族头人冷不防射出一支毒箭，毒箭飞过探险队员的头顶掉落江中。当这名好斗的傈僳族人准备射第二支毒箭时，福雷斯特写道：

> 千钧一发之际，利顿先生和我立即跨前一步，我用温彻斯特火枪连发了几枪，子弹飞过他的头顶，击中了对岸的岩石，岩石立即迸裂开来。见此情景，他们所有人都被震住了。我通过翻译告诉他们，如果有谁再敢妄

动，下一发子弹就会射在他身上。

左图：傈僳族，福雷斯特《弓弩之地》（1910.02）；
右图：弩子（Lutzu），洛克《跨越亚洲大峡谷》（1926.08）

在火枪的威慑下，探险队顺利渡江前行。帮助他们过江的人很多仍跟着他们。福雷斯特写道，尽管这些人都武装到牙齿了，但对他们极其友善（amiable），对他们的火枪、衣服甚至猎犬都充满了"孩子气的兴奋与好奇"。

类似的故事，被《国家地理》反复讲述。由于 1908 年的"布鲁克事件"，[①] 大凉山彝族居住区在西方人的印象中一直是神秘而恐怖的。在《探险倮倮之地》一文中，美国陆军航

————————

① 1908 年，英国陆军中尉、皇家地理学会成员布鲁克（John Weston Brooke）带领一队人马进入牛牛坝（今四川凉山美姑县境内），被彝族阿侯家支的头人阿侯拉波所杀，引发严重的外交纠纷，这就是轰动一时的"布鲁克事件"。关于布鲁克被杀的原因，目前有较多说法，大部分认为是双方语言不通导致交流障碍。这一事件被《国家地理》反复提及，几乎所有涉及"倮倮"、"傈僳"或"夷"（Yi）的介绍，首先便是回顾这一事件，以渲染这一"原始"部落的恐怖与神秘。

空工兵雷洛德·洛伊，回忆了在大凉山彝族居住区寻找驼峰航线失事飞行员的经历。文章一开始便极力渲染"倮倮之地"的野蛮与危险。寻找小组在寂静无声的途中突然遭到"不知来自何处"的枪击，虽然有惊无险，但到达彝族土司岭光电的势力范围后，作者写道：

> 我们不断地展示我们的武器，以此巧妙地警告倮倮，如果他们胆敢来骚扰我们，就会自取灭亡。我们使用了一个有趣的花招：先举起枪连发数弹，然后把它交给一个倮倮，看着他绞尽脑汁也扣不响一发子弹。当然，枪到他手上之前，我们已锁上了保险机栓。[①]

《国家地理》讲述了弓弩遭遇火枪的故事，揭示了面对西方帝国主义强大的军事实力时，被征服者没有抵抗之力，因为"下一发子弹就会射在他身上"，福雷斯特的这句话形象而直接地表明了征服者与被征服者的实力悬殊。在一个村子里，傈僳族人接待探险队一行，奉上大米、鸡蛋和蔬菜等礼物，福雷斯特描述了他们"毕恭毕敬"的样子（which they offered on their knees）。《国家地理》将帝国主义的征服行经讲述成"野蛮人"被"驯服"的故事。

这种故事的讲述由来已久。在笛福流传甚广的小说《鲁滨逊漂流记》里，鲁滨逊流落到加勒比海的一个小岛上，在遥远荒凉的地方用枪震慑并驯服了野蛮人"星期五"。鲁滨逊为了让"星期五"见识他的威力，开枪打死了一只树上的

---

① Rennold L. Lowy, "Adventures in Lololand", *NGM*, Jan. 1947.

鹦鹉：

> 于是，我开了枪并叫他看仔细。他立即看到那鹦鹉掉了下来。尽管我事先已对他交了底，他还是愣着站在那儿，像是吓呆了。我发现，由于他没见我给枪里装过什么东西，这回更是吃惊得厉害，以为在我的这支枪里一定藏有什么神奇的致命东西，可以杀死人、杀死鸟兽、杀死远远近近的什么东西。这件事情使他大为惊恐，甚至过了好长时间，他还心有余悸。我相信，如果我听之任之的话，他准会把我和我的枪当神一样来崇拜呢！那支枪，星期五在事后好几天的时间里，碰都不敢碰它一下，还经常一个人唠唠叨叨地同它说上半天，仿佛枪会跟他对话似的。后来我才从他口里得知，他是在央求那枪，要它别杀害他。①

值得注意的是，没让"星期五"看到自己事先装弹药，是鲁滨逊耍的伎俩，与美国陆军航空工兵对凉山"倮倮"使用的把戏一样。鲁滨逊为何要这样做？因为他心里清楚，如果不能使野蛮人"星期五"把他的枪"当神一样来崇拜"，他就不可能在那蛮荒之岛成为主人。正如刘禾指出的，"在欧洲人对初次相遇的殖民幻想中，枪的符号开创了人们所熟悉的殖民征服的祭礼和拜物情结"。② 通过这种可以威胁人性命

---

① 〔英〕笛福：《鲁滨逊漂流记》，吕艳玲等译，吉林人民出版社，2010，第218页。

② 刘禾：《帝国的话语政治：从近代中西冲突看现代世界秩序的形成》，杨立华等译，生活·读书·新知三联书店，2009，第17页。

的道具与类似神秘巫术的力量，西方征服者获得了至高无上的权力。

第二节　木里王：高贵王者与幼稚心灵

弓弩手是出现在《国家地理》读者面前的武士形象，虽然生动，却无名无姓，只是作为一种具有象征意义的群像而存在。与之对应，大西南深处的一位土司，却以"王"的形象为《国家地理》的读者所熟悉，这就是 20 世纪二三十年代四川木里"黄教喇嘛之地"的项次称扎巴，① 洛克称其为木里王（Muli king）。

项次称扎巴（木里王）在《国家地理》上出现了三次，有六张图片。第一次是在 1925 年 4 月的《黄教喇嘛之地》中，文中有木里王的两张配图，只见他戴着分别象征王权与教权的帽子，端坐于王位上，身宽体胖，不苟言笑。第二次出现是在 5 年后即 1930 年 10 月的《雄伟的明雅贡嘎》一文里，木里王身着藏袍，面露微笑，与洛克并肩站在木里枯鲁（Kulu）寺前，图片说明中写着："国家地理学会在明雅贡嘎探险的成功主要归功于这位专制领主的友好合作。"第三次是在 1931 年的《圣山贡嘎里松贡巴：法外之地》里，有三张关

---

① 项次称扎巴 [Chote Chaba 或 Tsultrim Dakpa，又称出称扎巴（*Chūchēng Zhábā*）、秋提强巴等]，藏族喇嘛，是明秋呼图克图（Migyur Khutughtu）第 12 世转世，也是木里第 18 位王，死于 1934 年（洛克日记里记载其死于谋杀）。呼图克图是蒙古地区对藏传佛教中活佛转世的称呼，是仅次于达赖喇嘛和班禅喇嘛的称号。木里即今四川省木里藏族自治县的一部分。

《国家地理》上的木里王[①]

于木里王的配图：第一张，他站在帐篷前，身着藏袍；第二
张是彩照，木里王身穿活佛服饰，其神态、坐姿与风格与
1925 年的一样，说明文字是："木里王是 2200 名民众的精神
领袖与世俗之王"；第三张，木里王坐在枯鲁寺前，他的六位
随从分立两侧。

20 世纪 20 年代，中国西南大山深处的木里，仍是世界上
鲜为人知的地区之一。然而在 1924 年 1 月一个寒冷的早晨，

---

① 照片见《国家地理》中对洛克的相关报道。Joseph F. Rock, "The Land of The Yellow Lama", *NGM*, Apr. 1925; "The Glories of The Minya Konka", *NGM*, Oct. 1930; "Konka Risumgongba, Holy Mountain of The Outlaws", *NGM*, Jul. 1931。

约瑟夫·洛克踏入了这块"未知之地",成为木里王项次称扎巴的座上客。一年后,洛克在《国家地理》上发表《黄教喇嘛之地》一文,对这具有历史意义的中西际遇进行浓墨重彩的报道。

> 我穿上最体面的衣服前去觐见木里王……我走近后,他站起来弯了下腰,挥手示意我在一张摆满小吃的桌子前坐下,他坐在我对面的椅子上。
>
> 我看不清他的样子,因为光从他背后一扇敞开的窗射进来,而他却能把我看得清清楚楚。
>
> 木里王身高约 6 英尺 2 英寸,穿着绣花藏式靴子。他 36 岁,体格健壮,头很大,颧骨高,但额头很低。他肌肉松弛,因为他既不锻炼也不劳动。他举止高贵而和善,笑声温和。[1]

这位高大威严而温和优雅的领主,日后成为洛克最好的朋友之一,也是他在西南地区探险的实际帮助者。洛克在多篇文章中,皆提及木里王的慷慨友情与无私帮助。洛克在离开时,甚至写道,"当我骑行在枝头挂满地衣的树林里时,一股奇特的孤独感突然涌上心头。我想起我刚刚离开的善良而原始的朋友,他们一辈子深居大山,与世隔绝,对西方生活一无所知"。

---

[1] Joseph F. Rock, "The Land of The Yellow Lama: National Geographic Society Explorer Visits the Strange Kingdom of Muli, Beyond the Likiang Snow Range of Yunnan Province, China", *NGM*, Apr. 1925.

　　而正是"对西方生活一无所知"，使木里王成为《国家地理》中最意味深长的西南民族形象之一。该杂志主编助理迈克·爱德华兹曾这样评价道："洛克最吸引人的文章之一就是以木里为题材的。其之所以吸引人，部分原因在于那位孩童般无知的木里王，他不停地问了洛克很多问题。"① 木里王的问题是什么呢？洛克道：

　　　　我怀疑他那时是否知道美洲大陆已被发现。他也没有一丁点关于海洋的概念，以为所有大陆连成一块，所以问我他是否可以骑马从木里去到华盛顿，还问华盛顿离德国是不是很近。

　　　　尴尬的翻译替他传达了令人惊讶的问题："白人已停止战争，开始和平共处了吗？"

　　　　接下来，木里王还问我现在统治大中华的是国王还是总统。②

　　此后的文章中，这样的问题反复出现。再次拜访木里王时，木里王向洛克展示多年前植物猎人金登·沃德赠予老木里王的一幅漫画，名为"穿靴子的猫"（Puss in Boots），木里王"郑重其事地问我这是哪个国家的事儿，我忍不住大笑起来"。洛克进一步评价他"对域外风云浑然不知，不知何为布

---

① Mike Edwards, photographed by Michael S. Yamashita, "1922 – 1935：Our Man in China：Joseph Rock", *NGM*, Jan. 1997.

② Joseph F. Rock, "The Land of The Yellow Lama：National Geographic Society Explorer Visits the Strange Kingdom of Muli, Beyond the Likiang Snow Range of Yunnan Province, China", *NGM*, Apr. 1925.

尔什维克，没听说过沙皇一家已被处决，更不知恺撒已不再统治德国"。① 在另一篇文章中，这位领主"表情专注地问我美国的动物园里有没有龙"，当得知世界上根本没有龙时，领主的惊奇显露于表："那么雷声是打哪儿来的？难道不是大风吹动龙身上的鳞片弄出来的？"② 当卓尼土司杨积庆也问出类似的问题时，洛克不无同情地评价道："他像小孩一样容易相信别人，头脑如此简单，实在令人吃惊。"③

表述他者"头脑简单"的不止洛克、福雷斯特等早期植物猎人。1947 年，在《探险傻傻之地》一文中，雷洛德·洛伊等人用打火机、枪等"文明"之物戏弄"傻傻"："我们的打火机，甚至是火柴，都能引起傻傻无尽的好奇心。为了加深他们的印象，我故意把打火机在我的夹克上摩擦一下，再'啪'地打燃，他们看到神奇的火焰，以为是我的衣服有魔力。然后我偷偷地松开打火机的点火燧石，再把它交给傻傻，看他们徒劳地琢磨这支不能打燃的打火机。"④

当然，这样的关于"无知"的叙事，在民国时期的知识书写中也可以看到。比如，20 世纪 20 年代，中央研究院历史语言研究所的研究员黎光明，承该所"川康民俗调查"之任，来到松潘林波寺，遇到寺中的杨喇嘛。黎光明记录下了这位喇嘛的问题：

---

① Joseph F. Rock, "Konka Risumgongba, Holy Mountain of The Outlaws", *NGM*, Jul. 1931.

② Joseph F. Rock, "The Glories of The Minya Konka", *NGM*, Oct. 1930.

③ Joseph F. Rock, "Seeking the Mountains of Mystery", *NGM*, Feb. 1930.

④ Rennold L. Lowy, "Adventures in Lololand", *NGM*, Jan. 1947.

　　　　杨喇嘛既知道孙中山，并且听说过有蒋介石，但不知有南京也。更可惜的是他问我们道："三民主义和中华民国到底谁个本事大？"①

中央研究院历史语言研究所成立于 1928 年，由傅斯年领导。其时，随西方列强进入中国的，不仅有商业殖民主义和社会达尔文主义，还有"国族认同"与"国民塑造"等观念。王明珂认为，黎光明所记杨喇嘛的问题，以及黎光明的调查报告，反映了当时的社会情形：

　　　　我们可以在许多类似的著作中，看到如此对国族边缘人群的"无知"的试探、描述与嘲弄。事实上，这显示着国族主义所蕴含的"普遍知识"理念。当时接受此国族概念的知识分子，相信所有"国民"都应有此"普遍知识"。他们对乡民或边民"无知"的描述与嘲弄，也隐含了教育应普及于乡民与边民间之喻意。②

沈松侨也曾分析过 20 世纪 30 年代知识分子的西北旅行书写，认为当时的知识分子在扬弃以汉文化为中心构筑起来的文/野二分文化论述时，却以另一种社会进化论填补，即以进步/落后的二元对立范畴构成了"现代化"论述，从而设计出一个更为严密有力的教化方案（civilizing project），建构一

①　黎光明、王元辉：《川西民俗调查记录 1929》，台北"中央研究院"历史语言研究所，2004，第 106 页。

②　王明珂：《〈川西民俗调查记录 1929〉导读》，载黎光明、王元辉《川西民俗调查记录 1929》，台北"中央研究院"历史语言研究所，2004，第 24 页。

种更具宰制性的权力关系。①

　　如果说黎光明等人是在"国族主义"语境下书写"国族边缘人群"的"无知",那么洛克等西方来客,则无疑认为自己扮演的是"世界主义者"的角色,向"世界边民"撒播世界的"普遍知识"。何谓"世界主义者"(cosmopolitan)?斯蒂芬尼·霍金斯教授认为,世界主义者不仅指见多识广的世界公民,还指那些乐于开放并参与多样殊异的文化中去的人。② 人类学教授陈志明也认为,世界主义(Cosmopolitanism)"不仅是国际化或参与多文化的经验,它还是一种超越民族、宗教和国家的态度"。③ 总的来说,世界主义者应该是这样一群人,他们怀抱多元文化精神,将自己习得的世界知识传播开去,以增进不同地方人民的相互理解与尊重。

　　但是,洛克和黎光明们对于"边民"的书写,是否促进了不同地方人民的相互理解与尊重呢?凯瑟琳·卢茨等人指出,《国家地理》的文本在了解他者知识的愿望与生产他者知识的结果上,实际上产生了分离与冲突,它一方面可能促进了文化多样性的传播与接受,另一方面却将非西方世界降级

---

① 沈松侨:《江山如此多娇:1930 年代的西北旅行书写与国族想象》,《台大历史学报》2006 年第 37 期。

② Stephanie L. Hawkins, *American Iconographic*: *National Geographic*, *Global Culture*, *and the Visual Imagination* (Charlottesville and London: University of Virginia Press, 2010), p. 15.

③ 陈志明:《对 Cosmopolitanism 的理解与汉语翻译》,《西北民族研究》2009 年第 3 期。

了，认为它们处在进步阶梯的早期阶段。① 究其原因，乃在于20世纪早期，海外殖民扩张、生物进化论与社会进化论正一路凯歌，在文明与科学的话语中，文化被分为原始与现代、低级与高级、简单和复杂的不同等级。在这套话语体系中，"未知之地"的人民自然是原始社会里野性、野蛮的幼稚"他者"。

在检索《国家地理》的中国报道时，笔者发现以"野"（wild）为标题的文章相当多。何谓"野"？美国生态批评家劳伦斯·布伊尔认为，wild、wildness、wilderness 这几个词共享一种普遍含义，即"未被驯服的"，它既指自然领域，也延伸到人类社会，表征"无序""无知"的状况。② 文化人类学家露西·波沙柔在论述美国西部的文化连续性与变迁时，将文明按照"文"与"野"的程度再加细化，分为野性（wild）、文明（civilized）、过度文明（overcivilized）与低度文明（undercivilized），这四个范畴在一系列辩证对立因素中循环演进。波沙柔认为，当"文明"走向极端时，便是"煳"（burnt）或"焦煳"（overdone），③ 换句话说，也可能是一种"矫饰"或"虚弱"。

---

① Catherine A. Lutz and Jane L. Collins, *Reading National Geographic* (Chicago: University of Chicago Press, 1993).

② Lawrence Buell, *The Future of Environmental Criticism: Environmental Crisis and Literary Imagination* (Blackwell Publishing, 2005), pp. 148 – 149.

③ Lucy Jayne Botscharow, "Davy Crockett and Mike Fink: An Interpretation of Cultural Continuity and Change" in Fernando Poyatos, ed. *Literary Anthropology: A New Interdisciplinary Approach to People, Signs and Literature* (John Benjamins Publishing Company Amsterdam/Phladelphia, 1988).

从反思"野性""野蛮"到反思"文明""矫饰",这让我们追问:什么才是真正有意义的世界主义精神。诚如马克思主义经济地理学教授戴维·哈维所言,真正意义上的世界主义,并非对全球公民身份的消极思考,而是要对我们所干预和生产的世界知识有深刻认知,在历史—地理的动态语境之中,思考不同空间、地方和环境中的人的生活方式。① 换言之,书写他者只能在理解他者的语境中进行,才能明白多样化的意义,如若不然,不同社会之间的接触,意义何在?

第三节　摩梭人:女儿国与闯天涯

1991 年 7 月,《国家地理》刊登《中国青年等待明天》一文。这篇文章涉及少数民族形象的比重不大,然而在中国少数民族形象表述史上,却极为重要,其意义不仅在于将少数民族纳入新时代语境,与所有"中国青年"一起共同面对国家命运与全球化遭遇,而且通过个体化的人生经历,在流动性空间中,彰显其主体性存在。这篇文章的作者是罗斯·特里尔,文章的主角为摩梭女子杨二车娜姆。

罗斯·特里尔,汉语名为谭若思,澳大利亚移民至美国的当代中国问题研究专家。② 特里尔在《国家地理》上发表

---

① David Harvey, "Cosmopolitanism and the Banality of Geographical Evils", *Public Culture* 12 (2000): 529–564.

② 张弘:《我与中国的不解情缘——罗斯·特里尔访谈录》,《社会科学论坛》2013 年第 1 期。

的文章《四川：中国的变革之路》①，获得了中国国家旅游局颁发的荣誉证书。在发表于 1991 年的《中国青年等待明天》一文中，作者对摇滚歌手崔健、京剧演员、艺术家以及其他普通青年进行观察采访。② 全文 26 版，关于杨二车娜姆的报道共 4 版，以图片为主，用 6 张图片呈现了杨二车娜姆在北京及泸沽湖的生活情景。文字不多，全文译录如下。

雄心壮志闯天涯

从云南的大山深处来到首都北京，杨二车娜姆经历了太多的人生岔路。在北京，她成为一个艺名叫杨杨的歌手。身份的改变，使她拥有了一套公寓、奢侈的化妆品、手表以及各种家用电器。

这样的生活超出了她的故乡——洛水村人的想象。洛水村是位于四川的一个少数民族偏远小村。杨二车娜姆是摩梭人，摩梭人只是一个群体，而非中国政府认定的 55 个少数民族中的一个，尽管他们认为自己完全是一个单独的民族。

杨二车娜姆 1983 年离开家乡时，只会说藏缅摩梭语，不会说汉语。

"我只想唱歌"，娜姆说，她到了上海，在那儿进了音乐学校，并且开始学习语言。

杨二车娜姆胆子很大。报名的时候，音乐学院的老师问

① Ross Terrill, "Sichuan: Where China Changes Course", *NGM*, Sep. 1985. 该文使罗斯·特里尔获得了中国国家旅游局颁发的荣誉证书。

② Ross Terrill, "China's Youth Wait for Tomorrow", *NGM*, Jun. 1991.

她年龄，她瞄了瞄旁边一位女生手中的登记表，"我就写了她的生日"。摩梭人没有生日的概念。"有一次，我问妈妈我是何时出生的，妈妈告诉我，就在公鸡叫之前。"

三年后，杨二车娜姆第一次回到四川老家。她被邀请去为村子的喇嘛唱歌。她换上了在家里穿的摩梭服，做起从前常干的家务活。

从北京带回来的礼物中，有一个装满咖啡的大铁盒，但她妈妈把咖啡全部倒去喂猪了，"她以为礼物就是这个盒子"。

"你是我们摩梭人的光"，她的舅舅告诉她，希望她能利用日益增长的全国知名度，通过音乐，让人们重新认识摩梭人，更加理解摩梭人。她又重返北京。但 1990 年春天，她与一个在中国工作的年轻美国男子相爱并结婚了。

现在，杨二车娜姆相信她是第一个来到纽约的摩梭人，她很快学会了英语，与一群旧金山人一起演唱。

杨二车娜姆在北京享受自己的知名度。然而，她依然面临抉择——是否离开中国去闯世界。[1]

要理解此文中杨二车娜姆的形象及其意义，就需要简单回溯《国家地理》百年来对中国西南少数民族的空间表述。在一百多年的形象呈现中，我们发现，无论是作为男性代表的木里王与弓弩手，还是众多身着民族服装代表"民族特色"的女性，他们的生活是静止的，他们的生存空间与活动范围是封闭的，他们只是作为一种被展示、被凝视的客体而存在。

---

[1] Ross Terrill, "China's Youth Wait for Tomorrow", *NGM*, Jun. 1991.

木里王一生"深居大山"，对外部世界一无所知，弓弩手"从未走出过超出一天脚程的距离"，女性更是如此，她们不仅在身体形象上只是服饰文化的载体，在空间格局中更是被束缚在生于斯长于斯的村寨中，甚至到了20世纪80年代，卡瓦格博峰下山村女孩的梦想依然是离开这个外人眼中的"香格里拉"。在停滞与封闭的空间叙事中，地方成为一种"文化动物园"，表述者要传达的，只是他们眼中的"差异"与"区分"，是与之关联的"原始"与"传统"。

相反，杨二车娜姆的身体是移动的。她从"世界的边缘"出发，[①] 走向上海、北京等中心城市，走向纽约、巴黎等国际大都市，并漫游于"全世界"。在香港摄影师梁家泰拍摄的图片里，杨二车娜姆的生活情景发生在大街、化妆室、舞台与家乡小院中，她穿的既有现代服装，也有民族服饰。这样的移动有何意义？移动的身体，便是自由的主体性之存在，不仅能讲述一个女性的生活故事与生命情感，而且在谭若思心目中，移动代表着"身份的改变"，她不仅是一个摩梭姑娘，而且是一个"中国青年"。在《中国青年等待明天》一文中，杨二车娜姆成为与摇滚歌手崔健、京剧演员以及其他青年并列的"中国人"；当她进一步漫游世界之时，又获得了"世界公民"的身份。[②]

---

① 参见 Yang Erche Namu and Christine Mathieu, *Leaving Mother Lake: A Girlhood at the Edge of the World* (New York: Back Bay Books/Little, Brown and Company, 2004)。这是杨二车娜姆用英文写的第一本书，与人类学家克里丝汀·马修合著。

② 牛立明：《从"女儿国"走出的世界女公民》，《中国民族博览》1998年第3期。

2009 年，法国符号学家、女性主义学者茱莉亚·克里斯蒂瓦在北京做了一场题为"一个欧洲女人在中国"的演讲，在演讲中，她回顾自己作为一个保加利亚裔的法国人、欧洲公民、被美国接纳的女性，如何以文化的本真性进行"可无限重构的、向他者无限开放的身份追寻"之历程。结合在中国的主题，克里斯蒂瓦以自己 20 世纪 70 年代写作《中国妇女》一书的生命经历与跨文化思考为引子，扩展开去。她认为，在西方与中国相遇的过程中，哲学家、人类学家以及其他专家学者为阐释中国经验和中国思想付出了努力，"但这些努力往往事倍功半"。中国经验和中国思想如何才能够得到理解？克里斯蒂瓦借用巴赫金的"复调"理论，创造了"复调的个体"一词，指多民族欧洲背景下知晓多种语言的公民，这样的公民又被称为"全新的人""千姿百态的个体"，他们是"重新涌现出来的多元性的重要标志"，参与"通过他者的迂回而进行自我探寻、自我丰富、自我多元化的方式中"。①

杨二车娜姆的英文自传《离开母亲湖：世界边缘里的少女时代》（*Leaving Mother Lake: A Girlhood at the Edge of the World*）尽管"为迎合西方读者的口味而添加了许多虚实结合之材料"，但与其合作的人类学家克里丝汀·马修，仍然力图使该书"为西方读者了解世界上最后的母系社会打开一扇窗"。② 因此，在《国家地理》的文本里，杨二车娜姆正是克

---

① 〔法〕茱莉亚·克里斯蒂瓦：《一个欧洲女人在中国》，董强译，载乐黛云、〔法〕李比雄《跨文化对话》第 25 辑，凤凰传媒出版集团，第 200～204 页。

② Matthew Porney, "Leaving the Motherland" (Review), *Time*, Monday, Dec. 01, 2003.

里斯蒂瓦所称的"复调的个体""千姿百态的个体"，在全球化语境与多民族文化背景下，她通过身体的移动、自我的探寻，成为一种象征，象征着文化之间的跨越——跨越不同民族的文化差异，在中与西、农村与城市、传统与现代中，实现"摩梭人""中国人""世界公民"等多重身份的并置，促进多元文化的交流与理解。

在全球化进程中，空间的流动性大大加速了文明之间的相遇。有学者指出，"当我们此前对于跨文化的讨论还主要放在精神分析的层面上时，当下学理中不可避免的思考就是要将跨文化的思考置入一个身体思考的范畴"。当然，如此一来，跨文化的实践和思考便会"充满不可能性、异质性、不兼容性、无法归类性、无处寻找结构的可能性"。[①] 但是，无论如何，这种个人的、具体的与实证的跨文化过程，理当成为多元文化与全球化并行时代里一种重要的理论与实践资源。

第四节　民族形象：五彩服饰与族性表征

检索《国家地理》里中国少数民族的影像呈现，我们发现，仅从视觉形象来看，少数民族，尤其是女性，在文本中的存在，主要功能不是讲述人物本身，而是借助身体形象展现文化——以"民族服饰"表征"民族族性"。

---

① 张锦：《理论之思：当异质文化被并置时——从克里斯蒂瓦的讲座谈起》，载乐黛云、〔法〕李比雄《跨文化对话》第 25 辑，凤凰传媒出版集团，第 221 页。

以福雷斯特《弓弩之地》中的傈僳族图片为例，该文中有两张傈僳族女性图片，图片中的女性并排而立，直面镜头，占据画面中心，看不出时空背景，人物无名无姓，表情也无悲无喜，只有一行图片说明文字："佩戴在女性身上的繁缛装饰"。[①]

而借助身体形象表述他者文化，在洛克这个"民族志者"看来更是天经地义之事。洛克的人物摄影如今已被视为一种民族志影像。且看洛克拍摄的两张图片。

这两张图，拍摄手法相同，从正面与反面展示少数民族的服饰。第一张图提醒读者注意"已婚妇女与未婚女孩"的

纳西族女性的头饰与服饰
洛克：《纳西族的驱鬼仪式》（1924.11）

---

① George Forrest, "The Land of The Crossbow," *NGM*, Feb. 1910.

"拉地"部族女性的头饰与服饰
洛克：《寻找神秘的阿尼玛卿山》（1930.02）

头饰区别，她们衣服上代表太阳与月亮的刺绣图案；第二张图是卓尼"拉地"（Lhardi）部族女性，她们的发辫里编有"奇怪笨重的黄铜圆片与红色布带"。图片里的人物，面对镜头，面无表情。洛克与其说是在拍摄，不如说是在陈列与展示文化物件——被拍摄者的服饰与发型，说明其民族特征以及"奇怪"的民族文化。

洛克用来描述他者形象的词语，有些已超出正常的比喻了。且看他在《黄教喇嘛之地》中对彝族女性的描写。在前往木里的路上，洛克见到了许多"原始倮倮"，说他们"在这片诡异、阴暗的森林里行动起来悄无声息"。洛克仔细观察这个民族妇女的服饰以及她们的容貌：

> *伲伲妇女上着短外衣，下身的长裙几乎拖到地上，裙脚镶着老式的荷叶边。她们头戴宽边的帽子，帽檐向下软软地垂着，好像远古时代的鱼龙（antediluvian ichthyosaurs）。帽子遮住了她们的脸和凌乱的头发。多数伲伲小孩看上去可怜兮兮的，小腹鼓凸着，两条腿细得像火柴棍。*①

"好像远古时代的鱼龙"——在这种为人类种族档案馆提供的所谓"科学、真实、客观"的影像民族志中，在如此不敬的语言中，我们还能看到具有情感、生命与尊严的人的形象吗？

相比之下，苗族形象由于其"五彩服饰"，给读者带来的"愉悦感"要强烈得多。早在 1911 年 12 月，《国家地理》就出现了苗族形象，来源于"中国内陆传教团"（China inland mission），图片的说明文字为："中国云南石门坎的中国妇女，有孩子的已婚妇女将头发束于头顶，挽成号角状。"② 从说明文字中，可见当时《国家地理》或西方社会对中国西南少数民族的认识还极为模糊，但少数民族独具特色的文化风俗与服装头饰等，已激发了他们的好奇心。1937 年，美国农学家、岭南大学农学院的创建人格罗夫在中国西南考察，经过贵州时，他一方面着力描述交通之不便，另一方面对贵州的少数民族充满"向往"之情，他写道："贵州的土著居民苗人，据说有 70 个部落，每个部落都有自己独特的服饰，所有这些，

---

① Joseph F. Rock, "The Land of The Yellow Lama," *NGM*, April 1925.

② Rollin T. Chamberllin, "Populous and Beautiful Szechuan", *NGM*, Dec. 1911.

对于旅行者来说，不能不激起一种愉快的诱惑。"①

到 20 世纪 80 年代，探险家黄效文自驾游历中国大江南北，撰写《中国遥远地区的民族》一文，更是送上了一顿民族服饰文化的饕餮大餐，以影像民族志式的图片呈现了这一"愉快的诱惑"。比如在贵州，作者在重安江镇的街道上见到两个"服饰特别引人注目"的女孩，"她们戴着色彩艳丽的红缨帽，蓝白相间的蜡染头巾里，有一根精雕细琢的银簪子，在发髻上又佩以红色顶冠，整个头饰靠一根银簪固定。她们的围裙上也有精美的刺绣"。这两个女孩自称"僮家人"（Ge people），作者"非常兴奋"，因为他"还从未听说过中国的少数民族里有僮家人"。

而对于苗族，黄效文认为苗族是贵州的象征符号。中国苗族人口有五百万，其中超过一半居住在贵州，而且"据一些人类学家声称，仅中国的苗族就有近一百个亚族群"，因此，"苗族是中国族群复杂性的典范代表"。既然如此复杂，作者将如何介绍这一族群的复杂性呢？在此，作者直接概述道：

> 苗族可分为五个主要亚族群：黑苗、红苗、白苗、青苗和花苗——所有名称都是根据其传统服饰而定。②

黄效文该文配有 11 张苗族和僮家人的图片，作者比照这

---

① G. Weidman Groff and T. C. Lau, "Landscaped Kwangsi, China's province of Pictorial Art", *NGM*, Dec. 1937.

② Wong How – Man, "Peoples of China's Far Provinces," *NGM*, Mar. 1984.

些图片中人物的服装、头饰等，对苗族进行分类。比如，花苗是因其鲜艳夺目的服装而得名，而黑苗由于衣服主要是黑色，配以紫色、褐色和蓝色绣花，因此得名。

为何民族形象被简单化为服饰形象？早在 20 世纪初，日本学者鸟居龙藏便根据苗人的长相、音乐以及服饰，指出苗人性格"阴郁沉静"，尤其是其"服饰之色彩，亦颇显阴郁"。①《国家地理》也以民族传统服饰为关键符号来表征族群，展开来看，其原因大致有三：其一，作为人之"身体的延伸"，服饰为极具可视性与观赏性的标志物；其二，服饰是可以体现族群差异性的"第二皮肤"；其三，多姿有别的服饰也表征着族群及其文化的多元与多彩，因而在文本里便有了视觉上的展演性。

首先，作为一种符号，服饰极具可视性与观赏性。大多数民族志的书，开篇总少不了对各民族进行概括描述。正如美国学者诺曼·戴蒙德（Norma Diamond）在《定义苗族》一文里指出的，用勇敢、勤劳甚至保守等词，皆不足以说明苗族的族性特征，而关键的、重要的标志物，是那些最容易被观察到且易于描述的"奇风异俗"，如住所风格、服饰、头饰以及仪式等。②

实际上，以服饰符号作为一个族群或民族最明显的认同与区分的标志，这样的表述古已有之。自从人类懂得穿上衣

---

① 〔日〕鸟居龙藏：《苗族调查报告》，国立编译馆译，商务印务馆，1936，第261 页。

② Norma Diamond, "Defining the Miao" in Stevan Harrell, ed. *Cultural Encounters on China's Ethnic Frontiers* (University of Washington Press, 1995), pp. 92 - 116.

服遮羞蔽体或御寒护身后，服饰即成为一种媒介，是人之"身体的延伸"。但与其说服饰的重要功能在于"遮蔽"身体，毋宁说它同时是在"彰显"身体。服饰可展现不同族群的体质特征、精神气质与物质成就，因而也成为区分"自我"与"他者"的重要标志。

　　其次，服饰作为不同族群的区分标志，不仅是族群认同的重要符号，而且是族群边界的基本象征，因此具有区分不同族群、体现族群差异性的社会功能。王明珂在论述"民族化"前夕西南各族群之"族群性"时，认为人类的族群区分常以身体符号来表述，而在体质无明显差异的族群之间，人们便常以文化来创造、改变身体特征，如文身、拉大耳垂等，更普遍的是以服装、发饰作为身体的延伸，以表述族群认同以及与其他族群的区分。[①] 身体符号的这一表征功能，早在《礼记·王制》中便已娴熟运用，其在解释何谓夷、蛮、戎、狄时，所持依据即为"身体"、服饰以及饮食习惯：

　　　　东方曰夷，被发文身，有不火食者矣。南方曰蛮，雕题交趾，有不火食者矣。西方曰戎，被发衣皮，有不粒食者矣。北方曰狄，衣羽毛穴居，有不粒食者矣。（礼记·王制）

　　《礼记·王制》中正是用"身体"以及衣、食来定义夷、蛮、戎、狄。之所以能如此，就是因为服饰既是人身体的延

① 王明珂：《由族群到民族——中国西南历史经验》，《西南民族大学学报》（人文社科版）2007 年第 11 期。

伸，又是不同族群的"第二皮肤"，昭示了差异的存在。因此，用有差异的服饰定义民族，其实质乃在于说明族群的差异性。正如《礼记·王制》中的分类，不仅意在说明夷、蛮、戎、狄各自有别，更重要的是将它们与中原民族区分开来。为何中原民族的服饰不在此"出场"，却强调夷、蛮、戎、狄的服饰特点？斯图尔特·霍尔借巴布科克的观点指出："在社会上处于边缘的，通常在符号上是处于中心的。"霍尔更明确表示，文化取决于给予事物以意义，这是通过在一个分类系统中给事物指派不同的位置而做到的，因而，对"差异"的标志，就是被称为文化的符号秩序的根据。①

人类学家路易莎·歇恩在贵州凯里的宾馆里观察到，苗族女服务员上班时穿着少数民族服装，戴着有民族特色的头饰，但下班后她们会换上现代服饰，路易莎认为，"她们这样收拾装束，是意在避免成为'落后'"。② 而黄效文在贵州农村欣赏"多彩的民族服饰"时，也注意到，当地男子大多数穿着比较随意，不拘于民族服装，女子却基本上仍穿着传统的民族服装。③ 这一现象在《国家地理》历年的图片中皆可看出，这或许也可解读为男人更"现代"，而女人更"传统""保守"的社会角色分配。总之，服饰具有差异性，而这差异性又暗指一种原始性，成为《国家地理》表述"他者"文化的重要载体。

---

① 〔英〕斯图尔特·霍尔编《表征：文化表象与意指实践》，徐亮、陆兴华译，商务印书馆，2005，第 238~239 页。

② 〔美〕路易莎·歇恩：《少数的法则》，校真译，贵州大学出版社，2009。

③ Wong How-Man, "Peoples of China's Far Provinces," *NGM*, Mar. 1984.

第十二章

文化：意义之网

马克斯·韦伯曾将人比喻为"悬挂在自己编织的具有意义的网上的动物"。人类学教授克利福德·格尔兹（又译克利福德·吉尔兹）更进一步阐释道："文化就是这些具有意义的网"。① 然而何谓文化？《国家地理》表述中国西南少数民族文化，自有一套符号象征：女性身上的传统服饰，流传于民间乡野的神话传说，存在于时光边缘里的民歌民俗，各种"超自然的、奇异的"宗教仪式。这些符号象征，遥遥地指向两个字——传统。传统代表时间的方向，是一种过去时表述方式；与此同时，时间又流向未来，因此传统也包含着变迁与复兴的话语。

第一节　巫术仪式："恶灵和亡灵在操纵一切"

马林诺夫斯基在《巫术科学宗教与神话》一书中，开宗

---

① 〔美〕克利福德·格尔兹：《文化的阐释》，纳日碧力戈等译，上海人民出版社，1999，第5页。

明义写道："无论怎样原始的民族都有宗教与巫术，科学态度与科学。通常虽都相信原始民族缺乏科学态度与科学，然而一切原始社会，凡经可靠而胜任的观察者所研究过的，都是显然地具有两种领域：一种是神圣的领域或巫术与宗教的领域，一种是世俗的领域或科学的领域。"他继而指出，"传统行为与遵守是被土人看得神圣不可侵犯，既有敬畏的情绪，又有禁令与特律的约束。这些行为与遵守，都是与超自然力的信仰（特别是巫师信仰）弄在一起，那便是与生灵、精灵、鬼灵、祖先、神祇等观念弄在一起"。①

在《国家地理》的文本里，神秘的巫术仪式，万物有灵的民间信仰，是中国西南大地上最浓厚的文化底色。

在中国生活了 26 年的洛克，对这方土地上的超自然信仰进行了细致观察与专业记录。吉姆·古德曼在《洛克和他的香格里拉》一书中认为，洛克在《国家地理》上发表的文章中，以《纳西族的驱鬼仪式》、《卓尼喇嘛的生活》以及《藏传佛教的神谕者》这三篇尤其具有民族志特色。②

表 12－1　洛克笔下中国的民族与宗教仪式

篇名（年份）	仪式	功能	仪式道具
《纳西族的驱鬼仪式》（1924）	纳西族的"资对"（Dzu dü）	驱鬼治病	藤条、稻草、树枝、麦面做的鬼像、锣鼓、鸡，东巴舌舔热犁铧、手伸热油锅

① 〔英〕马林诺夫斯基：《巫术科学宗教与神话》，李安宅编译，上海文艺出版社，1987，第 1 页。
② Jim Goodman, *Joseph F. Rock and His Shangri - La*（Hongkong: Caravan Press, 2006），p. 117.

续表

篇名	仪式	功能	仪式道具
《卓尼喇嘛的生活》（1928）	甘肃藏族的酥油节等	宗教节庆	面具、法衣、乐器（鼓、钹等）、面团做的魔鬼、匕首、头骨杯、三叉戟、酥油佛像
《藏传佛教的神谕者》（1935）	云南藏族的松玛显灵	求卦占卜、驱魔、辨认转世活佛等	法衣、宗教经典、法号、松枝烟雾、铁帽、钢刀、大麦面团做的骷髅

注：表格为本书作者整理制作。

从表 12 - 1 中可见，洛克笔下的各类仪式涉及不同族群与区域，可为后人的研究甚至文化传承提供可借鉴之资料。尽管他没有受过专业的民族学、人类学训练，但秉承植物学家的严谨，洛克的记录如同民族志一样完整而细致。以仪式中的"声音"为例，在描述纳西族东巴的驱鬼仪式时，洛克对于仪式中的各种声音极其敏感，比如，"鼓的空洞声拉长了，吟诵声变成了哀怨的葬礼旋律"，描写兼具文学性，烘托气氛。洛克描写法器声音的形容词多达十几个，[1] 随着仪式的进展，鼓声、锣声不断变换节奏，神秘、空洞、沉闷、急促、激烈、古怪、欢快、狂暴、诡异、拖长的、戛然而止的……伴随滚雷和闪电，以及东巴疯狂的舞蹈与在场者的投入，淋漓尽致地展现了这场仪式的神秘与鬼魅。

---

[1]　Joseph F. Rock，"Banishing the Devil of Disease Among the Nashi, Weird Ceremonies Performed By an Aboriginal Tribal in the Heart of Yunnan Province, China"，*NGM*，Nov. 1924. 洛克描写仪式中声音的词语十分丰富，比如 vociferous、grumbling、quarrelsome、rhythmic、weird 等。

作为一个植物学家，洛克在记录仪式里的道具名称时，尽量做到有闻必录，烦琐到无以复加。在卓尼喇嘛的"勒冲查科"仪式里：

> 喇嘛端进来一个大盘子，上面放着一个用红色面团做成的模拟小人像，人像身上捆着沉重的铁链。这个人像代表魔鬼或者作恶者。托盘旁边放着一把红色的小凳，上面摆放着一根权杖、一柄剑、一把三刃匕首、一只头骨杯、一把三叉戟、一根霹雳棒、一只铃铛、一把短柄小斧和一把木槌。[①]

而在云南永宁寺纪念宗喀巴圆寂的持灯会上，洛克一边观察"神谕者"松玛的迷狂状态，一边记录仪式现场紧张刺激的氛围，他写道：

> 住持再次走上前去，把头顶贴在松玛的下巴尖上，他问了松玛一个问题并得到了回答。渴望获得鬼魂祝福的狂众再次被环侍一旁的喇嘛用鞭子赶成一排，年长的里新头人和我则在一个安全的位置观察这一切。这位松玛的前任曾在木里的诵经殿里弄死了一位喇嘛。[②]

此类例子，在文中比比皆是，即使与受过训练的民族志学

---

① Joseph F. Rock, "Life Among the Lamas of Choni, Describing the Mystery Plays and Butter Festival in the Monastery of an Almost Unknown Tibetan Principality in Kansu Province, China", *NGM*, Nov. 1928.

② Joseph F. Rock, "Sungmas, the Living Oracles of the Tibetan Church", *NGM*, Oct. 1935.

者相比，洛克的写作也完全符合人类学记录"五个在场"的要求，即史诗演述传统、表演事件、演述人、受众与研究者的在场。[①]

值得注意的是，洛克在观察、描述这些宗教仪式时，往往以"奇异"概述之，这一点从他文章的正、副标题（或许由《国家地理》的编辑拟定）里体现出来，并扩展至西南诸事项。纳西族的驱鬼仪式是"怪异的"（weird），木里王国是"奇怪的"（strange），卓尼喇嘛的生活充满了"神秘的"（mystery）表演，阿尼玛卿山也是"神秘的"（mystery）。洛克将贡嘎里松贡巴表述为"法外之地"（outlaw），称藏族"松玛"为"德尔斐的神谕者"（Oracles of Delphi），无疑增加了这一文化的神秘感，正如吉姆·古德曼指出的，"纳西族的驱鬼仪式"这一标题就已经能成功地"勾起读者对欧洲中世纪驱鬼之风的记忆与想象了"。[②]

然而，洛克对于宗教仪式的看法，徘徊在"理性"与"迷信"之间。有时，洛克会将少数民族的巫术仪式视为一种"迷信"，他在《纳西族的驱鬼仪式》中评价道：

> 由于纳西族人很信迷信，他们不会把灾祸或疾病归咎于自然，而是在多舛的厄运中看到恶灵和亡灵在操纵

---

① 巴莫曲布嫫：《叙事语境与演述场域——以诺苏彝族的口头论辩和史诗传统为例》，《文学评论》2004 年第 1 期。

② Jim Goodman, *Joseph F. Rock and His Shangri - La*（HongKong：Caravan Press, 2006）.

一切。①

相信万物有灵，这是中国西南各少数民族普遍的民间信仰，即使到了 21 世纪，在"时光边缘"的贵州省的一个侗寨里，华裔作家谭恩美还可以看到村民们举行"过阴"仪式，仪式中有山魈、灶神、桥神、土地神等神灵，也有驱鬼治病的风水先生、大师、鬼马骑士。②在这样一个已经向全球化、商业化打开大门的乡土世界中，鬼魂仍有一席之地。在宗教社会学家周越（Adam Yuet Chau）看来，民间宗教在新时代复兴，反映出一种普遍的文化逻辑与社会逻辑，"灵"与"灵验"这种核心观念，实际上是人神关系基础上的社会性建构。③

我们再回过头来看看具身性体验了西南超自然信仰的文化记录者，对此持有怎样的态度与立场。以洛克为例，从他的文本来看，在多数情况下，他只是忠实地记录，但对于某些"神迹"，他将信将疑。在《藏传佛教的神谕者》中，洛克生动地描述了一位松玛在永宁寺纪念宗喀巴圆寂的持灯会上显灵的情景。松玛是藏传佛教的"神谕者"，是恶灵的肉身，与古希腊德尔斐神庙里的神谕者一样具有神力，附身的灵魂来自先是中了邪，尔后又被神通广大的喇嘛降伏并被转

① Joseph F. Rock, "Banishing the Devil of Disease among the Nashi", *NGM*, Nov. 1924.

② Amy Tan, Photographs by Lynn Johnson, "Village on the Edge of Time", *NGM*, May 2008.

③ Adam Yuet Chau, *Miraculous Response: Doing Popular Religion in Contemporary China* (Standford University Press), 2006.

变成护法使者的勇士。松玛会显示出"超人的力量"，洛克在目睹他"接过一把蒙古钢刀，转瞬之间便将它拧成一堆铁疙瘩"的神奇后，亲自去验证了一下钢刀的真实性。

藏人把松玛拧成疙瘩的钢刀视为珍宝，将其挂在门头或者寺门上方驱邪。我仔细检查过这种上等钢材打制的刀，其厚度可达四分之一到三分之一英寸，凭我的力气连刀尖部分都不可能折弯，但是松玛却从靠近刀柄的最厚的地方用力，一举将其拧了几道弯。

洛克目睹并如实记录了整个过程，但他只作记录，很少用"科学道理"去擅自解释。他在文末写道：

显而易见，冒牌货到处可见；同样有目共睹的事实是真松玛身上那超人的力量和非常人能比的惊人之举。①

洛克描写现场氛围，有时会在字里行间透露出调侃甚至嘲讽语气，但又努力表现出置身事外的理性与冷静。他点评松玛做仪式的收费其实"不菲"，说松玛进入迷狂状态时，既"像发癫痫病"，又像"狂躁的疯子"，而渴望获得鬼魂祝福的狂众，领受到的祝福是"一记击打"。洛克讲述了藏传佛教的神谕者的故事，在当地人的信仰中，松玛必须过自律的生活，但一个名叫巴隆楚杰的松玛嗜好鼻烟，他因此遭到附于其身的恶灵车青的惩罚。洛克说，这个故事"让人想到双重

---

① Joseph F. Rock, "Sungmas, the Living Oracles of the Tibetan Church", *NGM*, Oct. 1935.

性格和三重性格的情况，松玛可能代表了这一典型病例"。①
在这个联想中，洛克用了"可能"（may）一词，透露出含糊
的暗示性，表明他不是神秘事件的解释者。

　　然而，与开创了科学民族志的马林诺夫斯基一样，洛克
也会在科学理性的外表下，把另一个"真实的"自我隐藏在
日记中。在其日记里，记载了这样一个故事，读来让人印象
深刻。1926 年 2 月的一天，洛克参加了卓尼一个村子的宗教
仪式。因为当地人告诉他，只有在这里才能体会真正的宗教
力量。洛克起初并不相信，他去到现场，看到在场的人被一
种力量控制逐渐陷入迷狂中，当他举起相机要拍照时，"突然
感到全身无力"。洛克和陪他一起去的杨土司来到一个僧侣的
小房间休息，没想到"一种更强的无力感控制了他"，他几乎
看不到东西了。洛克深呼一口气想要清醒过来，发现不起作
用。因为非常害怕像在场的人那样陷入迷狂状态，所以他使
出浑身力量振作起来，以全部的意志力叫上杨土司一起离开，
而后者也已处于相同的状态中。

　　回去后，洛克恢复了平静。几小时后，当试图把看到的
景象记录下来时，他感到眩晕不舒服，开始颤抖，他不得不
停下来。尽管这种感觉没有持续多久，但这种经历使他迷惑
并将他吸引。洛克在日记里记下了这次经历：

　　　　就像是某种东西穿越身体，完全控制了你……它清
　　除掉自我，让另一种力量完全控制了自我……喇嘛们解

―――――――――――

① Joseph F. Rock, "Sungmas, the Living Oracles of the Tibetan Church", *NGM*,
　　Oct. 1935.

释说这是僧院的大神占领了人的身体。①

此后，他又返回那个村子观看了同样的宗教仪式，并且拍了照。也许是由于有了戒备，他没有再被击倒，只是略微感到胃部不适。因此，洛克把上次的经历视为一次偶然性事件，至少在《国家地理》的文本中，他竭力维护自己所建构的"西方文明人"形象，秉持"科学""理性"精神，与他所记录的"原始"文化相区别。

第二节　侗歌、传说与地方性知识

华裔美籍作家谭恩美于 2005 年秋天率领一个歌剧创作团队到中国采风，她来到黔东南苗族侗族自治州黎平县的地扪侗寨时，"世界文化遗产保护运动"正风起云涌。2006 年 5 月，侗族大歌被批准列入第一批国家级非物质文化遗产名录，作为无文字民族的"口头传统"而日益受到重视，但正因为是"遗产"，故意味着其面临失落的命运。因此，谭恩美来到这个让她"对偏远有了深刻体会"的寨子，书写了对侗族大歌的热爱与对传统文化衰落的惋惜。

侗族人使用的侗语没有书写形式，该民族的各种传统和历史传说都通过歌曲代代相传，可以上溯千年——

---

① Jim Goodman, *Joseph F. Rock and His Shangri - La* (HongKong, Caravan Press, 2006), pp. 106 - 107.

至少歌曲里是这么说的。①

侗族大歌不仅传唱民族的历史，而且囊括了生活的方方面面，谭恩美向读者描述其内容，"有迎善驱恶的迎宾曲，有感叹岁月无情的咏叹调，也有侗族人钟爱的关于大胆恋人的民谣，此外，还有那首 20 世纪 50 年代风靡一时的《东方红》"。谭恩美在寨子中见到一位 74 岁的老奶奶，是"唯一能够把地扪史诗般的侗族大歌中 120 首歌唱全的人，那些蓝调式的旋律忧伤反复，能唱上好几个钟头"。但是，令人担忧的是："她一旦过世，史诗之歌将会怎样？"作者进一步追问："这口耳相传的侗族大歌还能存在么？侗族生活中还有多少传统会迅速湮灭？"

为何传统文化的消逝会引来《国家地理》作者们的关注与哀叹呢？让我们从另一位美籍华裔作家黄效文的书写中一探究竟。

在香港长大的黄效文，2009 年曾当选为香港特区全国政协委员，曾参加"两会"，其间新华网以《黄效文委员的云南情》予以专题报道，称"多年来在云南从事探险、研究、保护及教育工作的黄效文委员，说到云南时，眼里充满着眷恋，他对这里的土地和人民有着深厚的感情"。② 在 1984 年发表于《国家地理》的《中国遥远地区的民族》一文中，黄效文以一位探险家的眼光与笔触，表达了对这片土地上传统文化的

---

① Amy Tan, Photographs by Lynn Johnson, "Villege on the Edge of Time", *NGM*, May 2008.

② 周灿：《黄效文委员的云南情》，新华网云南频道，2009 年 2 月 7 日。

兴趣与眷恋。

1982 年，黄效文用时半年，在云南、四川、西藏、青海、甘肃、贵州、湖南、广西，接触访谈了十余个少数民族，最后写成《中国遥远地区的民族》一文，该文内容丰富，有趣有情。黄效文边走边看，博闻广记，他尤其注意收集沿路各民族的民间传说与风俗习惯。

历史上，中国少数民族语言丰富各异，但这些民族要么并无书写文字，要么文字因某些原因而失落或失传。黄效文在考察之旅中，便记载了"无文字民族"的许多传说。首先看一则苗族关于文字的故事。

> 据说，很久很久以前，苗人与汉人住在一个地方，但是双方发生了冲突，于是苗人决定迁徙。他们走了很远很远，来到一条大河前，由于无船，不能再前行。据说那时候，苗族已有一些文字。他们坐在河边考虑如何过河时，看到水蜘蛛在河面轻快地浮行，心想："如果这些小东西都能在水面上行走，我们为何不行呢？"于是他们就行动起来，结果差点被淹死。他们终于挣扎着上了河对岸，却喝了很多很多水，同时被喝下的，还有他们知道的文字。从此以后，苗族便再也没有文字了。①

虽然没有文字，但黄效文注意到，苗族有丰富的"口头史"，包括他们能把自己的历史"写"进服饰中。他记录下的

---

① Wong How‑Man, "Peoples of China's Far Provinces", *NGM*, Mar. 1984.

"口头史"还包括侗族"春社"与"秋社"的来历，① 羌族民歌里"童养媳"的生活等。② 兹摘录一则白马藏人（自称"氏"）的"牛歌"故事。

　　古时候，上天恩赐了人类很多很多稻谷，稻谷犹如白雪一般覆盖在土地上。但有一天，一个女人不小心踩倒了一片稻谷，得罪了上天，上天于是派一头牛到人间，传达对人类的惩罚：每个人每天必须梳头三次，只吃一顿饭。但是这头牛却传错了旨意，让每个人每天梳一次头，吃三顿饭。上天大怒，便罚牛到人间去受苦并忏悔。牛请求上天发慈悲，他（he）首先声称自己到了人间可能会被虐待，于是上天便让他长出角来保护自己；其次他又担心被蚊咬，于是上天让他长出尾巴；最后，牛怕自己干活时太累睡着了会遭到人类的惩罚，于是上天便要求人们在犁田的时候必须唱歌给牛听，使牛保持清醒。从此以后，"氏"在赶牛犁田时，总以歌声相伴。③

《中国遥远地区的民族》一文共有 50 页，配有 47 张图

---

① 古时候，有一个叫木阿点龙（Muadianlong）的厨子，在面对土司的提问时，因诚实地回答"世界上最美味的食物是盐巴"而被杀害，土司后来认识到自己的错误，而将每年的春秋两季的某日定为纪念日，命人民在吃食物之前要喝一点盐水。黄效文记录这个故事后，提到现今的春社、秋社"已经成为侗族人民聚会与青年人约会的节日"。

② 黄效文收集的关于羌族"童养媳"的歌曲，其歌词为："田里的小麦开花了，我的丈夫还是婴儿在吃奶。要等到什么时候他才能长大？等到草枯花谢时。"

③ Wong How - Man, "Peoples of China's Far Provinces", *NGM*, Mar. 1984.

片，因此文字比例并不太多。《国家地理》为何会不惜版面详细记录一个又一个传说呢？对少数民族的神话、传说、风俗等不厌其烦地记录，应当不是像一般游记作品那样添加佐料或增加色彩，而是有其更深刻的寄托。

一方面，这些传说故事里往往包含族群起源与身份认同，它们有可能在新的历史语境中被不同的表述者嵌入新的文化语境中，正如学者梁昭所言："传说和历史、真实和虚构常常杂糅在一起，成为某种族群或者地方性的文化表征。"① 民间口头文化传说的复兴，既是曾被压抑、掩盖以及修改的故事的复活，也是民族意识发展的契机，构成了对少数民族认知的多重参照。

另一方面，诸多传说、仪式等民族文化表达展示了少数民族"特质"，即区别于西方文明的"原住民文明"。如果结合自 20 世纪 60 年代以来在世界范围内兴起的"原住民文化知识"转向，及由这一转向而引发的对多元文化主义的讨论，涉及"到民间去"、"民族诗学"以及"世界文化遗产保护"等浪潮，则黄效文、谭恩美在《国家地理》上的书写，不能不说正好顺应了新时代对于"地方性知识"的发现与追寻。

何谓"地方性知识"（local knowledge）？1983 年人类学家克利福德·格尔兹在其论文集中首次使用该词，用以表征文化的多样性与特殊性。所谓"地方"，不仅指地点、时间、阶级以及事件，更指一种音调（地方特色）——一种具有地

---

① 梁昭：《"老传统"与"新叙事"：以蓝靛"刘三姐"叙事为例论"传说"与"历史"的分野》，《西南民族大学学报》（人文社科版）2008 年第 3 期。

方色彩的事实表征与道德想象。① 而与之相关的"知识"，克利福德·格尔兹在比较民族志与法律的关联性时，认为文化比较与法律审判都不是依据"通则"，相反，这两者处理的"事实"都与地方的文化传统、社会伦理紧密相连，要在不同的文化下进行解读。

> 但是最直接的关联是：我们此处的事件、规则、政治、习俗、信仰、感情、象征程序及形而上学合在一处的方式如此生疏而又别具一格，因而哪怕只是把"事实"和"应该"对照一下都显得——怎么说呢？——太不成熟了。②

由地方性知识发展起来的"文化相对性""文化诠释"等观念，与现代人文社科的发展探索互为潮汐，推动了世人对异域知识的新观念与新理解。就在《地方性知识：阐释人类学论文集》一书出版的同一年，《全景文学：通向民族志诗学的话语范围》出版，该书认为许多文人和学者为打破传统狭隘的文学观，开始在长期被贴上"原始"和"野蛮"标签的民族中，发现口头传统文本的重要价值，重申诗歌的复杂性，并试图在人类文化的最广泛层面建立一种新的诗学。③ 因

① 潘英海：《格尔兹的解释人类学》，载庄孔韶主编《人类学经典导读》，中国人民大学出版社，2004，第142页。

② 〔美〕克利福德·吉尔兹：《地方性知识：阐释人类学论文集》，王海龙、张家瑄译，中央编译出版社，2000，第237页。

③ Jerome Rothenberg and Diane Rothenberg, *Symposium of the Whole: A range of Discourse Toward an Ethnopoetics* (University of California Press), 1983.

此，《国家地理》在有限的篇幅中大量记载中国无文字民族的口头传统，比如白马藏人的"牛歌"故事，也许不仅是为了增加游记的有趣性，其目的，正如叶舒宪在阐述地方性知识的意义时所言：

> 既不以局外人自况，又不自视为当地人；而是勉力搜求和析验当地的语言、想象、社会制度、人的行为等这类有象征意味的形式，从中去把握一个社会中人们如何在他们自己人之间表现自己，以及他们如何向外人表现自己。①

行文至此，让我们再回顾意大利学者翁贝尔托·埃科论述的不同文明相遇时，所应持有的"文化人类学原则"，即了解别人并非意味着去证明他们和我们相似，而是要去理解并尊重他们与我们的差异。②

第三节　抢救之名："原住民"缺场而民族志在场

当我们在《国家地理》的文本中重温中国西南丰富厚重的文化传统，在这些独特的地方性知识中确认文化身份认同时，我们也不能忘记人类学家詹姆斯·克里福德对"传统"

---

① 叶舒宪：《文学人类学——知识全球化时代的文学研究》，社会科学文献出版社，2003，第38～39页。

② 翁贝尔托·埃科：《他们寻找独角兽》，载乐黛云、勒·比松主编《独角兽与龙：在寻找中西文化普遍性中的误读》，北京大学出版社，1995，第12页。

的辨析，他在《传统的未来》一文中，提醒我们：西方关于
"传统"的观念，绑定在"过去、重复、宗教、地方、土著、
非西方、非理性"等词语上，与"进步、科学、发展、现代
化、全球化"等概念相对立。这样的二元对立观，应该在
"动态的历史"中被反思。①

从文化人类学的眼光来看，不同文明在相遇中产生碰撞
与冲突，并非全然由征服与掠夺所致，很多时候，文明的碰
撞与冲突，恰如萨义德提出的"东方主义"，在于一方对另一
方的"相轻"，在于从自我中心主义视角出发，以"天赋使
命"为己任，对他者进行所谓的"启蒙"、"教化"乃至"抢
救"。这样的东方主义立场，是《国家地理》在他者叙事中一
种无法否认的调性。

本书即将结束，拟以三位摄影师兼探险家——约瑟夫·
洛克、英国人约翰·诺埃尔以及美国人爱德华·柯蒂斯——
为例，分析他们在对不同他者的影像记录中显露的表述权力
问题。超越《国家地理》这一文本的论述范围，不同的表述
者与表述对象，表明这是一个既包含中西，又不限于中西的
世界性表述权力问题。

先以洛克为例。洛克在《纳西族的驱鬼仪式》一文中，
重点记录了三次驱鬼仪式，然后介绍纳西族的象形文字东巴
经，用英文翻译了东巴经里的一个创世神话及文字起源，末

---

① James Clifford, "Traditional Future", in Mark Phillips and Gordon Schochet
(eds.), *Questions of Tradition* (Toronto, Baffalo, London: University of Toronto
Press), 2004, p. 152.

尾介绍了纳西族新年的宗教仪式。一番人类学民族志记录后，洛克在结尾处写道：

> 本文是有史以来第一次尝试对纳西族人的宗教仪式进行描述与记录。……这个鲜为人知的民族正在迅速丧失其民族性。①

这个简短的结尾表明了洛克对自己的角色认定。作为一位西方职业探险家，他将自己对异域文化的记录定性为一种"文化抢救"。我们从动态的历史观回头看，将会看到，"抢救"一词具有耐人寻味的复杂意涵。

提到"文化抢救"，便不得不提到"抢救人类学"以及与其相对应的"抢救民族志"。回顾 19 世纪末 20 世纪初西方民族学、人类学的发展历程，"抢救"这一观念至关紧要，可谓奠定了这些学科的基调，而洛克所生活的时代，正是受沐于这一人文环境与学术思潮。

"抢救民族志"（Salvage Ethnography，也可译为"拯救民族志"）一词，由人类学家雅各·格鲁伯（Jacob W. Gruber）提出。在《抢救民族志与人类学的形成》一文中，它被用来指称 19 世纪至 20 世纪初民族学家对某些民族语言文化的抢救记录，这些民族被欧洲国家和美国殖民或征服，处于即将

---

① Joseph F. Rock, "Banishing The Devil of Disease among The Nashi", *NGM*, Nov. 1924.

消失或变迁之中。① 按格鲁伯的说法，第一个承认殖民主义是现存语言和生活方式极大破坏者的官方文件是《英国原住民特别委员会报告》（1837 年）。此报告面世后，詹姆斯·考尔斯·普里查德于 1839 年对着英国科学发展学会（BAAS）做了如下演讲。

> 无论欧洲人入驻何处，他们的到来就是原住民的末日……近年来，随着帝国的殖民扩张，时空屏障被克服，我们人类一部分的灾难近在眼前，大部分土著民族将会完全消失。目前最为重要的事，便是获取有关他们的所有信息，包括他们的体质与心智。这些种族的心理状态尚未得以用开明的方式加以研究。为了人类历史与人类心灵的完整性，这都是必须要做的。②

格鲁伯认为，正是对文化的抢救工作，提供了人类相互接触和彼此照见的机会，"在此，野蛮遇到文明，稳定遇到变迁。野蛮人遭遇灭绝的现实，使我们逐渐认识到，除非我们了解所有人，否则我们便不能说我们懂得人类"。不仅如此，格鲁伯宣称："'野蛮人'的消失，人类境况的恶化，使我们不可避免地丧失了自己的身份认同。"③ 在美国，以博厄斯为

---

① Jacob W. Gruber, "Ethnographic Salvage and the Shaping of Anthropology", *American Anthropologist*, New Series, Vol. 72, No. 6 (Dec. 1970), pp. 1289 – 1299.

② James Cowles Prichard, "On the extinction of human races", *Monthly Chronicle of the Aboriginal Protection Society*, 1839.

③ Jacob W. Gruber, "Ethnographic Salvage and the Shaping of Anthropology", *American Anthropologist*, New Series, Vol. 72, No. 6 (Dec. 1970), pp. 1289 – 1299.

代表的人类学者，开创了美国方兴未艾的人类学事业，而他们都认为应优先考虑发展"抢救民族学"，这也促使早期美国人类学家中很多人在北部平原和哥伦比亚大草原开展研究工作。"1880 年至 1940 年间数量惊人的抢救性田野工作和民族志正是在逐渐消逝的红人这个持久的形象的激励下得以开展。"①

有一个也许是巧合却让人产生联想的细节：当普里查德在 1839 年对着英国科学发展学会发表题为"人种的灭绝"的演讲时，该学会的成员之一正是查尔斯·达尔文。这位博物学家可能不曾预料到，二十年后他在《物种起源》里旗帜鲜明提出的进化论思想，会产生巨大的影响力，将从生物学渗透到人类社会的方方面面。人类学亦不例外，社会进化论异化为直线进步论，成为人类学"最根本的理论基础"。威廉·亚当斯明确认定："就人类学的历史而言，进步论是其最久远的根源之一，而且是最坚实的基础之一。"② 虽然"进步叙事"的负面影响已不是新鲜话题，但在 19 世纪，为了"进步"而使某些东西发生"改变"似乎是不可避免的，同时也是必须付出的代价，比如在"时代大潮滚滚向前"这样的话语下，在社会达尔文主义法则下，无文字社会让位于文字社会，游牧民族让位于定居民族，农耕文明让位于工业文明，边缘让位于中心等。

---

① 〔美〕威廉·亚当斯：《人类学的哲学之根》，黄剑波、李文建译，广西师范大学出版社，2006，第 103 页。

② 〔美〕威廉·亚当斯：《人类学的哲学之根》，黄剑波、李文建译，广西师范大学出版社，2006，第 8 页。

正是这样一种"不可避免"与"必须"，为"抢救人类学"和"抢救民族志"赋予了"科学"合法性。人类学家古塔和弗格森认为，抢救人类学实际上是一种人类学家通过观察和询问而重构生活于殖民地的"非自然状态下的土著人的尝试"。① 在《抢救人类学的先驱方法论》中，赫斯特指出，人类学的"主要目标之一是搜集细致的资料数据，用以制作文化分布图，同时服务于比较研究"。② 为此，另一位人类学家哈斯贝格总结出以物件收集为主的具体四步骤：第一，在地图上标记所收集物件的地点，伴以现场照片记录；第二，标记时间与日期；第三，对物件进行简短描述；第四，询问此物件的时代、用途、意义和起源。③ 对物件的抢救有如此要求，对即将消失的族群及其社会也要以客观而科学的态度，力求精确地记录，立场中立，不作褒贬，少作解释，不加阐释。

这样看似客观的无偏倚的"呈现"，从被观看、被书写一方看来，究竟是怎样一种意味呢？我们来看一起由摄影师约翰·诺埃尔的作品所引发的"文化事件"。1925 年 3 月，英国摄影师、登山家约翰·诺埃尔拍摄的无声纪录片《圣母峰

① 〔美〕古塔、〔美〕弗格森编著《人类学定位：田野科学的界限与基础》，骆建建等译，华夏出版社，2005，第 7 页。

② James J. Hester, "Pioneer Methods in Salvage Anthropology", *Anthropological Quarterly*, Vol. 41, No. 3, Dam Anthropology: River Basin Research (Special Issue) (Jul. 1968), pp. 132 – 146.

③ Herta Haselberger, "Method of studying ethnological art", *Current Anthropology*, 1961. 2, pp. 341 – 384.

史诗》（The Epic of Everest）在伦敦西区电影院上映，它主要
讲述的是 1922 年英国珠峰远征队的故事。在每一场放映前，
都有一队西藏喇嘛现场表演音乐、诵经和跳舞。因此该片的
宣传计划书是这样写的，"这是历史上第一次，真正的西藏喇
嘛来到欧洲……喇嘛们的仪式，诵经声沉沉，喇叭轰鸣，乐
鼓阵阵，铜钹叮当，这些怪异而不可思议的音乐，将向英国
人民传达出西藏的神秘和浪漫"。① 可是没想到，这部纪录片
以及 "跳舞的喇嘛"，却招致中国藏民的严正抗议。对于藏民
来说，珠穆朗玛峰是神圣的地方，喇嘛们的 "舞蹈" 是神圣
的仪式。而现在，正如英国印度事务部官员亚瑟·赫兹尔所
言，"当我们的观众欣赏这些奇怪的风俗时，除了保持一贯的
微笑与绅士般的优越感外，还能做什么呢？观众对音乐里的
宗教含义一无所知，因为说到底，它们只是一些从喉咙里发
出的声音而已"。②

　　更让藏民不可接受的还有纪录片里一些 "粗俗不雅" 的

---

① Peter H. Hansen, "The Dancing Lamas of Everest: Cinema, Orientalism, and Anglo -
Tibetan Relations in the 1920s", *The American Historical Review*, Vol. 101, No. 3
(Jun. 1996), pp. 712 - 747. 彼得·汉森研究后发现，其实乐队里只有一位真
正的喇嘛，但西方人不太能分清二者的区别，故统称为 "跳舞的喇嘛"。顾
彼得对此也有论述，他说，在西方，喇嘛这个词不加区别地泛指西藏所有的
和尚。在西藏和纳西族中，喇嘛是个荣誉称号，而一个普通的和尚（通常叫
曹巴），要勤奋好学、花费大半辈子才能达到喇嘛的地位。参见（俄）顾彼
得《丽江 1941 - 1949：被遗忘的王国》，李茂春译，云南人民出版社，2007，
第 134 页。

② Peter H. Hansen, "The Dancing Lamas of Everest: Cinema, Orientalism, and Anglo -
Tibetan Relations in the 1920s", *The American Historical Review*, Vol. 101, No. 3
(Jun. 1996), pp. 712 - 747.

情景。一位英国人看了后，认为藏民的确有权抗议，他说：
"这就像在其他国家，放映一部旨在表现英国风俗的影片，拍
的却是一个人向人行道或列车厢地板吐痰。"① 然而，所有这
些抗议并没有引起大多数人的共鸣，纪录片的制片人、大众
媒体、远征队和英国皇家地理学会仍将此片以及"喇嘛"的
表演视为原始与落后民族的有趣的展示。

与洛克意在让读者了解"这些牧民的生活是多么肮脏悲
惨"不一样，也不同于《圣母峰史诗》里让人抗议的情节，
在北美新大陆，摄影师爱德华·柯蒂斯（Edward Curtis）的
目标是塑造出"高贵的野蛮人"与"没有被西方文化污染的
纯净的原始部落"。柯蒂斯从 1898 年开始，历经三十多年苦
旅，拍摄了约两万张美国西部与北部印第安人的照片，最终
结集成 20 卷的巨作《北美印第安人》，包括丰富的图片和详
尽的文字说明，可称为"注定要消失"的北美印第安人的抢
救民族志。

然而，这位优秀的艺术摄影师与民族学的探险家，他的
民族志摄影也引来了激烈争议。他付钱请印第安人拍照，让
他们穿上印第安人传统服装，表演他从未亲自参加过的仪式，
移除了照片里一些会暴露西方现代文明的物件，如闹钟、四
轮马车、吊带裤等。他小心翼翼地将《皮根人的旅馆里》这
张照片背景中的一只圆形小闹钟消除。在《沃格拉拉人的战

① Peter H. Hansen, "The Dancing Lamas of Everest: Cinema, Orientalism, and Anglo-
Tibetan Relations in the 1920s", *The American Historical Review*, Vol. 101, No. 3
（Jun. 1996）, pp. 712 – 747.

争对抗》一图中，十个印第安战士头戴羽毛头饰骑着马沿山而下。照片说明文字写道："部落冲突中的一群苏族战士，小心地经过敌人营地附近的山坡。"① 实际上，印第安人只在特别场合才戴这种羽毛头饰，在一些部落，只有酋长才能戴。这张照片拍摄于 1907 年，其时，印第安人已被赶入保留地中，部落间的战争已结束了。是柯蒂斯付钱请印第安人装扮成战士进行如此"表演"，他制造了这些照片，同时制造了一个未遭受西方现代文明影响的原始族群的民族志，因其文化正在消失与人种正在逐渐灭绝，因此急需"抢救"。加利福尼亚大学美国问题研究专家杰拉尔德·维泽纳认为，柯蒂斯"操纵他的照片，显然，他是一个局外人……他制造了一个原住民缺场而民族志在场的模拟民族志"。②

　　对于约瑟夫·洛克、约翰·诺埃尔以及爱德华·柯蒂斯等探险家、摄影师而言，他们的确用自己的生命与热情，为那些即将消失的文化与族群留下了珍贵的资料，使那些原住民的后代能追溯自己的文化传统，重塑文化认同。但是，正如一位学者认识到的，洛克的民族学研究与大量史料性文章，对于我们今天的学术研究无疑是很有裨益的，但是，"从总体来说，洛克在中国的活动兼具资源掠夺和科学考察的双重性，

---

① Gerald Vizenor, "Edward Curtis: Pictorialist and Ethnographic Adventurist", *True West: Authenticity and the American West* (2000): 179 – 193.

② Gerald Vizenor, "Edward Curtis: Pictorialist and Ethnographic Adventurist", *True West: Authenticity and the American West* (2000): 179 – 193.

其民族学研究中又渗透着种族歧视，对此需要格外注意"。①

　　文化记录、文化抢救与文化歧视，这三者之间究竟有着怎样微妙而确定的区别呢？列维－斯特劳斯的反思或许能给我们带来启示。这位人类学家曾于 20 世纪 30 年代到巴西的印第安部落旅行，他在《忧郁的热带》里反省道："或许社会大众误以为野蛮人的可爱之处可以利用此类照片捕捉得到。把野蛮生活消灭掉还不满足，甚至浑然不知野蛮生活已被消灭的事实，读者大众还觉得需要热切地用历史早已消灭掉的人和社会的影子来满足历史的怀旧的食人主义。"② 苏珊·桑塔格将列维－施特劳斯称为"英雄的人类学家"，她说："人类学家因而不仅是原始人的冷世界的哀悼者，而且也是其监护人。他在阴影中悲叹，力图将古代与伪古代区分开来，体现着一种颇有气概的、煞费苦心的、复杂的现代悲观主义"。③

　　的确，当我们不时地重温 20 世纪初的民族志影像与文本，我们发现，民族文化的抢救式记录者，正是伴随着他们同类的征服、掠夺而来，我们需要追问几个问题——谁在抢救、为何抢救、如何抢救、抢救什么。表述问题的实质在于书写之权力，也可以说与葛兰西称为"文化霸权"的力量或位置感息息相关。萨义德提出"东方学"这一命题，他指出：

---

① 甘雪春主编《大洋彼岸的目光：美国学者眼中的中国西部少数民族文化》，云南人民出版社，2003，第 9 页。

② 〔法〕克洛德·列维－斯特劳斯：《忧郁的热带》，王志明译，中国人民大学出版社，2009，第 35~36 页。

③ 〔美〕苏珊·桑塔格：《英雄的人类学家》，《反对阐释》，程巍译，译林出版社，2003，第 93 页。

"东方学的策略积久成习地依赖于这一富有弹性的位置的优越，它将西方人置于与东方所可能发生的关系的整体系列之中，使其永远不会失去相对优势的地位。"因此，萨义德一再提醒我们："对于一个研究东方的欧洲人或美国人而言，他也不可能忽视或否认他自身的现实环境：他与东方的遭遇首先是以一个欧洲人或美国人的身份进行的，然后才是具体的个人。在这种情况下，欧洲人或美国人的身份绝不是可有可无的虚架子。"①

《国家地理》里手持弓弩的武士、会做驱鬼仪式的巫师，以及神秘的宗教仪式与民间传说，随着时间流逝，已然消隐于现代性的荒原中。后人应该感谢这一页页发黄的历史记录。但是当我们追随记录者回到现场，却有可能发现，民族志者在场，"原住民"缺场了。

本编小结

《国家地理》一直在"看人"，而那些被看的人，应该有什么样的态度呢？费孝通在题为《我看人看我》的文章中，对为自己写传记的作者表示感谢，"照照镜子究竟是必要的，不然怎样能知道旁人为什么对我有这样那样的看法呢？"② 而邓启耀将"我看人看我"做了不一样的断句。他说，从视觉人类学的角度，费孝通的话可以在不同情况下理解为"我看

---

① 〔美〕爱德华·W. 萨义德：《东方学》，王宇根译，生活·读书·新知三联书店，1999，第10、15页。

② 费孝通：《我看人看我》，《读书》1983年第3期。

人；人看我；我看人，也看我；我看人怎么看我"。邓启耀以学界对于民国摄影大师庄学本的影像学术研讨为例，追问"我们在什么情况下在场观看？观看者和被观看者处于什么样的关系？透过我们的观看，呈现的是自己文化的影像记忆，还是现实人文的多重镜像？"①

本书梳理《国家地理》一百多年的文本，试图在多重镜像中思考跨文化相遇的问题。需要指出的是，《国家地理》的镜像生产并非连续而统一，故笔者的论述只能依据其碎片化的、偶然性的个案去"归纳与演绎"。在这样的归纳与演绎里，笔者自知实际上是在从"我"的视角去"看人看己"，那么，对他者和自我的认知，有多少被隐匿，又有多少被变焦了呢？我的观看与言说，且留待"看我"之人的审视与评鉴。

---

① 邓启耀：《我看人，人看我，我看我：国际人类学与民族学联合会第 16 届大会影视人类海陆空论坛一瞥》，中国民俗学网，2009 年 9 月 18 日。

一本杂志与一个地方的相遇

本书回顾一本西方杂志在一百多年里对中国的书写，本着"我看人看我"的希冀，以及对人与人之间相遇故事的一丝好奇。1911年，美国地质学家钱伯林在四川都江堰附近的一个集镇上，巧遇一个戏班子正在戏台上表演，他按下相机快门，而看戏的人也转头好奇地看着他。看戏的人的形象被钱伯林留了下来，但他们没有发声，没有书写，他们成为历史人类学家埃里克·沃尔夫所称的"没有历史的人"。

一百多年过去，我翻开《国家地理》的一期期旧刊，想看看在这条回向过去的路上，东西方如何擦肩而过，在碎片化的书写中，在历史的阴影里，如果我们努力寻绎，能否找到通向未来之路的一点点启示。

为何选择西南

本书聚焦于中国西南，从区域研究的角度对人类生存的空间进行比较性探讨。在本书导言里，笔者指出中国西南对于《国家地理》的意义，最主要的有三个方面。第一，西南是一个东西方文明相遇与交汇的重要场域，它在不同时期因不同原因成为东西方人与文化的接触带，这一接触带成为东西方文明相互了解与对话的极佳场所。第二，西南自身内部就是多元文化碰撞地，民族多样、地理多姿、经济多型、文化多元，成为中外民族学、人类学追寻的宝地，也是《国家地理》追求异质他者的理想之域。第三，西南是典型的生态热点地区，其珍贵的自然与人文资源在一个多世纪里经历了重大变迁，它也成为地球演化历史中的典型样本，留给世人无尽省思。

由此，笔者梳理出《国家地理》对中国西南的表述历程与视角变化，发现其与西方学术界"中国观"经历的话语模式构成一定的回应与补充。早期西方的中国研究，仅仅将中国视为一个以中原、儒家文化为代表的具有同质性的文明与历史单位。随着区域研究的兴起与开展，大部分研究者的目光又往往集中于中国东南沿海、政治文化经济中心，或者新疆、西藏等地。与此同时，中国西南作为研究多元文明共生共育的学术宝地，日益受到人类学、民族学等学科的重视。《国家地理》一直非常关注中国西南，这对当今学者重新认识多元一体的中国，重建有关中国的历史论述具有相当重要的资鉴意义。

西南有着怎样的故事

在130余年的历史中，《国家地理》讲述的中国西南故事庞杂而零碎，其涉及的地域景观、人物形象、文化事项可谓丰富细致，却也犹如马赛克拼图般让人难以观得整体，因此，笔者的研究亦只能是一种"再发现"。在尽量详细的文本梳理后，本书找到贯穿《国家地理》的四大主题，即"植物采集"、"西南道路"、"生态文明"与"多样族群"。这四个主题，犹如四篇乐章，既以时代线索为经纬，又分别涉及生态、政治、经济与文化等不同领域。

1911年，《国家地理》刊载《花卉王国》一文，详述中国尤其是西南丰富而珍贵的植物资源。① 本书便从福雷斯特、威尔逊和洛克这三位"植物猎人"与"花卉王国"的互动故事入手，一方面通过"猎人"的眼光呈现西南的生态与人文，另一方面揭示其表述后面西方帝国的经济扩张与海外殖民背景。此外，笔者讨论了英美帝国的博物科学知识生产如何遮蔽了中国的本土学问，造成中国传统文化在现代知识谱系大切换中"被失语"的问题。

在"西南道路"主题中，经由藤条桥、背夫或马可·波罗等符号，笔者分析地理空间何以被呈现为或"闭塞"或"开放"的不同图景。在欧文·拉铁摩尔的表述里，20世纪40年代由于滇缅公路的修建，中国因二战而打开了"野性西部"，可以说西南正从"一点四方"的王朝地理观走向"四面八方"的多极格局，这是重新认识西南的契机。然而笔者通过研究发现，西方叙事里呈现的新西南形象，带有明显的西方"冲击—反应"论痕迹，与以西南为中心反观西南、从中国内部认知中国，尚有一定距离。

时过境迁，到了20世纪80年代，中国西南因"香格里拉"而再次获得《国家地理》的聚焦。记者马克·詹金斯来

---

① Ernest H. Wilson，"The Kingdom of Flowers"，*NGM*，Nov. 1911.

到云南边陲的香格里拉，发现它与詹姆斯·希尔顿在《消失的地平线》里构建的虚拟乐土不太一样。现实与梦想隔着一定距离。于是，在大熊猫栖息地，《国家地理》的记者与笔者一样，希望通过关注当今全球面临的重大问题——生态问题，探求人类前进方向上的多样风景与多种可能。

人的故事是本书讲述的最后一个主题，却是亘古的主题。从傈僳族武士到木里王，从摩梭女郎到五彩民族，在《国家地理》的聚光灯下，人来人往，上场下场，留下了或晦暗或明亮的故事。然而我们发现，这些故事，并非表述者的新创造，"他们"可能是美洲大平原上"原始的"印第安人，也可能是鲁滨逊漂流到岛上遇见的"星期五"，还可能是非洲的任何一个"原住民"。《国家地理》也记录下他们神秘的超自然世界，如同人类学家说的，这是他们自己编织的意义之网。作为一个中国人，我生于斯长于斯，难道不正与他们一样，正"悬挂于"这张网上吗？那么，我和他们，过去和现在，现在和未来，还能隔着多远的距离呢？

如何评价《国家地理》与中国西南的关系

有两点需要明确。

第一，这份杂志的确极大地增进了英语世界的人对中国西南的认知。正如为本书写序的美国教授马克·本德尔回忆起他对中国西南的印象，有约瑟夫·洛克笔下的纳西族巫师，有美丽的杜鹃花，而这些都来自他童年时期在家里阁楼上读到的《国家地理》。再如谭恩美，她在《国家地理》上对贵州地扪侗寨与侗族大歌的介绍，其影响力绝不亚于任何一位人类学家的厚重专著。当年鲜为人知的侗族大歌，如今已出现在世界各地的舞台上。《当代贵州》的一位编辑声称："贵州被国际主流媒体如此浓墨重彩地予以介绍，在贵州走向世界的进程中是罕见的。"对于"养在深闺人未识"的侗族文化，能在今天"日益向世界展现出神奇、迷人的风采和独特的价值"，①编辑备感欣慰与自豪。

在此意义上，可以说，《国家地理》作为一份兼具传媒、文学、人类学与科学性的杂志，帮助不同地区的受众认识广阔世界的人群和社会，对于跨文化沟通与对话起到了重要的桥梁作用。

第二，不可否认，这本杂志自诞生之日起，便受到扩张主义、殖民主义的影响，不可掩饰其帝国优越感及"东方学"影子的存在。列维－斯特劳斯曾反思在"忧郁的热带"的探险或旅游，他说："一个四处扩张、兴奋过度的文明，把海洋的沉默击破，再也无法还原了。热带的香料，人类的原始鲜活性，都已被意义可疑的一片忙乱所破坏变质……我们在世界各地旅行，最先看到的是我们自己的垃圾，丢掷在人类的颜面上。"②列维－斯特劳斯质问"追寻权力"的矛盾与病象，本书也不断探讨"表述权力"的本质与问题。家门口来了陌生人，他们可能看到了种种"奇观异象"，然而他们只是用此来编写自己的文化词典，将之定义为"原始""野蛮"，或者"神秘""奇异"，

①　赵宇飞等策划《美国〈国家地理〉聚集贵州侗寨地扪》，《当代贵州》2008年第9期。

②　〔法〕克洛德·列维－斯特劳斯：《忧郁的热带》，王志明译，中国人民大学出版社，2009，第30～31页。

在二元对立的思维模式中，为"启蒙""教化"的"天赋使命"制作漂亮的宣传手册。所有这些，都需要我们在动态的历史观中加以检析。

另一层需要我们小心注意的书写陷阱，关涉书写媒介的问题。美国国家地理学会及其杂志作为一种体系化的知识类型与组织机构，对世界的呈现借助于多种载体，如图文表述、探险活动、科学研究以及博物收藏、数字技术等。就单独的文章而言，大部分文章文本由三个元素构成：文字、图片与地图。关于地图，笔者受学力所限未多做分析，但这一看似客观科学的表述手段，早已为无数研究者证实：地图"有力量"而且会"说谎"，比如丹尼斯·伍德认为，地图使过去与未来现形，但它本质上是"建构世界，而非复制世界"。[①] 而马克·蒙莫尼尔在说明地图如何撒谎时，希望读者能明白，地图与演讲、绘画一样，是经过作者搜集处理的，这一过程会不可避免地存在因无知、贪婪、思维盲点或恶意而造成的歪曲失真。[②] 因此，关于《国家地理》的地图表述，一方面它确实为人们提供了相对来说可资依赖的知识，另一方面，读者仍需在接受中具备一定的辨别意识与批判能力。

图片可谓是《国家地理》在大众文化时代成功的不二法门。需要提醒的是，由于顺应视觉狂欢时代的要求，杂志的图片常常脱离文字表述而自成体系，比如，"摄影展"可以在

---

① 〔美〕丹尼斯·伍德：《地图的力量》，王志弘等译，中国社会科学出版社，2000，第 7～32 页。

② 〔美〕马克·蒙莫尼尔：《会说谎的地图》，黄义军译，商务印书馆，2012，第 16～17 页。

众多"周年纪念活动"中独当一面，成为述说该学会和杂志历史发展的代表，但是，一些学者对《国家地理》图像叙事和文本叙事的效果差异进行研究后发现，仅仅阅读图片的读者，对现实本文（fact）的理解，比起阅读文字的读者，存在更大偏差与成见。文字叙事能使读者对报道对象的理解更加复杂而多面，图片叙事却减损了这一理解力。① 因此，需要谨记，当图片被抽离出来成为独立的表述手段时，《国家地理》在知识生产过程中大量的整合性信息其实都消失了，这并不利于读者全面客观地理解这个世界。在"短视频"当道的今天，对于表述媒介陷阱的警惕，再怎么强调都不为过。

《国家地理》的封面有着耀眼的亮黄色边框——一种既有形又无形的框架，正好是建构世界的隐喻。社会学家盖伊·塔奇曼将新闻比作框架，指出这种框架"不仅传播着知识，而且规范着知识"。② 《国家地理》也是如此，在对他者的表述中，实现了对他者知识、他者形象的生产、建构与规范。有鉴于此，《中国国家地理》主编单之蔷呼吁："我们深感每一个国家都应该有一本自己的《国家地理》来解读自己国家的自然和文化。"③

最后，我想引用传播哲学家彼得斯的话作为本书结尾。

---

① Andrew L. Mendelson, Fabienne Darling‑Wolf, "Readers' Interpretations of Visual and Verbal Narratives of a National Geographic Story on Saudi Arabia", *Journalism*, 2009.

② 〔美〕盖伊·塔奇曼：《做新闻》，麻争旗等译，华夏出版社，2008，第30页。

③ 单之蔷：《考古是探险》，《中国国家地理》2002年第1期卷首语。

彼得斯说，如果我们所面临的任务是要克服一种异化感（这种异化感使我们无法看到我们身上的奇妙的陌生性），那么中国和世界其他国家的"相遇"，以及中国与自己的过去和未来的"相遇"，就给我们提供了一个机会来展现《论语》中所说的"恕"的境界——"恕"主要是"撒播"，但亦是"对话"。① 如是所言，每个国家都应该有自己的"国家地理"，"对空言说"，平等对话，以建设我们人人可以栖息的和平世界。

---

① 〔美〕约翰·杜翰姆·彼得斯：《对空言说：传播的观念史》，邓建国译，上海译文出版社，2017，中文版序第5页。

参考文献

一　《国家地理》

《国家地理》杂志文本

光盘：The Complete National Geographic on 7 DVD – ROMs。

索引书：National Geographic Index 1888 – 1988，National Geographic Index 1889 – 1998.

国家地理学会官方网站：http：//www. nationalgeographic. com/。

二　中文论著

（汉）司马迁：《史记·西南夷列传》，清乾隆武英殿刻本。

曹顺庆：《迈向比较文学第三阶段》，复旦大学出版社，2001。

方国瑜、林超民：《〈马可波罗行纪〉云南史地丛考》，民族出版社，1994。

方国瑜：《中国西南历史地理考释》，中华书局，1987。

葛兆光：《宅兹中国——重建有关"中国"的历史论述》，中华书局，2011。

顾颉刚、史念海：《中国疆域沿革史》，商务印书馆，2000。

陆韧主编《现代西方学术视野中的中国西南边疆史》，云南大学出版社，2007。

罗桂环：《近代西方识华生物史》，山东教育出版社，2005

谭其骧主编《简明中国历史地图集》，中国地图出版社，1991。

唐晓峰：《文化地理学释义——大学讲课录》，学苑出版社，2012。

唐晓峰：《从混沌到秩序：中国上古地理思想史述论》，中华书局，2010。

汪晖：《东西之间的"西藏问题"》，生活·读书·新知三联书店，2011。

王明珂：《华夏边缘：历史记忆与族群认同》，社会科学文献出版社，2006。

徐柯健：《香格里拉地区的自然与人文多样性及发展模式》，博士学位论文，中国地质大学，2008。

徐新建：《西南研究论》，云南教育出版社，1992。

徐新建：《横断走廊：高原山地的生态与族群》，云南教育出版社，2008。

叶舒宪：《文学人类学——知识全球化时代的文学研究》，社会科学文献出版社，2003。

印开浦等著《百年追寻——见证中国西部环境变迁》，中国大百科全书出版社，2010。

尤中：《中国西南边疆变迁史》，云南教育出版社，1987。

于有彬编著《探险与世界》，四川人民出版社，1984。

乐黛云、勒·比松主编《独角兽与龙：在寻找中西文化普遍性中的误读》，北京大学出版社，1995。

张轲风：《民国时期西南大区区划演进研究》，人民出版社，2012。

周宁：《天朝遥远：西方的中国形象研究》，北京大学出版社，2006。

邹逸麟编著《中国历史地理概述》，上海教育出版社，2007。

曹晋、曹茂信：《从民族宗教文化信仰到全球旅游文化符号——以香格里拉为例》，《思想战线》2005年第1期。

曹顺庆：《从"失语症"、"话语重建"到"异质性"》，《文艺研究》1999年第4期。

曹顺庆、王敬民：《文明冲突与跨文明比较文学研究》，《学术月刊》2003年第5期。

费孝通：《"美美与共"和人类文明》，《新华文摘》2005年第8期。

费孝通：《我看人看我》，《读书》1983年第3期。

胡先骕：《林奈对近代植物分类学的贡献》，《科学通报》1957年第17期。

梁昭：《"老传统"与"新叙事"：以蓝靛"刘三姐"叙事为例论"传说"与"历史"的分野》，《西南民族大学学报》（人文社科版）2008年第3期。

刘华杰：《大自然的数学化、科学危机与博物学》，《北京大学学报》（哲学社会科学版）2005年第5期。

吕植：《我们为什么要保护大熊猫》，《大自然》2007年第 1 期。

　　罗桂环：《西方对"中国—园林之母"的认识》，《自然科学史研究》2000 年第 1 期。

　　孟悦：《反译现代符号系统：早期商务印书馆的编译、考证学与文化政治》，《清华大学学报》（哲学社会科学版）2008 年第 6 期。

　　彭文斌：《中西之间的西南视野：西南民族志分类图示》，《西南民族大学学报》（人文社科版）2007 年第 10 期。

　　沈松侨：《江山如此多娇：1930 年代的西北旅行书写与国族想象》，《台大历史学报》2006 年第 37 期。

　　沈玉昌：《滇缅公路：中国之生命线》，《学生之友》1941 年第 2 卷第 3 期。

　　谢本书：《从片马事件到班洪事件：中缅边界历史沿革问题》，《云南社会科学》2000 年第 4 期。

　　徐保军：《林奈的博物学："第二亚当"建构自然世界新秩序》，《广西民族大学学报》（哲学社会科学版）2011 年第 11 期。

　　徐新建：《边地中国：从"野蛮"到"文明"》，《西南民族大学学报》（人文社科版）2005 年第 6 期。

　　徐新建：《"世界遗产"：从大熊猫栖息地看人类与自然的新调整》，《中南民族大学学报》（人文社会科学版）2007 年 9 月。

　　杨福泉：《纳西人的灵魂观》，《思想战线》1995 年第 5 期。

　　张承志：《逼视的眼神》，《读书》2002 年第 5 期。

　　竺可桢：《纪念瑞典博物学家卡尔·林内诞生 250 周年》，

《科学通报》1957 年第 19 期。

（二）译著

〔英〕R. J. 约翰斯顿：《地理学与地理学家》，唐晓峰等译，商务印书馆，1999。

〔英〕阿兰·巴纳德：《人类学历史与理论》，王建民等译，华夏出版社，2006。

〔英〕阿诺德·汤因比：《人类与大地母亲：一部叙事体世界历史》，徐波等译，上海人民出版社，2001。

〔美〕埃德加·斯诺：《马帮旅行》，李希文等译，云南人民出版社，2002。

〔美〕埃里克·沃尔夫：《欧洲与没有历史的人民》，赵丙祥等译，上海人民出版社，2006。

〔美〕艾伦·韦恩斯坦、大卫·卢布尔：《彩色美国史》，胡炜等译，中国友谊出版公司，2008。

〔美〕爱德华·W. 萨义德：《文化与帝国主义》，李琨译，生活·读书·新知三联书店，2003。

〔美〕爱德华·萨义德：《报道伊斯兰：媒体与专家如何决定我们观看世界其他地方的方式》，阎纪宇译，上海译文出版社，2009。

〔美〕爱德华·萨义德：《东方学》，王宇根译，生活·读书·新知三联书店，1999。

〔美〕巴巴拉·塔奇曼：《史迪威与美国在华经验》，陆增平译，商务印书馆，1984。

〔法〕保罗·克拉瓦尔：《地理学思想史》（第三版），郑胜华等译，北京大学出版社，2007。

〔美〕彼得·海斯勒：《寻路中国》，李雪顺译，上海译文出版社，2011。

〔美〕丹尼斯·伍德：《地图的力量》，王志弘等译，中国社会科学出版社，2000。

〔英〕笛福：《鲁滨逊漂流记》，郭建中译，译林出版社，1996。

〔美〕丁韪良：《中国觉醒：国家地理、历史与炮火硝烟中的变革》，沈弘译，世界图书出版公司，2010。

〔美〕杜赞奇：《从民族国家拯救历史：民族主义话语与中国现代史研究》，王宪明等译，江苏人民出版社，2009。

〔美〕多诺万·韦伯斯特：《滇缅公路：第二次世界大战中国 – 缅甸 – 印度战场的壮丽史诗》，朱靖江译，作家出版社，2006。

〔美〕范发迪：《清代在华的英国博物学家：科学、帝国与文化遭遇》，袁剑译，中国人民大学出版社，2011。

〔美〕房龙：《人类的故事》，璐璐等译，中国城市出版社，2009。

〔美〕费正清、费维恺编《剑桥中华民国史：1912—1949年》（下卷），中国社会科学出版社，1994。

〔美〕费正清、费维恺编《剑桥中华人民共和国史：中国革命内部的革命1966—1982年》（下卷），中国社会科学出版社，1992。

〔美〕费正清编《中国的世界秩序：传统中国的对外关系》，杜继东译，中国社会科学出版社，2010。

〔美〕富兰克林·H. 金：《四千年农夫：中国、朝鲜和日本的永续农业》，程存旺、石嫣译，东方出版社，2011。

〔美〕盖伊·塔奇曼：《做新闻》，麻争旗等译，华夏出版社，2008。

〔美〕古塔、弗格森编著《人类学定位：田野科学的界限与基础》，骆建建等译，华夏出版社，2005。

〔俄〕顾彼得：《被遗忘的王国：丽江 1941—1949》，李茂春译，云南人民出版社，2007。

〔美〕哈罗德·伊罗生：《美国的中国形象》，于殿利、陆日宇译，中华书局，2006。

〔美〕何伟亚：《英国的课业：19 世纪中国的帝国主义教程》，刘天路等译，社会科学文献出版社，2007。

〔日〕矶野富士子整理《蒋介石的美国顾问：欧文·拉铁摩尔回忆录》，吴心伯译，复旦大学出版社，1996。

〔英〕简·基尔帕特里克：《异域盛放：倾靡欧洲的中国植物》，俞蘅译，南方日报出版社，2011。

〔美〕杰弗里·马丁：《所有可能的世界：地理学思想史》（第四版），成一农、王雪梅译，上海世纪出版社，2008。

〔美〕柯文：《在中国发现历史——中国中心观在美国的兴起》（增订本），林同奇译，中华书局，2002。

〔美〕克利福德·格尔兹：《文化的阐释》，纳日碧力戈等译，上海人民出版社，1999。

〔美〕克利福德·吉尔兹：《地方性知识：阐释人类学论文集》，王海龙、张家瑄译，中央编译出版社，2000。

〔美〕克利福德·格尔兹：《论著与生活：作为作者的人

类学家》，方静文、黄剑波译，中国人民大学出版社，2013。

〔法〕克洛德·列维－斯特劳斯：《忧郁的热带》，王志明译，中国人民大学出版社，2009。

〔美〕拉铁摩尔：《亚洲的决策》，曹未风译，商务印书馆，1962。

〔美〕拉铁摩尔：《中国的亚洲内陆边疆》，唐晓峰译，江苏人民出版社，2010。

〔美〕拉铁摩尔夫妇：《中国简明史》，陈芳芝、林幼琪译，商务印书馆，1962。

〔美〕蕾切尔·卡逊：《寂静的春天》，吕瑞兰、李长生译，吉林人民出版社，1997。

〔美〕李侃如：《治理中国：从革命到改革》，胡国成等译，中国社会科学出版社，2010。

〔英〕李约瑟：《中国科学技术史》（第 1 卷），《导论》，科学出版社，1990。

〔英〕李约瑟：《四海之内：东方与西方的对话》，劳陇译，生活·读书·新知三联书店，1987。

〔美〕刘禾：《帝国的话语政治：从近代中西冲突看现代世界秩序的形成》，杨立华等译，生活·读书·新知三联书店，2009。

〔美〕露易莎·歇恩：《少数的法则》，校真译，贵州大学出版社，2009。

〔法〕吕西安·费弗尔：《大地与人类演进：地理学视野下的史学引论》，高福进等译，上海三联书店，2012。

〔美〕马丁·W. 刘易士、卡伦·E. 魏根：《大陆的神话：

元地理学批判》，杨瑾等译，上海人民出版社，2011。

〔美〕马克·柯林斯·詹金斯：《美国〈国家地理〉125年伟大瞬间》，同文译，中国摄影出版社，2013。

〔美〕马克·蒙莫尼尔：《会说谎的地图》，黄义军译，商务印书馆，2012。

〔英〕马林诺夫斯基：《巫术科学宗教与神话》，李安宅编译，上海文艺出版社，1987。

〔英〕迈克·克朗：《文化地理学》，杨淑华、宋慧敏译，南京大学出版社，2003。

〔美〕迈克尔·埃默里、埃德温·埃默里：《美国新闻史：大众传播媒介解释史》（第八版），展江、殷文主译，新华出版社，2001。

〔美〕麦可·山下：《寻访香格里拉：探索失落的茶马古道》，胡宗香译，电子工业出版社，2013。

〔日〕鸟居龙藏：《苗族调查报告》，国立编译馆译，商务印务馆印行，1936。

〔法〕让-雅克·卢梭：《植物学通信》，熊姣译，北京大学出版社，2011。

〔美〕塞缪尔·亨廷顿：《文明的冲突与世界秩序的重建》，周琪等译，新华出版社，1998。

〔法〕沙海昂注：《马可波罗行纪》，冯承钧译，商务印书馆，2012。

〔美〕史书美：《现代的诱惑：书写半殖民地中国的现代主义（1917—1937）》，何恬译，江苏人民出版社，2007。

〔英〕斯图尔特·霍尔编《表征：文化表象与意指实

践》，徐亮、陆兴华译，商务印书馆，2005。

〔美〕苏珊·汉森编《改变世界的十大地理思想》，肖平等译，商务印书馆，2009。

〔美〕苏珊·桑塔格：《论摄影》，黄灿然译，上海译文出版社，2010。

〔英〕托比·马斯格雷夫等：《植物猎人》，杨春丽等译，希望出版社，2005。

〔美〕瓦尔特·本雅明、苏珊·桑塔格等著，吴琼、杜予编《上帝的眼睛：摄影的哲学》，中国人民大学出版社，2005。

〔美〕王国斌：《转变的中国：历史变迁与欧洲经验的局限》，李伯重、连玲玲译，江苏人民出版社，2010。

〔美〕威廉·亚当斯：《人类学的哲学之根》，黄剑波、李文建译，广西师范大学出版社，2006。

〔美〕夏勒：《最后的熊猫》，张定绮译，光明日报出版社，1998。

〔法〕谢和耐：《中国社会史》，黄建华、黄迅余译，江苏人民出版社，2010。

〔美〕约瑟夫·洛克：《中国西南古纳西王国》，刘宗岳等译，云南美术出版社，1999。

〔美〕约翰·杜翰姆·彼得斯：《对空言说：传播的观念史》，邓建国译，上海译文出版社，2017。

三 英文论著

Ashild, Kolas. "Tourism and the Making of Place of Shangri – La", *Tourism Geographies*. (2004). 6(3).

Abramson, Howard S. 1987. *National Geographic: Behind America's Lens on the World*. New York: Crown Publishers.

Bender, Mark. "Tribes of Snow: animals and plants in the nuosu book of origins", *Asian Ethnology*. (2008). 67/1.

Billington, Ray A. 1974. *Westward Expansion: A History of the American Frontier*. New York: London.

Bloom, Lisa. 1993. *Gender on Ice: American Ideologies of Polar Expeditions*. Minneapolis: University of Minnesota Press.

Brockway, Lucile. 1979. *Science and Colonial Expansion: The Role of the British Royal Botanic Gardens*. New York and London: Academic Press.

Bryan, C. D. B. 1988. *The National Geographic Society: 100 Years of Adventur and Discovery*. New York: Abradale Press.

Buckley, Michael. 2008. *Shangri – La: A Travel Guide to the Himalayan Dream*. The Globe Pequot Press Inc.

Buell, Lawrence. 2005. *The Future of Environmental Criticism: Environmental Crisis and Literary Imagination*. Blackwell Publishing.

Bird, William L. "A suggestion concerning James Smithson's Concept of ' Increase and Diffusion ' ", *Technology and Culture*, (1983), 24(2).

Broswimmer, Franz. "Botanical imperialism: The Stewardship of Plant Genetic Resources in the Third World, " *Critical Sociology*, April 1991.

Brownell, Susan, "The Body and the Beautiful in Chinese Nationalism: Sportswomen and Fashion Models in the Reform

Era", China Information, 1998.

Campbell, Felicia F. "Shangri – La: Utopian Bridge Between Cultures", *Utopian Studies*, (1991) No. 3.

Costa, Janeen. "Paradisal Discourse: A Critical Analysis of Marketing and Consuming Hawaii, " in *Consumption, Markets and Culture*, edited by. A. Fuat Firat, 1998, 1(4).

Chau, Adam Yuet. 2006. *Miraculous Response: Doing Populoar Religion in Contemporary China.* California: Stanford University Press.

Clifford, James. 1997. *Routes: Travel and Translation in the Late Twentieth century.* Cambridge, Massachusetts, London, England: Harvard University Press.

Clifford, James. 2004. " Traditional Future ", in *Questions of Tradition*, edited by Mark Phillips and Gordon Schochet. Toronto, Baffalo, London: University of Toronto Press.

Clifford, Nicholas. 2001. *"A Truthful Impression of the Country": British and American Travel Writing in China, 1880 – 1949.* The University of Michigan Press.

Dodin, Thierry and Heinz Rather, eds. 2001. *Imaging Tibet: Perceptions, Projections, Fantasies.* Boston: Wisdom Publications.

Driver, Felix. 2001. *Geography Militant: Cultures of Exploration and Empire.* Wiley.

Fabian, Johannes. 1983. *Time and the Other: How Anthropology Makes Its Object.* New York: Columbia University Press.

Fairchild, David. 1938. *The World Was My Garden.* New York: Charles Scribner's Sons.

Fitzgerald, Patrick. "The Yunnan – Burma Road", *The Geographical Journal* (Mar. 1940) Vol. 95, No. 3.

Goodman, Jim. 2006. *Joseph F. Rock and His Shangri – La.* HongKong: Caravan Press.

Goody, Jack. 1933. *The Culture of Flowers*, London: Cambridge University Press.

Grosvenor, Gilbert. 1957. *The National Geographic Society and Its Magazine.* Washington, D. C. : National Geographic Society.

Grove, Richard. 1995. *Green Imperialism: Colonial Expansion, Tropical Island Edens and the Origins of Environmentalism, 1600 – 1800.* Cambridge, England: Cambridge University Press.

Forrest George. "Journey on Upper Salwin, October – December, 1905, " *The Geographical Journal*, (Sep. , 1908) Vol. 32, No. 3.

Gladney, Dru C. "Representing Nationality in China: Refiguring Majority /Minority Identities", *The Journal ofAsian Studies*, (Feb. , 1994) Vol. 53, No. 1.

Grossman, Larry. "Man – Environment Relationships in Anthropology and Geography, " *Annals of the Association of American Geographers*, (Mar. , 1977) Vol. 67, No. 1.

Gruber, Jacob W. "Ethnographic Salvage and the Shaping of Anthropology, " *American Anthropologist*, New Series, Dec. , 1970. Vol. 72, No. 6.

Hansena, Peter H. "The Dancing Lamas of Everest: Cinema, Orientalism, and Anglo – Tibetan Relations in the 1920s, " *The American Historical Review*, (Jun. , 1996) Vol. (101) No. 3.

Haselberger, Herta. "Method of studying ethnological art," *Current Anthropology*. 1961.

Harrell, Stevan. eds. 1996. *Cultural Encounters on China's Ethnic Frontiers*, University of Washington Press.

Hawkins, Stephanie L. 2010. *American Iconographic: National Geographic, Global Culture, and the Visual Imagination*, Charlottesville and London: University of Virginia Press.

Hester, James J. "Pioneer Methods in Salvage Anthropology," *Anthropological Quarterly*, (Jul. 1968) Vol. 41, No. 3.

Howse, Derek. Eds, 1990. *Background to Discovery: Pacific Exploration from Dampier to Cook*, Berkeley – Los Angeles – Oxford: University of California Press.

Hollander, Paul. 1981. *Political Pilgrims: Travels of Western Intellecturals to the Soviet Union, China, and Cuba, 1928 – 1978*, Oxford University Press.

Hillman, Ben. "Paradise under Construction: Minorities, Myths and Modernity in Northwest Yunnan," *Asian Ethnicity*, (2003) Vol. 4, No2.

Hutchison, Peter. "Hunting the Plant Hunter: The Search for George Forrest's Grave," *Journal of American Rhododendron Society*, 1999 JARS V53: No. 1.

Jackson, Peter. "Marco Popo and His 'Travels'," *Bulletin of the Schools of Oriental and African Studies*, University of London, (1998) Vol. 61, No. 1

Jansson, David R. "American National Identity and the Progress of the New South in National Geographic Magazine, " *Geographical Review*, (Jul, 2003) Vol. 93, No. 3.

Kenneth, Lincoln. 1983. *Native American Renaissance.* Colifornia and Lodon: University of California Press.

La Gorce, John Oliver. 1915. *The Story of The Geographic.* Washington D. C. : James Wm Bryan Press.

Landsman, Gail H. "Indian Activism and the Press: Coverage of the Conflict at Ganienkeh", *Anthropogical Quarterly.* vol. 60. no. 3. Jul. 1987.

Lattimore, Owen. "Yunnan, Pivot of Southeast Asia, " *Foreign Affairs*, (Apr. 1943) Vol. 21. No. 3.

Lamas, Rosa and Russel Belk, "Shangri – la: Messing with a Myth", *Journal of Macromarketing*, 2011. 31(3).

Linda Steet, 2000. *Veils and Daggers: A Century of National Geographic's Representation of the Arab World.* Philadelphia: Temple University Press.

Litizinger, Ralpha. 2000. *Other China: The Yao and the Politics of National Belonging.* Duke Diversity Press.

Lonpez, Donald S. 1998. *Prisoners of Shangri – La: Tibetan Buddhism and the West.* The University of Chicago Press.

Lutz, Catherine A. and Jane L. Collins. 1993. *Reading National Geographic.* Chicago: University of Chicago Press.

Madsen, Karen, "Notes on Chineses – American Botanical Collaboration, " *Arnoldia*, (1998 – 1999) Volune/Number 58/4·59/1.

Mendelson, Andrew L. , and Fabienne Darling – Wolf, "Readers' Interpretations of Visual and Verbal Narratives of a National Geographic story on Saudi Arabia, "*Journalism,* 2009.

Moseley, William G. "Reflecting on National Geographic Magazine and Academic Geography: the September 2005 Special Issue on Africa. , "*African Geographical Review,* 2005.

Moeller, Susan. 1989. *Shooting War: Photography and the American Experience of Combat.* New York: Basic Books.

McCracken, Donal P. 1997. *Gardens of Empire: Botanical Institutions of the Victorain British Empire*, London: Leicester University Press.

Mueggler, Erik. 2011. *The Paper Road: Archive and Experience in the Botanical Exploration of West China and Tibet.* Berkeley, Los Angeles, London: University of California Press.

Newman, Robert P. 1992. *Owen Lattimore and the "loss"of China.* Berkeley and Los angeles: University of California Press.

Poole, Robert M. 2004. *Explorers House: National Geographic and the World it Made.* New York: The Penguin Press.

Poyatos, Fernando. eds. 1988. *Literary Anthropology: A New Interdisciplinary Approach to People, Signs and Literature.* Amsterdam/Phladelphia: John Benjamins Publishing Company.

Pratt, Mary L. 1992. *Imperial Eyes: Travel Writing and Transcultura-tion.* New York: Routledge.

Pauly, Philip. "The World and all that is in It: The National Geographic Society, 1888 – 1918, "*American Quarterly.* 1979.

Rehder, Alfred. "Ernest Henry Wilson, "*Arnold Arboretum*, 1930. Vol. XI.

Reichard, Sarah Hayden and Peter White, *Horticulture as a Pathway of Invasive Plant Introductions in the United States*, American Institute of Biological Sciences, Feb. 2001.

Rock, Joseph. 1947. *The Ancient Na – Khi Kingdom of Southwest China*. Harvard University Press.

Rothenberg, Tamar. 2007. *Presenting America's World: Strategies of Innocence in National Geographic Magazine, 1888 – 1945*, Hampshire: Ashgate Publishing Limited.

Rundquist, Suzanne. 2004. *Native American Literatures: An Introduction*. New York: Consortium International Publishing Group.

Schwartz, R. L. A. 2006 *Rhetorically Refiguring Public Policy: Rhetoric, Post – Colonialism, and the Strategic Redeployment of National Gergraphic's Afghan Girl*. PH. d Thesis of the University of Iowa.

Sutton, S. B. 1974. *In China's Border Provinces: The Turbulent Career of Joseph Rock, Botanist Explorer*. New York: Hastings House.

Tredici, Peter Del. "The Arnold Arboretum: a botanical bridge between the United States and China from 1915 through 1948, "*Bulletin of the Peabody Museum of Natural History*, Oct. 2007.

Tuason, Julie A. "The Ideology of Empire in National Geographic Magazine's Coverage of the Philippines, 1898 – 1908. "*Geographical Review*, (Jan, 1999). Vol. 89, No. 1.

Wilkerson, James. "Disquiet on the Southwestern Front: Studies of the Minorites of Southwest China, " *Pacific Affairs*,

Spring, 2003. Vol. 76, No. 1.

Williams, Beryl. and Samuel Epstein, 1963. *Plant Explorer*. New York: Julian Messner.

Wilson, E. H. 1913. A *Naturalist in western China, with vasculum, camera, and gun*. London: Methuen & Co. LTD.

《国家地理》里的中国文章列表

本附录分为表 1 和表 2。表 1 的时间段为 20 世纪上半叶，此时段关于中国的文章，撰稿人和摄影师往往集于一人，因此表中没有单列摄影师。从 20 世纪下半叶起，《国家地理》的专业摄影师与撰稿人共同署名，故表 2 单列出摄影师名字。

表 1　《国家地理》里的中国文章列表：20 世纪上半叶

时间	篇名	撰稿人/摄影师
1892.02	The Crossing of Tibet	A. W. G
1894.01	Relations of Air and Water to Temperature and Life	Gardiner G. Hubbert
1894.02	Geographic Progress of Civilization	Gardiner G. Hubbert
1897.04	The Siberian Transcontinental Railroad	A. W. Greely
1900.07	The Chinese Boxers	Llewellyn James Davies
1900.07	The Tsung – Li – Yamen	Eliza R. Scidmore
1900.07	Geographic Notes	
1900.08	Problems in China	James M. Hubbard
1900.08	China and Her People	Harrie Webster
1900.08	Foreigners and Foreign Firms in China	
1900.08	Three Books on China	

续表

时间	篇名	撰稿人/摄影师
1900.08	Railways, Rivers, and Strategic Towns in Manchuria	Gardiner G. Hubbert
1900.09	The Chinese Paradox	Harvey Maitland Watts
1900.09	Mrs. Bishop's "The Yangtze Valley and Beyond"	Eliza R. Scidmore
1900.09	The Great Wall of China	James H. Wilson
1900.10	Hunan: The Closed Province of China	William B. Parsons
1901.01	The Tsangpo (Matsang)	James M. Hubbard
1901.02	The Causes That Led Up to the Siege of Pekin	William A. P. Martin
1901.02	Singan: The Present Capital of the Chinese Empire	James M. Hubbard
1901.02	Japan and China: Some Comparisons	Harrie Webster
1901.02	Geographic Notes	
1901.05	Geographic Notes	Cesare Lombrosorn
1901.06	China: Her History and Development. Part I	John Barrett
1901.07	China: Her History and Development. Part II	John Barrett
1901.11	Sven Hedin's Explorations in Central Asia Exploring Tibet (Geographic Notes)	From *The London Times*
1901.12	Western Progress in China	Consular reports
1902.03	Sven Hedin in Tibet	Sven Hedin
1903.01	Jade	S. E. Easter
1903.09	Explorations in Tibet	G. Z. Zoubikov
1904.03	Russian development of Manchuria	Henry B. Miller
1904.03	Manchuria and Korea	
1904.03	Lumbering in Manchuria	Henry B. Miller
1904.05	The Crosby Expedition to Tibet	Oscar T. Crosby
1904.06	Notes on Manchuria	Henry B. Miller

时间	篇名	撰稿人/摄影师
1904.12	China	John W. Foster
1905.01	Views of Lhasa	Buriat Tsybikoff, Kalmuck Norzunoff
1905.02	The Wonderful Canals of China	George E. Anderson
1905.07	The Purpose of the Anglo – Japanese Alliance	Eki Hioki
1905.11	Cotton and the Chinese Boycott	Theodore Roosevelt
1905.12	China and the United States	Sir Chentung Liang – Cheng
1906.03	American Goods in China	
1906.09	Japan, America, and the Orient	Eki Hioki
1906.12	Present Conditions in China	John W. Foster
1907.10	The Chinese Jews	Oliver Bainbridge
1907.10	Geologists in China	The Carnegie Institution)
1908.04	Medieval Tales of the Lop Basin in Central Asia	Ellsworth Huntington
1909.01	Lessons from China	Theodore Roosevelt
1909.01	The Greatest Event of the Year	William E. Curtis
1910.02	The Land of the Crossbow	George Forrest
1910.04	Mukden, the Manchu Home, and Its Great Art museum	Eliza R. Scidmore
1910.09	Curious and Characteristic Customs of China	Kenneth F. Junor
1910.11	Glimpses of Korea and China	William W. Chapin
1910.12	Race Prejudice in the Far East	Melville E. Stone
1911.10	New Plant Immigrants	David Fairchild
1911.11	The Kingdom of Flowers	Ernest H. Wilson
1911.12	Populous and Beautiful Szechuan	Rollin T. Chamberlin

续表

时间	篇名	撰稿人/摄影师
1911. 12	Present Conditions in China	Frederick McCormick
1912. 10	The Wonderful Canals of China	F. H King
1912. 10	The Most Extraordinary City in the World – Lhasa Notes	Shaoching H. Chuan
1912. 10	China's Treasures	Frederick McCormick
1912. 11	The Land of Promise	A. W. Greely
1913. 05	The Lama's Motor – Car	Ethan C. Le Munyon
1913. 06	Chinese Pigeon Whistles	
1916. 03	The World's Strangest Capital	John Claude White
1917. 07	Fearful Famines of the Past	Ralph A. Graves
1919. 07	A Hunter of Plants	David Fairchild
1919. 09	Shantung—China's Holy Land	Charles K. Edmunds
1919. 09	The Descendants of Confucius	Maynard Owen Williams
1920. 03	Formosa the Beautiful	Alice Ballantine Kirjasssoff
1920. 04	Around the World with the Salvation Army	Evangeline Booth
1920. 11	Peking, the City of the Unexpected	James A. Muller
1920. 11	The Eden of the Flowery Republic	Joseph Beech
1920. 11	The World's Ancient Porcelain Center	Frank B. Lenz
1920. 11	The Man in the Street in China	Guy Magee, Jr.
1920. 11	Shifting Scenes on the Stage of New China	
1921. 05	The People of the Wilderness	Adam Warwick
1921. 07	Adventures with a Camera in Many Lands	Maynard O. Williams
1921. 09	Life Among the People of Eastern Tibet	A. L. Shelton
1922. 05	Where the Mountains Walked	Upton Close and Elsie McCormick

续表

时间	篇名	撰稿人/摄影师
1922. 05	In the Land of Kublai Khan	Stephane Passet
1922. 09	Map – Changing Medicine	William Joseph Showalter
1923. 02	A Thousand Miles Along the Great Wall of China	Adam Warwick
1923. 09	The Hairnet Industry in North China	H. W. Robinson
1924. 10	Goldfish and Their Cultivation in America	Hugh M. Smith, Hashime Murayama
1924. 11	Banishing the Devil of Disease Among the Nashi	Joseph F. Rock
1925. 04	The Land of Yellow Lama	Joseph F. Rock
1925. 04	The National Geographic Society's Yunnan Province Expedition	Gilbert Grosvenor
1925. 09	Experiences of a Lone Geographer	Joseph F. Rock
1926. 02	The Road to Wang Ye Fu	Frederick R. Wulsin
1926. 02	Scenes in the Celestial Republic	Robert F. Fitch
1926. 08	Through the Great River Trenches of Asia	Joseph F. Rock
1927. 04	Chinese: Farmers Since the Days of Noah	Adam Warwick
1927. 06	Ho for the Soochow Ho	Mabel Craft Deering
1927. 06	The Geography of China	Frank Johnson Goodnow
1927. 06	Life Afloat in China	Robert F. Fitch
1927. 06	New China and the Printed Page	Paul Hutchinson
1927. 10	By Coolie and Caravan Across Central Asia	William J. Morden
1928. 11	The World's Greatest Overland Explorer	Jesse Richardson Hildebrand
1928. 11	Life Among the Lamas of Choni	Joseph F. Rock
1929. 06	The Desert Road to Turkestan	Owen Lattimore

时间	篇名	撰稿人/摄影师
1929. 10	Manchuria, Promised Land of Asia	Frederick Simpich
1930. 02	Seeking the mountains of Mystery	Joseph F. Rock
1930. 05	Some Impressions of 150, 000 Miles of Travel	William Howard Taft
1930. 10	The Glories of the Minya Konka	Joseph F. Rock
1931. 03	First Over the Roof of the World by Motor	Hellmut De Terra, W. Bosshard
1931. 07	Konka Risumgongba, Holy Mountain of the Outlaws	Joseph F. Rock
1931. 10	First Over the Roof of the World by Motor	Maynard O. Williams
1932. 01	Byroads and Backwoods of Manchuria	Owen Lattimore
1932. 04	How Half the World Works	Alice T. Hobart, Mary A. Nourse
1932. 06	Raft Life on the Hwang Ho	W. Robert Moore
1932. 09	Cosmopolitan Shanghai, Key Seaport of China	W. Robert Moore
1932. 09	Macao, Land of Sweet Sadness	Edgar A. Forbes
1932. 11	From the Mediterranean to the Yellow Sea by Motor	Maynard O. Williams
1933. 02	Here in Manchuria	Lilian Grosvenor Coville
1933. 06	Explorations in the Gobi Desert	Roy Chapman Andrews
1933. 06	The Glory That Was Imperial Peking	W. Robert Moore
1934. 11	Coastal Cities of China	W. Robert Moore
1935. 10	Sungmas, the Living Oracles of the Tibetan Church	Joseph F. Rock
1936. 01	With the Nomads of Central Asia	Edward Murray
1936. 02	Approach to Peiping	John W. Thomason, Jr.
1936. 12	Peiping's Happy New Year	George Kin Leung

续表

时间	篇名	撰稿人/摄影师
1937.04	Grand Canal Panorama	Willard Price
1937.10	Changing Shanghai	Amanda Boyden
1937.10	Peacetime Plant Hunting About Peiping	P. H. Dorsett
1937.12	Landscaped Kwangsi, China's Province of Pictorial Art	G. Weidman Groff，T. C. Lau
1937.12	Changing Canton	Siukee Mack，Kinchue Wong
1938.02	The Rise and Fall of Nanking	Julius Eigner
1938.03	China's Great Wall of Sculpture	Mary A. Mullikin
1938.03	Hong Kong：Britain's Far – flung Outpost in China	Maynard O. Williams
1938.05	Four Thousand Hours Over China	Hans Koester
1938.09	Among the Big Knot Lois of Hainan	Leonard Clark
1940.04	1940：Paradox in Hongkong	Frederick Simpich
1940.11	Burma Road, Back Door to China	Frank Outram，G. E. Fane
1942.02	Taming Flood Dragons Along China's Hwang Ho	Oliver J. Todd
1942.09	China Opens Her Wild West	Owen Lattimore
1942.11	Japan Faces Russia in Manchuria	Willard Price
1943.05	Climbing Mighty Minya Konka	Richard L. Burdsall，Terris Moore
1943.10	Burma：Where India and China Meet	John Leroy Christian
1944.03	6,000 Miles over the Roads of Free China	Josephine A. Brown
1944.06	Exploring a Grass Wonderland of Wild West China	Ray G. Johnson
1944.09	Salt for China's Daily Rice	Acme
1945.01	I Live on Formosa	Joseph W. Ballantine
1945.02	Today on the China Coast	John B. Powell

时间	篇名	撰稿人/摄影师
1945.06	China Fights Erosion with U. S. Aid	Walter C. Lowdermilk
1945.06	Stilwell Road—Land Route to China	Nelson Grant Tayman
1945.06	Tai Shan, Sacred Mountain of the East	Mary A. Mullikin
1945.06	The Society's New Map of China	James M. Darley
1945.08	China's Hand – built Air Bases	U. S. Army Air Force
1946.03	Puto, the Enchanted Island	Robert F. Fitch
1946.06	Pirate – Fighters of the South China Sea	Cardwell Robert
1946.08	Kunming, Southwestern Gateway to China	Joseph E. Passantino
1946.08	Across Tibet from India to China	Ilia Tolstoy
1947.01	Adventures in Lololand	Rennold L. Lowy, AAF
1947.03	In Manchuria Now	W. Robert Moore
1947.07	The World in Your Garden	W. H. Camp
1948.03	Along the Yangtze, Main Street of China	W. Robert Moore
1949.03	Operation Eclipse：1948	William A. Kinney
1949.05	A Woman Paints the Tibetans	Lafugie
1949.08	Our Vegetable Travelers	Victor R. Boswell
1949.09	Power Comes Back to Peiping	Nelson T. Johnson, W. Robert Moore

表2 《国家地理》里的中国文章列表：20 世纪下半叶至 2020 年

时间	标题	撰稿人	摄影师
1950.02	Kunming Pilgrimage		John Gutmann
1950.02	Formosa – Hot spot of the East	Frederick G. Vosburch	J. Baylor Roberts

时间	标题	撰稿人	摄影师
1950.03	Trawling the China Seas		J. Charles Thompson
1951.03	The Caves of the Thousand Buddhas	Franc and Jean Shor	Franc and Jean Shor
1953.04	Eyes on the China Coast	George W. Long	George W. Long
1953.05	Macau, a Hole in the Bamboo Curtain	George W. Long	J. Baylor Roberts
1953.10	Our Navy in the Far East	Arthur W. Radford	J. Baylor Roberts
1954.02	Hong Kong Hangs On	George W. Long	J. Baylor Roberts
1954.11	How the Kazakhs Fled to Freedom	Milton J. Clark	Milton J. Clark
1955.04	Patrolling Troubled Formosa Strait		J. Baylor Roberts
1955.07	My Life in Forbidden Lhasa	Heinrich Harrer	Heinrich Harrer
1956.02	Pescadores, Wind – swept Outposts of Formosa	Horace Bristol	Horace Bristol
1957.03	Changing Formosa, Green Island of Refuge	Frederick Simpich, Jr	Horace Bristol
1959.03	Life under Shellfire on Quemoy	Franc Shor	Wilbur E. Garrett
1960.08	Peking: The City They Call Red China's Showcase	Franc Shor	Brian Brake
1962.01	Hong Kong Has Many Faces	John Scofield	John Scofield
1963.05	Mountaintop War in Remote Ladakh	Wilbur E. Garrett	Wilbur E. Garrett
1964.11	This Is the China I Saw	Jorgen Bisch	Jorgen Bisch
1969.01	Taiwan: The Watchful Dragon	Helen and Frank Schreider	Helen and Frank Schreider

续表

时间	标题	撰稿人	摄影师
1969. 04	Macao Clings to the Bamboo Curtain	Jules B. Billard	Joseph J. Scherschel
1971. 03	Southeast Asia: Mosaic of Cultures	Peter T. White	Wilbur E. Garrett
1971. 10	Hong Kong, Saturday's Child	Joseph Judge	Bruce Dale
1971. 12	Return to Changing China	Audrey Topping	Audrey Topping
1972. 12	What's Black and White and Loved All Over?	Theodore H. Reed	Donna Kerkam Grosvenor
1973. 04	Those Outlandish Goldfish	Paul A Zahl	Paul A Zahl
1974. 05	A Lady From China's Past	Alice J. Hall	China Pictorial
1974. 12	China Unveils Her Newest Treasures	Robert W. Madden	Robert W. Madden
1977. 01	The Gentle Yamis of Orchid Island	Chang Shuhua	Chang Shuhua
1978. 04	China's Incredible Find	Audrey Topping	Yang Hsien – Min
1979. 08	Yellow Sea Yields Shipwreck Trove: A 14 – Century Cargo Makes Port At Last	Donald H. Keith	H. Edward Kim
1979. 10	Guilin, China's Beauty Spot	Wilbur E. Garrett	Wilbur E. Garrett
1979. 11	Hong Kong's Refugee Dilemma	William S. Ellis	William Albert Allard
1980. 02	In Long Forbidden Tibet	Fred Ward	Fred Ward
1980. 03	Journey to China's Far West	Rick Gore	Bruce Dale
1980. 07	Shanghai: Born – again Giant	Mike W. Edwards	Bruce Dale
1980. 10	Bamboo, the Giant Grass	Luis Marden	Jim Brandenburg

时间	标题	撰稿人	摄影师
1981. 02	American Skiers Find Adventure in Western China	Ned Gellette	Galen Rowell
1981. 06	Letter From Kunming	Elisabeth B. Booz	Thomas Nebbia
1981. 10	I Climbed Everest Alone	Reinhold Messner	Reinhold Messner
1981. 12	Pandas in the Wild	George B. Schaller	George B. Schaller
1982. 01	Taiwan Confronts a New Era	Noel Grove	John Chao
1982. 02	Nomads of China's West	Galen Rowell	Harold A. Knutson
1982. 07	In the Wake of Sindbad	Tim Severin	Richard Greenhill
1982. 10	Pere David's Deer Saved From Extinction	Larry Kohl	Bates Littlehales
1982. 11	The Lost Fleet of Kublai Khan	Torao Mozai	Koji Nakamura
1983. 07	China's Opening Door	John J. Putman	H. Edward Kim
1984. 01	Silk: The Queen of Textiles	Nina Hyde	Cary Wolinsky
1984. 03	Peoples of China's Far Provinces	Wong How – Man	Wong How – Man
1984. 07	The Forgotten Face of Everest	Andrew Harvard	James D. Morrissey
1984. 12	Monsoons: Life Breath of Half the World	Priit J. Vesilind	Steve McCurry
1985. 02	The Poppy	Peter T. White	Steve Raymer
1985. 09	Sichuan: Where China Changes Course	Ross Terrill	Cary Wolinsky
1986. 03	Secrets of the Wild Panda	George B. Schaller	George B. Schaller
1986. 06	Tracking the Elusive Snow Leopard	Rodney Jackson	Darla Hillard
1987. 07	The Prodigious Soybean	Fred Hapgood	Chris Johns
1987. 09	Jade: Stone of Heaven	Fred Ward	Fred Ward

时间	标题	撰稿人	摄影师
1987. 12	Nomads' Land: A Journey Through Tibet	Sorrel Wilby	Sorrel Wilby
1988. 03	China Passage by Rail	Paul Theroux	Bruce Dale
1988. 11	A Fragile Heritage: The Mighty Himalaya	Barry C. Bishop	William Thompson
1988. 11	Heavy Hands on the Land	Larry Kohl	William Thompson and Galen Rowell
1988. 11	Long Journey of the Brahmaputra	Jere Van Dyk	Raghubir Singh; Galen Rowell
1988. 12	China: Back from the Brink		Patrick Zachmann
1989. 03	Above China	Larry Kohl	George Gerster
1989. 06	The Remote World of Tibet's Nomads	Melvyn Goldstein	Cynthia Beall
1991. 02	Hong Kong: Countdown to 1997	Ross Terrill	Jodi Cobb
1991. 02	Hong Kong: Plight of the Boat People	Larry Kohl	Jodi Cobb
1991. 07	China's Youth Wait for Tomorrow	Ross Terrill	Leong Ka Tai
1992. 08	A Chinese Emperor's Army for an Eternity	O. Louis Mazzatenta	O. Louis Mazzatenta
1992. 11	Portugal's Sea Road to The East	Merle Severy	James L. Stanfield
1993. 02	The Mekong: A Haunted River's Season of Peace	Thomas O'Neill	Michael S. Yamashita
1993. 02	Newborn Panda in the Wild	LÜ Zhi	LÜ Zhi
1993. 08	Tibet's Remote Chang Tang	George B. Schaller	George B. Schaller
1993. 11	Taiwan: The Other China Changes Course	Arthur Zich	Jodi Cobb

续表

时间	标题	撰稿人	摄影师
1994. 03	Shanghai: Where China's Past and Future Meet	William S. Ellis	Stuart Franklin
1995. 02	New Hope for China's Great Panda	Pan Wenshi	Pan Wenshi
1996. 03	Xinjiang	Thomas B. Allen	Reza
1996. 03	The Silk Road's Lost World	Thomas B. Allen	Reza
1996. 04	Pilgrimage to China's Buddhist Caves	Reza	Reza
1996. 10	China's Warriors Rise From the Earth	O. Louis Mazzatenta	O. Louis Mazzatenta
1996. 11	Rapid Descent: First Run Down the Shuiluo River	Jon Bowermaster	Ed Kashi
1996. 12	Genghis Khan	Mike Edwards	James L. Standfield
1997. 01	Our Man in China: Joseph Rock	Mike Edwards	Michael S. Yamashita
1997. 03	Boom Times on the Gold Coast of China	Mike Edwards	Michael S. Yamashita
1997. 03	Hong Kong: Countdown to China	Mike Edwards	Michael S. Yamashita
1997. 09	China's Three Gorges	Arthur Zich	Jodi Cobb
1998. 07	Dinosaurs Take Wing	Jennifer Ackerman	Louis Mazzatenta
1998. 12	South China Sea, Crossroads of Asia	Tracy Dahlby	Michael Yamashita
1999. 11	Feathers for T. Rex?	Christopher P. Sloan	O. Louis Mazzatenta
2000. 01	Tibet Embraces the New Year	Ian Baker	Maria Stenzel

时间	标题	撰稿人	摄影师
2000.02	Black Dragon River	Simon Winchester	Reza
2000.03	Beijing：New Face for the Ancient Capital	Todd Carrel	Stuart Franklin
2000.10	Archaeoraptor Fossil Trail	Lewis M. Simons	
2000.12	Journey to Shipton's Lost Arch	Jeremy Schmidt	Gordon Wiltsie
2001.06	Maco Polo in China	Mike Edwards	Michael S. Yamashita
2001.10	Rising to Life：Treasures of Ancient China	Peter Hessler	O. Louis Mazzatenta
2002.01	China's Unknown Gobi：Alashan	Donovan Webster	George Steinmetz
2002.04	Tibetans：Moving Forward, Holding on	Lewis M. Simons	Steve McCurry
2002.04	China's Hengduan Mountains	Virginia Morell	Mark W. Moffett
2003.01	Chasing the Wall	Peter Hessler	Michael S. Yamashita
2003.04	Walking the Chang Tang	Rick Ridgeway	Galen Rowell
2003.04	Drop Dead Gorgeous：Why Poachers are killing the Chiru	George B. Schaller	George B. Schaller
2003.07	The New Story of China's Ancient Past	Peter Hessler	O. Louis Mazzatenta
2003.10	Blood, Sweat, and Toil Along the Burma Road	Donovan Webster	Maria Stenzel
2004.02	Han Dynasty	Mike Edwards	O. Louis Mazzatenta
2004.03	China's Growing Pains	Jasper Becker	Bob Sacha
2005.07	China's Great Armada	Frank Viviano	Michael S. Yamashita

续表

时间	标题	撰稿人	摄影师
2005.08	China's Fossil Marvels: Jewels in the Ash	Cliff Tarpy	O. Louis Mazzatenta
2006.07	Panda, Inc.	Lynne Warren	Michael Nichols, Fritz Hoffmann
2006.09	The Manchurian Mandate	Brook Larmer	Fritz Hoffmann
2007.06	China's Instant Cities	Peter Hessler	Mark Leong
2008.05	China: Inside the Dragon	Peter Hessler	Fritz Hoffmann
2008.05	Gilded Age, Gilded Cage	Leslie Chang	Bandy Olson
2008.05	Village on the edge of time	Amy Tan	Lynn Johnson
2008.05	The New Great Walls	Ted C. Fishman	Greg Girard
2008.05	Bitter Waters	Brook Larmer	Greg Girard
2008.05	The Road Ahead	Peter Hessler	Fritz Hoffmann
2009.03	Mystic Waters in China		Michael S. Yamashita
2009.03	To Paradise, By the Busload	Edward Hoagland	
2009.05	Searching for Shangri – La: China's Western Frontier	Mark Jenkins	Fritz Hoffmann
2009.06	Made in China: Tang Shipwreck	Simon Worrall	Tony Law
2009.12	The Other Tibet	Matthew Teague	Carolyn Drake
2010.01	Asia's Wildlife Trade	Bryan Christy	Mark Leong
2010.01	The Restless Spirits	Peter Hessler	Ira Block
2010.03	Shanghai Dream	Brook Larmer	Fritz Hoffmann
2010.04	The Big Melt	Brook Larmer	Jonas Bendiksen
2010.05	The Forgotten Road	Mark Jenkins	Michael S. Yamashita
2010.06	Caves of Faith	Brook Larmer	Tony Law

时间	标题	撰稿人	摄影师
2011.03	Battle for the Soul of Kung Fu	Peter Gwin	Fritz Hoffmann
2011.06	Can China Go Green?	Bill McKibben	Greg Girard
2011.06	Rare Earth Elements: The Secret Ingredients of Everything	Tim Folger	Greg Girard
2011.12	Politics is Killing the Big Cats	George B. Schaller	Steve Winter
2012.06	Terra – Cotta Warriors in Color	Brook Larmer	O. Louis Mazzatenta
2012.06	Hong Kong: In China's Shadow	Michael Paterniti	Mark Leong
2012.08	Tibet's Golden "Worm"	Michael Finkel	Michael S. Yamashita
2013.03	Fuling, China: Return to River Town	Peter Hessler	Anastasia Taylor – Lind
2013.05	Grand Canal: China's Ancient Lifeline	Ian Johnson	Michael S. Yamashita
2013.12	On the Trail with the First Skiers	Mark Jenkins	Jonas Bendiksen
2014.07	Empire of Rock	McKenzie Funk	Carsten Peter
2015.05	Harnessing the Mekong	Michelle Nijhuis	David Guttentelder
2016.01	Riding Rubber's Boom	Charles C. Mann	Richard Barnes
2016.08	Pandas Gone Wild	Jennifer S. Holland	Ami Vitale
2017.07	Yellow River at Risk	Ian Teh	Ian Teh
2018.02	Feeding China	Tracie McMillan	George Steinmetz
2019.01	The Secrets of Chinese Medicine	Peter Gwin	Fritz Hoffmann
2020.09	Panda: The Celebrity at the Zoo	Rebecca Hale	Rebecca Hale

致 谢

　　安迪·戴维斯是英国洞穴探索协会主席，他和他的探险家团队，30多年来致力于探索中国的喀斯特溶洞，足迹踏遍云南、贵州、广西等地。2014年，在西南贵州一个空旷安静的洞穴（Titan Chamber）里，漆黑一片，什么也看不见。戴维斯一行打开电脑，电脑上连着3D激光扫描仪，一番操作之后，屏幕上浮现出洞穴的轮廓、构造与景象，洞天福地，世外绝境。戴维斯感叹道："这真像《黑客帝国》!"这时，探险队里的美国队员迈克·华纳突然想到，真正"发现"这些洞穴的是当地农民。那么他们这些西方人组成的探险队，其"发现"有何意义呢？迈克认为，对大自然的探索，都不应该称为"发现"，他说："我们只是记录，或者说，用不同的媒介记录而已。"

　　当我在《国家地理》（2014年7月刊）的这篇《溶洞帝国》里读到这段话时，不禁为之触动。长久以来，哥伦布"发现"美洲大陆、库克船长"发现"南方大陆等话语，无不是以欧洲或西方中心论为出发点，使原本栖居于自己土地上的人，只能作为"被发现者"而被呈现、遮蔽乃至消隐。我所研究的美国《国家地理》杂志，是探索世界的重要媒介，其对中国西南的表述，也并未脱离西方中心的命题，一个个探险故事中，充满"发现"的豪言壮语：在西南山岭里采花的植物猎人，被称为"未被铭记的哥伦布"；滇缅公路上行走的军事观察家，据称"发现"了一个新中国；到香格里拉寻找"秘境"的作家与游客，在民族文化里搜求"奇异"仪式的民族志者，都极力证明自己有了不同的"发现"。可以说，在特定语境里的"发现"一词，象征着命名者的特有身份：力量象征、天赐使命、科学权威、先进文明、男性气质等。

所以，当一位探险家把"发现"一词修改为"记录"时，我愿意理解为这是人类探索之途中认知视角的一次重要改变。这样的改变极有意义。尤其在全球流动的时代，每个人都应该放下傲慢与睥睨，对于所有的"遇见"葆有谦虚与敬畏之心，"观看"既是自我与他者的互视，更是平等的对话、沟通和连接，唯有真正地"看见"对方，记录者才能为自己生存的世界留下更为完整、更具智慧的档案。

从这个意义上讲，在我即将结束本书撰写，心里涌现致谢二字时，我要感谢《国家地理》和它记录下的这片土地。阅读一篇篇文献，使我回看过去，思考我作为一个"当地人"的来处与去处。尽管在这个名为西南的"戏台"上，人头攒动，多数静默无言，身影模糊，让人看得更清晰的反而是一个个有名有姓的"记录者"。但是所幸受惠于当前涌动的人文社科思潮，凭着我所习得的"人类学"之眼，我想要越过表述者的眼光，看看表述背后的故事。如同洞穴探险家戴维斯和华纳使用 3D 激光扫描仪看洞穴，以便"看得更多更清晰"，我也借助人类学的透镜，抛弃单一视角，看这台上台下的多样性与多元化，看这变动不居的社会与社会价值观念。秉持这般信念，本书的写作，确乎极大地拓展了我的认知。为了寻求文本之外的那些人影以及他们的心情，我穿行在历史与现实、他乡与故土、文本与理论中，不仅获得知识的增益、思维的乐趣和智识的成长，更重要的是，我"看到"了他们，这片土地上的主人，在漫长而勃发的生命舞台上，书写这片土地的底色与气质，我浸淫于这样的土壤中，我成了他们。

本书是在我的博士学位论文基础上修改完成的，所以我首先要感谢我的博士生导师——四川大学的曹顺庆教授，以及徐新建教授。曹老师致力于比较文学与文化研究，他在课堂上总是教导我们要将古今中西之学融会贯通，而徐老师强调回向整体人类学，他带着我们在远近不一的田野行走与学术会议中，既要看见"人类"，更要观照"个体"，懂得表述的意义在于使人成人。我的求学之路一直得到汤晓青、罗庆春与梁昭等师友的诸多鼓励与指正，也得到学院领导的大力支持，衷心感谢。读书与教书生活中，我都有一些小小的"学术共同体"，四川大学和西南民族大学的杨骊、王璐、谭小荷、冯剑侠、付海鸿、银浩、张颖、依乌、许劲松等同学、同事和朋友，我们在这些有时交叉有时分隔的共同体中，互相鼓励加油，分享文献，讨论观点，共享虽辛苦却也乐在其中的学术之路。

2017～2018年，我在美国俄亥俄州立大学访学，访学导师是马克·本德尔（Mark Bender）教授，这位"中国通"总是制造各种机会让我沉浸式地感受美国文化，理解不同文化之间的同与异，鼓励我克服跨文化交流的困难并享受交流带来的友谊与乐趣。在访学期间，我参加了俄亥俄州立大学民俗研究中心的田野调查项目，调查美国阿帕拉契亚山区赛欧托县（Scioto County）居民的地方感（sense of place），在异乡的田野里，我深切体会到，面对经济、环境与文化变迁的全球任何一个社区，都需要葆育地方感，建立起自我、地方与世界的关联网络，这是我们这个时代不可回避的议题。在异域做田野的经历让我更能反观《国家地理》这一取景框，所以在此感谢我的好朋友 Sydney Varajon，Ruth 和 Shari，感谢我的田野老师和伙伴 Katherine Borland，Cassie Patterson，Frank Isabelle 以及 Charle 和 Zoe，谢谢你们。

　　此书献给我亲爱的家人。人生旅途中，我挚爱的父母，我的同胞兄妹罗文利、罗胜和静平，永远是我坚实的避风港。我能一直任性悠游地探索自我并享受到一些"自我发光"的时刻，都是因为有家人全方位的支持。我的先生，是使我得以成为"我自己"的温暖后盾。记得我们在位于美国华盛顿的《国家地理》博物馆游览时，馆内有一个自助拍照亭，先生一个劲地把我拍到各期封面上，让我尽情享受做一名"封面探险者"的感觉。看到我在无论是虚拟还是真实的探索中获得快乐，先生流露出的开心笑容，让我明白我有多幸运。

图书在版编目（CIP）数据

戏台与相机：美国《国家地理》与中国西南 / 罗安平著 . -- 北京：社会科学文献出版社，2023.6（2023.8 重印）
（西南民族大学中国语言文学学术文丛）
ISBN 978 - 7 - 5228 - 0005 - 9

Ⅰ . ①戏… Ⅱ . ①罗… Ⅲ . ①历史地理 - 研究 - 西南地区 - 1888 - 2018 Ⅳ . ①K927

中国版本图书馆 CIP 数据核字（2022）第 064961 号

·西南民族大学中国语言文学学术文丛·
戏台与相机：美国《国家地理》与中国西南

著　　者 / 罗安平

出 版 人 / 冀祥德
责任编辑 / 罗卫平
责任印制 / 王京美

出　　版 / 社会科学文献出版社
　　　　　地址：北京市北三环中路甲 29 号院华龙大厦　邮编：100029
　　　　　网址：www. ssap. com. cn
发　　行 / 社会科学文献出版社（010）59367028
印　　装 / 北京盛通印刷股份有限公司

规　　格 / 开 本：889mm × 1194mm　1/32
　　　　　印 张：11　字 数：234 千字
版　　次 / 2023 年 6 月第 1 版　2023 年 8 月第 2 次印刷
书　　号 / ISBN 978 - 7 - 5228 - 0005 - 9
定　　价 / 89.00 元

读者服务电话：4008918866